Employee Relationship Management

Der Weg zu engagierten und
effizienten Mitarbeitern

von
Waldemar Stotz

R. Oldenbourg Verlag München Wien

Bibliografische Information der Deutschen Nationalbibliothek

Die Deutsche Nationalbibliothek verzeichnet diese Publikation in der Deutschen Nationalbibliografie; detaillierte bibliografische Daten sind im Internet über <http://dnb.d-nb.de> abrufbar.

© 2007 Oldenbourg Wissenschaftsverlag GmbH
Rosenheimer Straße 145, D-81671 München
Telefon: (089) 45051-0
oldenbourg.de

Lektorat: Wirtschafts- und Sozialwissenschaften, wiso@oldenbourg.de
Herstellung: Anna Grosser
Satz: DTP-Vorlagen des Autors
Coverentwurf: Kochan & Partner, München
Gedruckt auf säure- und chlorfreiem Papier
Gesamtherstellung: Druckhaus „Thomas Müntzer" GmbH, Bad Langensalza

ISBN 978-3-486-58208-6

Vorwort

In Geschäftsberichten, zahlreichen Artikeln auf den Wirtschaftsseiten und in vielen wissenschaftlichen Publikationen ist es nachzulesen:

„Business is people"

So antworten Unternehmer und ihre Manager auch gerne, wenn sie gefragt werden, was zukünftig den Erfolg ihres Unternehmens ausmacht.

In der globalen Wirtschaft spielen materielle Vermögenswerte eine zunehmend geringere Rolle. Der unaufhaltsame Wandel zur Wissensgesellschaft auf der einen und die abnehmende Halbwertszeit des Wissens auf der anderen Seite befördern den Mitarbeiter zum zentralen Wert des Unternehmens. Menschen sind die Träger der Kompetenz, des Wissens und der tätigkeitsspezifischen Erfahrung, ohne die kein Unternehmen langfristig auf einem Markt erfolgreich bestehen kann. Das *Human Capital* wird zur wichtigsten Quelle eines Wettbewerbsvorteils.

In den meisten Industrien ist es heute möglich, sich auf dem internationalen Marktplatz das erforderliche Equipment zu beschaffen. Somit ist dies kein entscheidender Differenzierungsfaktor mehr. Ein solcher entsteht erst, wenn ein Unternehmen in der Lage ist, mit Hilfe seiner Mitarbeiter dieses Equipment effizienter und effektiver als der Wettbewerb zu nutzen. So kann ein Unternehmen, dass seine gesamten *tangible assets* verliert, aber das Potential und die Motivation seiner Mitarbeiter behält, relativ schnell wieder zurück ins Geschäft kommen. Eine Gesellschaft, die dagegen ihr Human Capital verliert, aber das gesamte Equipment behält, wird sich nicht wieder erholen.

Diese Erkenntnisse spiegeln sich in der Unternehmenspraxis noch nicht mit entsprechender Ausprägung wider. Wie sonst wäre das für Deutschland ausgesprochen schlechte Ergebnis der Gallup-Studie hinsichtlich der Mitarbeiter-Loyalität zu interpretieren? Seit 2001 misst die forschungsbasierte Unternehmensberatung Gallup GmbH die emotionale Bindung von Mitarbeitern. Demzufolge beträgt der Anteil der Mitarbeiter in Deutschland, die eine hohe emotionale Bindung an ihre berufliche Aufgabe und zum Arbeitsumfeld bzw. gegenüber ihrem Arbeitgeber aufweisen nur 13%. Auf konstant niedrigem Niveau fällt die Mitarbeiterloyalität deutlich niedriger aus als im restlichen deutschsprachigen Raum. Weltweiter Spitzenreiter unter den von Gallup untersuchten Ländern sind mit 29% loyaler Mitarbeiter die Vereinigten Staaten von Amerika. Die Studie kommt auch für 2005 zu dem erschreckenden Ergebnis, dass in Deutschland durch die im weltweiten Vergleich sehr niedrige Mitarbeiterloyalität ein jährlicher volkswirtschaftlicher Schaden von rund 250 Milliarden Euro zu verzeichnen ist. Das entspricht annähernd dem gesamten Bundeshaushalt. Oder auch gut 10% des Bruttosozialproduktes! (s. auch Abschnitt 4.2)

Wenn man als Pendant zur volkswirtschaftlichen Größe Bruttosozialprodukt einmal die betriebswirtschaftliche Kennzahl Umsatz betrachtet, kann man leicht nachvollziehen, welche Manövriermasse im betreffenden Unternehmen brachliegt und durch ein Employee Relationship Management erschlossen werden könnte. Hierzu meint Gerald Wood, Geschäftsführer der Gallup GmbH:

„Die emotionale Bindung der ArbeitnehmerInnen in Deutschland in ihrem Arbeitsplatz ist immer noch erschreckend niedrig. Betrachtet man die erheblichen negativen Auswirkungen auf die Produktivität der Unternehmen und die hieraus resultierenden wirtschaftlichen Schäden, müssen die Unternehmen endlich reagieren. Aus unserer Forschung sowie unserer Arbeit für eine Vielzahl von Unternehmen wissen wir, dass sich die Produktivität von Unternehmen durch entsprechende Maßnahmen zur Steigerung der emotionalen Mitarbeiterbindung nachweisbar und erheblich verbessern lässt."

Weiterhin heißt es in einer Pressemitteilung von Gallup:

Der wichtigste Grund für das fehlende Engagement derart vieler Mitarbeiter ist schlechtes Management. Arbeitnehmer sagen aus, dass sie nicht wissen, was von ihnen erwartet wird, dass ihre Vorgesetzten sich nicht für sie als Menschen interessieren, dass sie eine Position ausfüllen, die ihnen nicht liegt, und dass ihre Meinungen und Ansichten kaum Gewicht haben.

Noch schlimmer ist, dass Mitarbeiter wahrscheinlich immer unengagierter werden, je länger sie bei ihren Unternehmen bleiben. So verliert das menschliche Kapital – welches eigentlich durch Weiterbildung und Entwicklung wachsen sollte – zu oft an Wert, da Manager und Unternehmen es versäumen, aus dieser Investition Kapital zu schlagen.

In Deutschland fehlen „aktiv unengagierte" Mitarbeiter aufgrund von Krankheit neun Tage pro Jahr, verglichen mit fünf Tagen bei engagierten Mitarbeitern. Bei „aktiv unengagierten" Mitarbeitern ist zudem die Wahrscheinlichkeit, dass sie ihr Unternehmen binnen eines Jahres verlassen, sehr viel höher als bei ihren engagierteren Kollegen. So stimmten der Aussage „Ich beabsichtige, heute in einem Jahr noch bei meiner derzeitigen Firma zu sein" nur 41% der „aktiv unengagierten" Mitarbeiter absolut zu, gegenüber 90% der engagierten. Dies bedeutet höhere Mitarbeiterfluktuation, die Unternehmen teuer bezahlen. Einem Unternehmen mit rund 10.000 Mitarbeitern würden bei dieser Fluktuationsrate zwischen drei und neun Millionen Mark pro Jahr an zusätzlichen Kosten entstehen.

Weiterhin sind nur 22% der „aktiv unengagierten" Mitarbeiter gewillt, die Produkte oder Leistungen ihres Unternehmens an Bekannte weiterzuempfehlen, verglichen mit 73% der engagierten Mitarbeiter. Ähnlich verhält es sich bei der Frage nach der Weiterempfehlung des eigenen Arbeitsplatzes an Freunde und Bekannte („aktiv unengagierte" Mitarbeiter: 5% vs. engagierte Mitarbeiter: 70%). Darüberhinaus sind die „aktiv unengagierten" Mitarbeiter gestresster als engagierte Mitarbeiter (39 zu

17%), sie planen, ihren Karriereweg weniger mit ihrem derzeitigen Arbeitgeber zu gehen (16 zu 71%) und haben weniger Spaß bei der Arbeit (11 zu 78%).

Maschinen und das gesamte sonstige technische Equipment benötigen Energie und Wartung, damit ihre Bedeutung, ihr Wert und ihre Qualität für eine Organisation erhalten bleiben. Dies gilt in besonderem Maße in Phasen, in denen hinsichtlich der Zeit und der Ausbringungsqualität Druck entsteht. Das lernen Ingenieure im ersten Semester. Vergleichbare Anstrengungen in der Personalarbeit sind unüblich, obwohl man weiß, dass die *intangible assets* erfolgreiche von weniger erfolgreichen Unternehmen unterscheiden.

Liegt es daran, dass man den wissenschaftlichen Erkenntnissen und praktischen Erfahrungen erfolgreicher Unternehmen nicht traut? Oder hat man nicht die Kreativität und keine Ideen, das gute alte Personalwesen zu einem strategischen Wettbewerbsfaktor auszubauen? Oder liegt es an fehlenden Instrumenten, das alles adäquat messen zu können?

Diesen Fragen geht das Buch Employee Relationship Management – der Weg zu engagierten und effizienten Mitarbeitern nach. Mehr noch: Antworten werden gefunden und die praxisrelevante Umsetzung vorgestellt.

Dabei wird der Blick über den Zaun des Human Resources Managements gerichtet und dargestellt, dass man aus einer anderen, aber sehr nahe stehenden Disziplin lernen kann. Als sich für die Verkaufsabteilungen der Unternehmen die Zeiten änderten und nicht mehr alles, was produziert wurde, auch automatisch verkauft werden konnte, kreierte man das *Customer Relationship Management*. Diese Strategie zur Differenzierung vom Wettbewerb hatte den *loyalen Kunden* zum Ziel. Warum also nicht in Zeiten, in denen der Mitarbeiter ohnehin zunehmend gerne als *interner Kunde* bezeichnet wird, den Versuch wagen, aus den dort gemachten Erfahrungen zu lernen und Anregungen für den Weg zum loyalen Mitarbeiter zu finden?

Das Customer Relationship Management entstand und entwickelte sich in den USA. Dort lebt man seit Jahrzehnten mit dieser Philosophie und hat die erfolgsrelevanten Methoden und Instrumente internalisiert. Wahrscheinlich ein Grund, weshalb man sich dort über eine vergleichsweise hohe Mitarbeiterloyalität freuen kann, von der Deutschland noch sehr weit entfernt ist.

Die Führungsaufgaben des Vorgesetzten werden immer komplexer und für den Unternehmenserfolg bedeutsamer. Die Führungsleistung der Vorgesetzten lässt sich am Grad des Engagements, der Zufriedenheit und Effizienz der Mitarbeiter messen. Da sich volkswirtschaftliche Prosperität aus dem Erfolg der Unternehmen ableitet, hat Mitarbeiterführung auch eine zunehmende volkswirtschaftliche Dimension.

Das vorliegende Buch kann daher einerseits als Lehrbuch betrachtet werden. Die eigentliche Intention ist aber, zukünftigen und gegenwärtigen Führungskräften sowie den Mitarbeitern in Personalabteilungen Denkanstöße und Anregungen zu vermitteln, die zu einer neuen Qualität der Personalarbeit führen können.

Danken möchte ich an dieser Stelle den Professoren meines MBA-Studienganges sowie den zahlreichen Kommilitonen, die mich immer wieder motivierten, meine Kenntnisse und beruflichen Erfahrungen in Buchform niederzuschreiben.

Ein ganz besonderer Dank geht an meine Frau Gertrud, die mich in der Entstehungsphase des Buches durch liebevolle Geduld im Alltag und durch konstruktive Kritik unterstützt hat.

Ich wünsche Ihnen, lieber Leser, eine interessante, spannende und vor allen Dingen wertvolle Lektüre!

Dezember 2006   Waldemar Stotz

Inhalt

Abbildungsverzeichnis

Abkürzungsverzeichnis

AC	Assessment Center
AP	Anforderungsprofil
BSC	Balanced Scorecard
BZC	Below Zero Customer
BZE	Below Zero Employee
CFO	Chief Finanz Officer
CRM	Customer Relationship Management
ERM	Employee Relationship Management
HFA	High Functioning Adolescent
HR	Human Resources
KVP	Kontinuierlicher Verbesserungsprozess
LFA	Low Functioning Adolescent
MGC	Most Growable Customer
MGE	Most Growable Employee
MVC	Most Valuable Customer
MVE	Most Valuable Employee
PE	Personalentwicklung
PR	Public Relations
ROI	Return on Investment
ROS	Return on Sales
WA	Wise Adult
YA	Young Adult

1 Einleitung

In den folgenden zwölf Kapiteln gibt dieses Buch einen Einblick in die zukünftigen Anforderungen für das *Human Resources Management* (HRM). Hierzu gehört auch ein Rückblick auf die bisherigen Entwicklungsstufen der Personalarbeit. So wird Kapitel 2 dem Leser u.a. verdeutlichen, dass erfolgreiche Führungsleistung nur erbracht werden kann, wenn die Entwicklungsstufe, in der sich das jeweilige Unternehmen, die jeweilige Organisation, befinden, Berücksichtigung findet und dies als Ausgangsbasis für Maßnahmen dient.

Kapitel 3 beschäftigt sich mit einer Disziplin, aus der das HRM in mehrfacher Hinsicht eine Menge lernen kann: Das *Customer Relationship Management* (CRM). In Zeiten, in denen der Mitarbeiter zunehmend als *interner Kunde* betrachtet wird, liegt es nahe, sich mit CRM zu beschäftigen, weil es auf mehr als 20 Jahre Erfahrung in Theorie und Praxis zurückblicken kann. Das ERM kann somit teures Lehrgeld vermeiden und positive Erfahrungen und Erkenntnisse adaptieren.

Die Fähigkeit eines Unternehmens, sein *Human Capital*, seine *intangible assets,* effizient und effektiv einzusetzen, unterscheidet mehr und mehr erfolgreiche von weniger erfolgreichen Unternehmen. Daher ist es auch nur noch eine Frage der Zeit, bis das *Human Capital* eines Unternehmens als Vermögensbestandteil bilanziert werden wird. Dies kann geschehen, sobald man sich auf plausible und einheitliche Kennziffern für eine Messung festgelegt hat. Hierbei stellen die Leistungsfähigkeit und die Leistungsbereitschaft der Mitarbeiter entscheidende Kriterien dar. Dies wird in Kapitel 4 ausführlich dargestellt.

Nicht mehr die Mitarbeiter in den Personalabteilungen, sondern den direkten Vorgesetzten in Unternehmen und Organisationen wächst hierbei die entscheidende Rolle zu. Die qua Organigramm zugewiesene Autorität funktioniert nicht mehr als Führungsinstrument. Der klassische Vorgesetzte, hierarchisch legalisiert und durchsetzungsstark ist ein Auslaufmodell. Welche Anforderungen auf erfolgreiche Führungskräfte vermehrt zukommen, sind in Kapitel 5 beschrieben.

Strategische wirksame Personalarbeit erfordert hochprofessionelle Personalentscheidungen. Das bedeutet, dass die Auswahl und Beurteilung von Mitarbeitern zum erfolgsentscheidenden Kerngeschäft eines jeden Vorgesetzten gehören. Die Praxis zeigt ein eher erschreckendes Bild: Selbst bei Schlüsselpositionen bedienen sich die Entscheider keiner professionellen Methoden und Instrumente, lassen der Erfahrung und der Menschenkenntnis den Vortritt. Kapitel 6 stellt das Anforderungsprofil als Maßstab und Basis für Personalentscheidungen vor. Das darauf folgende Kapitel bietet einen detaillierten Einblick in geeignete Evaluierungsverfahren und deren jeweilige Validität. Die dort angesprochenen Wahrnehmungstäuschungen sollen der Selbstreflexion des Lesers dienen.

Kapitel 8 zeigt die praktischen Schritte bei der Organisation und dem Aufbau des ERM. Die Anlehnung an das CRM eröffnet hierbei interessante und wertvolle Einsichten. Die angesprochenen Schritte führen zu einer strukturierten Herangehensweise und zur Vermeidung von verfrühtem Aktionismus.

In der Implementierungsphase des ERM zeigt sich, ob ein Unternehmen fit für diesen Schritt ist. Wer meint, mit einer Software-Lösung alleine zum Erfolg zu kommen, erfährt schnell den Misserfolg. Nicht die Instrumente und Methoden, sondern der Prozess, der zum ERM führt, entscheidet über Erfolg oder Misserfolg. Im CRM nachhaltig erfolgreiche Unternehmen investierten oft Jahre in die Vorbereitungsphase, bevor es hieß *Leinen los*. Eine klare Strategie, die ehrliche Situationsanalyse, der *Reality Check* und das Beseitigen von Führungs- und Organisationsdefiziten erwiesen sich immer als Erfolgskriterien. Eine umfangreiche Darstellung dieser Thematik enthält Kapitel 9.

Oftmals sehr kostenintensive Aktivitäten der Unternehmen, sich im *War for Talents* eine gute Ausgangsposition zu verschaffen, sind zum Scheitern verurteilt. Diese Form des Personalmarketing zeigt zu starke Muster traditioneller Produktwerbung und kann sogar kontraproduktive Wirkung zeigen. Dagegen führt ein konsequentes ERM – quasi als ein eigenständiges Nebenprodukt - zu hoher interner und externer Wertschätzung eines Unternehmens als Arbeitgeber. Diesem *Employer Brand* ist das Kapitel 10 gewidmet.

Welche Rolle spielt der Betriebsrat im ERM? Ist es wirklich ein Vorteil, keinen Betriebsrat im Unternehmen zu haben? Wie können zeit- und kostenintensive Konflikte mit der Mitarbeitervertretung vermieden werden? Wie kann der Betriebsrat konstruktiv den Weg zu mehr Mitarbeiterengagement und höherer Loyalität begleiten? Diesen Fragen geht Kapitel 11 nach und liefert hierfür Antworten.

Ob die zahlreichen Management-by-Konzepte, der Shareholder-Value-Ansatz oder andere Philosophien zur Unternehmenssteuerung: Viele stellten sich als praxisfremd heraus, andere kamen durch unangemessene, missverstandene Anwendung nicht aus den Kinderschuhen heraus. Das darf dem ERM nicht passieren. Fatal wäre es beispielsweise, ERM als sozialromantische Veranstaltung zu interpretieren. Damit vielmehr die klare mitarbeiter- und gleichzeitig betriebswirtschaftliche Fokussierung nicht aus den Augen verloren wird, stellt die Evaluierung der ERM-Aktivitäten einen integralen Bestandteil dieses Ansatzes dar. Hiermit beschäftigt sich das Kapitel 12.

Im letzten Kapitel erfolgt eine kurze Zusammenfassung der Thematik und der Versuch eines Ausblicks auf die weitere Entwicklung der Personalarbeit.

Anmerkung zu den Praxisbeispielen

Um theoretische Aussagen hinsichtlich der praktischen Auswirkungen belegen zu können, zur Veranschaulichung zahlreicher Überlegungen und zur leichteren Lesbarkeit enthält das Buch zahlreiche Beispiele und Erlebnisse aus der immerhin gut 30-jährigen Praxis des Autors in leitender Funktion im Personalmanagement.

Um dies einfacher und lesbarer darstellen zu können, sind die Unternehmen mit **A, B, C, D** und **E** gekennzeichnet:

A = Familienunternehmen mit 400 Beschäftigten. Führender Hersteller qualitativ hochwertiger keramischer Produkte

B= Mittelständische Getränkegruppe mit 1.000 Beschäftigten im Familienbesitz bis Mitte der Neunziger Jahre

C= Medienunternehmen, inhabergeführt, 1.200 Beschäftigte

D= Internationale Hotelgruppe, 2.500 Mitarbeiter

E= Sozialkonzern, 4.500 Mitarbeiter

2 Von der Verwaltung des Produktionsfaktors Arbeit bis zum Employee Relationship Management

Bevor sich Pesonalverantwortliche mit dem Thema ERM beschäftigen, ist es ratsam, sich die Entwicklung der Personalarbeit aus volkswirtschaftlicher und betriebswirtschaftlicher Sicht vor Augen zu führen. Erfolgreiche Personalarbeit muss evolutionär erfolgen. Revolutionäre Ansätze führen bestenfalls zu kurzfristigen Erfolgen. Insbesondere ist es für Personalverantwortliche und alle Führungskräfte von Bedeutung, zu erkennen, in welchem *lifecycle stage* hinsichtlich der Personalarbeit sich ihr Unternehmen befindet.

Beispiel 2-1

So war der Autor dieses Buches in Unternehmen **A** als Personalreferent und später als Personalleiter beschäftigt.

Neben einer Gewinnbeteiligung für alle Mitarbeiter, großzügigen Freizeiteinrichtungen für die Belegschaft (Hallenbad, Fitnessräume, Tennisplätze) waren es die Mitarbeiter gewohnt, weit über die im Betriebsverfassungsgesetz vorgeschriebenen Informationen, Mitwirkung und Mitbestimmung in das Unternehmensgeschehen eingebunden zu werden. Sein Versuch, nach rund 13 Jahren in Unternehmen **A**, die Personalarbeit in Unternehmen **B** entsprechend aufzubauen, stieß zu Beginn auf wenig Zuspruch: Trotz der nach außen eher innovativ-dynamischen Anmutung, war die Organisation streng patriarchalisch-autoritär aufgestellt. Darüber hinaus bestimmte eine erhebliche Anzahl von *unwritten rules* mit Ursprung in der Historie des Familienunternehmens den Alltag. Die Hierarchien wurden gepflegt, der Betriebsrat als lästiges Übel angesehen. Im Nachhinein betrachtet sicher verständlich, dass die Aktivitäten des neuen Personalleiters z.T. überfordernd, befremdend wirkten und von allen Lagern misstrauisch verfolgt wurden: Der unbefangene und offene Umgang mit dem Betriebsrat kam sowohl diesem als auch der Unternehmensleitung verdächtig vor. Die gesuchte Nähe zur Belegschaft wurde sowohl von der Unternehmensleitung, den Mitarbeitern als auch von den Führungskräften falsch interpretiert: Erstere betrachtete es als Zeitverschwendung, die Mitarbeiter fühlten sich ausgehorcht, die Führungskräfte übergangen. Damit geriet der „Neue" trotz guter, professioneller Ausbildung und erfolgreicher Arbeit im vorherigen Unternehmen in ein erhebliches, mehrdimensionales Spannungsfeld. Gerade noch rechtzeitig erfolgte seinerseits eine Orientierung am aktuellen Entwicklungsstand des Unternehmens. Es folgten 8 Jahre erfolgreicher Zusammenarbeit, in denen der Personalleiter sukzessive eine professionelle Personalarbeit im Unternehmen gestalten konnte.

Nach dem Zweiten Weltkrieg begann die Bundesrepublik sogleich mit dem Wiederaufbau der traditionellen Industriezweige. Hierfür wurden viele Arbeitskräfte benötigt, wobei man sich den Flüchtlingsstrom aus den ehemaligen Ostgebieten und der DDR zunutze machte.

Der Flüchtlingsstrom ließ aber bereits Mitte der 1950er Jahre nach und kam mit dem Mauerbau fast vollständig zum Erliegen. In Folge dieser Entwicklung trat eine Arbeitskräfteverknappung auf. Als erste Gegenmaßnahme zog man junge Arbeitskräfte aus der Landwirtschaft ab, um sie in der Industrie einzusetzen. Mitte der fünfziger Jahre war der Fehlbedarf im Landwirtschaftssektor dann schließlich so groß, dass der Bauernverband Baden-Württemberg die vorübergehende Beschäftigung italienischer Landarbeiter forderte.

Ursachen für diese Entwicklung waren die Veränderung der Altersstruktur seit dem Zweiten Weltkrieg So stieg der Anteil der 65-jährigen kontinuierlich, und der Anteil der Personen im erwerbsfähigen Alter sank. Zudem verzögerte sich der Eintritt ins Arbeitsleben durch verlängerte Ausbildungszeiten. Ein weiterer Entzug von leistungsfähigen Arbeitskräften erfolgte durch die Aufstellung der Bundeswehr. Dies alles und die anhaltende Hochkonjunktur sorgten dafür, dass gegen Ende der 1950er Jahre die Zahl der offenen Stellen die der Arbeitslosen überstieg.

Am 20. Dezember 1955 unterzeichneten die Bundesrepublik und Italien das erste Abkommen zur Anwerbung und Vermittlung von Arbeitskräften. Diesem folgten Verträge mit Spanien und Griechenland (1960), der Türkei (1961), Portugal (1964), Tunesien und Marokko (1965) sowie Jugoslawien (1968).)

Die Personalarbeit hat in den dazwischenliegenden Jahrzehnten einen erheblichen Bedeutungswandel erlebt. Zwar hat sie sich erst relativ spät als eigenständige Funktion herausgebildet, seitdem aber bereits einen vielfältigen Wandel durchlebt. Im Folgenden werden die idealtypischen Entwicklungsphasen in Anlehnung an Wunderer[1] (1990 und 1992) kurz dargestellt und insbesondere ein Einblick in das Anforderungsprofil der Führungskräfte verschafft.

2.1   Bürokratisierung

(bis ca. 1960)

In der Phase der Bürokratisierung stand die administrative Funktion, d.h. die Verwaltung des Produktionsfaktors Arbeit im Vordergrund. Zu dieser gehörten die Führung der Personalak-

---

[1]   Rolf Wunderer ist Gründer des Institutes für Führung und Personalmanagement der Universität St. Gallen. Er war als Gastprofessor u.a. in den USA und Japan tätig. Seine Forschungen zu Unternehmertum, Führung und Personalmanagement verschafften ihm hohe Anerkennung in Wissenschaft und Praxis

ten, sowie die Lohn- und Gehaltsabrechnung, die Personalstatistik und die Personaleinsatz-planung. Als „historische Abteilung" wurde die Personalfunktion meist der Buchhaltung angehängt. Arbeitsfähige Menschen nahmen jede Arbeit an und fragten nicht lange nach der Entlohnung und den Bedingungen. Im Vordergrund stand die Existenzsicherung. Der Arbeitnehmer war ein jederzeit austauschbarer Produktionsfaktor. Seine Bezahlung erfolgte oft täglich in bar nach Anzahl der geleisteten Stunden.

Die Menschen hatten seit vielen Jahren ein Obrigkeitsdenken entwickelt. Dies zeigte sich auf Seiten der Arbeitnehmer durch ein hohes Maß an Devotion und bei den Vorgesetzten an einer militärisch-autoritären Führung. Anweisungen wurden erteilt und von den Untergebenen kritik- und widerstandslos angenommen und ausgeführt.

2.2   Institutionalisierung

(ca. 1960 – 1970)

Zu Beginn der 1960er Jahre setzte mit einer Anpassung des Personals an organisatorische Anforderungen der Prozess der Institutionalisierung ein. An der Universität Mannheim entstand 1961 der erste Lehrstuhl in Deutschland im Personalwesen (Professur für Personalwesen und Arbeitswissenschaft an A. Marx). Erste personalwirtschaftliche Literatur war die logische Folge. Personalwirtschaftslehre wurde Teil der Speziellen BWL.

In der Industrie mehrte sich die Automatisierung von Arbeitsabläufen, das Qualitätsdenken entstand und erhielt zunehmend Bedeutung. Man spricht erstmals vom Preis-/ Leistungsverhältnis. Die Zeiten, in denen alles was produziert wird auch gekauft wird, sind vorbei. Zahlreiche Arbeitsschutzgesetze entstehen: Bundesurlaubsgesetz 1963, Mutterschutzgesetz 1968, Lohnfortzahlungsgesetz 1969, Kündigungsschutzgesetz 1969 um nur einige zu nennen. Gut geschulte Gewerkschafter und Betriebsräte achten zunehmend auf deren Einhaltung. Die Unternehmen reagieren mit der Professionalisierung und Spezialisierung ihrer Personalfunktionen. Erste Personalabteilungen entstehen, an deren Spitze vielfach Juristen eingesetzt werden. Gesetze zur Mitbestimmung erfordern Struktur- und Organisationsanpassungen.

Führungskräfte werden zunehmend juristisch geschult, um keine rechtliche Angriffsfläche zu bieten. Erstmals kommen somit zu den Fachkenntnissen des Vorgesetzten in nennenswertem Umfang Kenntnisse aus einem anderen Gebiet hinzu.

2.3   Humanisierung

(ca. 1970 – 1980)

Ein zahlenmäßiger Anstieg der Lehrstühle im Personalwesen von einem auf vier bezeichnet die zunehmende Bedeutung dieses Fachgebietes in der Hochschullandschaft. Den Anstieg bei den Lehrbüchern darf man Mitte und Ende der 1970er Jahre getrost als sprunghaft bezeichnen, die Verbreitung personalwirtschaftlicher, praxisorientierter Zeitschriften nimmt ebenfalls zu. *Partizipation* wird zum zentralen Begriff.

Die wachsende Bedeutung der Personalentwicklung kennzeichnete sozusagen den Übergang zur Phase der Humanisierung, während derer sich der Wandel zur mitarbeiterorientierten Funktion vollzog. Mitarbeiter wollen nicht als reine Produktionsfaktoren wahrgenommen werden, sondern fordern die Anerkennung als leistungsfähige Menschen. Aufgrund dieses gesellschaftlichen Paradigmenwechsels erfolgte eine Anpassung der Organisation an die Mitarbeiter. In Bezug auf das Personalwesen reagierten die Unternehmen durch den Ausbau qualitativer Funktionen wie Aus- und Weiterbildung, kooperative Mitarbeiterführung, Personalbetreuung, Humanisierung des Arbeitsumfeldes und der Arbeitszeit sowie Organisations- und Personalentwicklung. Des Weiteren erhielten Arbeitnehmervertretungen durch das Betriebsverfassungsgesetz von 1972 verstärkte Bedeutung. Der autokratische Führungsstil führt zunehmend zu Auseinandersetzungen im Betrieb und zu einem Umdenkungsprozess bei den Führungskräften. Motivation wird zur großen Kunst erkoren und ist Inhalt zahlloser Entwicklungsmaßnahmen. Vielfach lösen in dieser Phase Psychologen die Juristen an der Spitze von Personalabteilungen ab. Das *Betriebliche Vorschlagswesen* darf in keinem modernen Unternehmen fehlen und wird zum wichtigsten Partizipationsinstrument.

In vielen Unternehmen will man mit der Zeit gehen und implementiert Instrumente, ohne die Organisation, insbesondere die in ihr tätigen Menschen, sorgsam auf die Veränderungen vorzubereiten.

Beispiel 2-2

In Unternehmen A wird 1974 eine Gewinnbeteiligung für alle Mitarbeiter eingeführt und 1976 das Betriebliche Vorschlagswesen. Die Reaktion der Vorgesetzten geht weit auseinander: Nur ein geringer Teil betrachtet die eingehenden Vorschläge als Möglichkeit, Arbeitsabläufe zu verbessern und die Qualität zu steigern. Der größte Teil sieht darin einen Angriff auf die Autorität der eigenen Funktion. Sich von einem Mitarbeiter sagen zu lassen, was man wie besser, kostengünstiger angehen könnte, nagt an der eigenen Professionalität. Die Vorgesetzten verwenden viel Energie, um herauszufinden, wer der Einreicher des jeweiligen Vorschlags war. Zum Verständnis: Vorschläge wurden dem Beauftragten für das Betriebliche Vorschlagswesen eingereicht, der den Vorgang anonymisierte und zur Prüfung in die Fachabteilung gab. Anfangs gab es aus einer Abteilung, in der man wusste, dass der Abteilungsleiter Mitgliedern des BVW-Gremiums sehr nahe stand, plötzlich keinen einzigen Verbesserungsvorschlag mehr…

Es dauerte Jahre und den Austausch zahlreicher Vorgesetzter, bis der Teamgedanke soweit gereift war, dass der Einreicher von Verbesserungsvorschlägen keine Gefahr mehr lief, Repressalien seines Vorgesetzten befürchten zu müssen.

2.4   Ökonomisierung

(ca. 1980 – 1990)

Die Stufe der Ökonomisierung wurde vor allem durch den verschärften Wettbewerb weltweit geprägt.

Im Jahr 1982 gibt es bereits 28 Lehrstühle für Personalwesen. Didaktisch erfolgt an den Hochschulen eine pragmatische Orientierung des Faches auf Basis der verhaltenswissenschaftlichen Teiltheorien Motivation und Führung. Praktiker kritisieren die *Ökonomiearmut* der Lehre.

Die sich ändernden Rahmenbedingungen in der Wirtschaft verlangen Prozessoptimierung und Rationalisierung. Entscheidungen werden vor allem unter Wirtschaftlichkeitsaspekten getroffen. Kommunikation, Betreuung, Förderung und Entwicklung von Mitarbeitern gehen teilweise über in die Fachabteilungen. Der in der Phase der Humanisierung aufkeimende Wertschöpfungsaspekt einer nicht monetären Unternehmensphilosophie und -kultur wird wieder verdrängt.

Als Konsequenz vollzog sich eine allgemeine Verschlankung der Personalabteilungen. Konkret bedeutete dies eine Dezentralisierung und Generalisierung des Personalwesens sowie eine Entbürokratisierung und Rationalisierung der Personalfunktionen. Die Zeiten humanistisch orientierter Personalfunktionen sind vorbei. Aufwendungen für Personalbetreuung und -entwicklung fallen dem Rotstift zum Opfer. Die eben erst aufgenommene Terminologie des *Human Resources Management* wird von den Personalverantwortlichen auf der einen Seite und den Unternehmensleitungen und den Fachbereichen auf der anderen Seite unterschiedlich interpretiert. Nicht selten fällt das Personalwesen eines Unternehmens in eine Sinnkrise.

Erneut ändern sich die Anforderungsprofile: Gefragt in der Leitung von Personalabteilungen sind nunmehr die Betriebswirte, die Controller.

Beispiel 2-3

Durch die Personalreduzierungen der vergangenen Jahre entfielen in Unternehmen B an mehreren kleineren Standorten eigene Personalfunktionen: Der Personalchef und die Personalsachbearbeiter der Zentrale mussten häufig zwischen den Standorten reisen. Die Betriebsräte bemängelten das Fehlen kompetenter Ansprechpartner vor Ort bei wichtigen Fragen zu Einstellungen, Versetzungen und Entlassungen. Viele der aufkommenden Probleme, die sich früher vor Ort im Vertrauensverhältnis von Personalfunktion und Betriebsrat lösen ließen, schaukelten sich nun in den Betrieben auf und führten in der Folge zu zeit- und nervenraubenden Verhandlungen. Im Ergebnis kam es zunehmend seltener zu vernünftigen Lösungen, juristische Auseinandersetzungen häuften sich. Die hieraus resultierenden negativen klimatischen und betriebswirtschaftlichen Auswirkungen zehrten vielfach erhebliche Teile des ehemals eingeschätzten Rationalisierungspotentials auf. Die Motivation der größtenteils langjährig Beschäftigten sank, Fehlzeiten häuften sich.

2.5   Intrapreneuring / Strategisierung

(seit ca. 1990)

In der Hochschulbildung ist eine Entwicklung theoretisch fundierter Ansätze mit explizit ökonomischer Ausrichtung zu erkennen. Das *Human Resources Management* wird zur Konzeption einer anwendungsorientierten Personalmanagementlehre aufgewertet. *Personal* wird zur strategisch bedeutsamen Ressource.

Im Zuge des Wandels von Wertvorstellungen rückt bei den arbeitenden Menschen die *Work-Life-Balance* in den Vordergrund. Die Dualität von Privat- und Arbeitswelt wird nicht mehr gewünscht.

Beispiel 2-4

In Unternehmen C erklärt ein hochqualifizierter, schwer ersetzbarer Facharbeiter dem Personalleiter nach Eigenkündigung im Exit-Interview seine Gründe:

Mit dem Unternehmen und seinem Arbeitsplatz ist er durchaus zufrieden. Nicht aber mit dem Führungs- und Kommunikationsstil seines Abteilungsleiters, der stark autoritär geprägt ist. Er sei ehrenamtlich Vorsitzender eines nahezu 1000 Mitglieder zählenden Vereines und hätte in der Vergangenheit (vor seiner Zeit als Vorsitzender) beobachten können, wie autoritär strukturierte Vereinsfunktionäre den Verein fast ruiniert hätten. Seit er den Verein kooperativ führe, entsprechend mit seinen Vorstandskollegen kommuniziere und wo erforderlich auch Mitglieder in Entscheidungen einbinde, habe sich das Vereinsleben und der Mitgliederschwund stabilisiert. Er könne gegen seinen Vorgesetzten nichts unternehmen, das Unternehmen würde ihn und seine Art mit den Mitarbeiter umzugehen ja kennen und dies offensichtlich dulden. Dies mache ihn krank und deshalb habe er sich einen neuen Arbeitsplatz gesucht.

Die Entwicklungen in den zurückliegenden Jahren führten in der Wirtschaft zu einer fortlaufenden Dynamisierung und Flexibilisierung von Organisationen, so dass die Soziologen Lash und Urry (1987) vom *flexiblen Kapitalismus* als einer generellen gesellschaftlichen Entwicklung sprechen. Im Gegensatz zu seinem Vorgänger, dem *organisatorischen Kapitalismus,* befördere das aktuelle Wirtschaftssystem heute nur noch schwach organisierte Systeme. Nach Sennett[2] sind sie durch drei Merkmale charakterisiert:

- Re-engeneering,
- Flexibilisierung aller Arbeitsprozesse und
- Dezentralisierung.

In den zentralen Personalabteilungen größerer Unternehmen und dezentral organisierter Organisationen werden zunehmend nur noch strategische Aufgaben wahrgenommen. Die

---

[2]   Richard Sennet, 1998, Corrosion of Character

operative Personalarbeit wird weitgehend an die Fachabteilungen weitergegeben. Das zentrale Personalmanagement wird zum Wertschöpfungscenter. Die Bedeutung des Leistungspotentials und der Motivation des Mitarbeiters im Hinblick auf das Unternehmensergebnis wird also erkannt und das moderne Personalmanagement soll die Mitarbeiter als Mitunternehmer gewinnen, entwickeln und erhalten.

Kaplan und Norton[3] drücken es so aus:

> *„Die Investition in das Wissen und die Nutzung der Fähigkeiten eines jeden Mitarbeiters ist ein Schlüssel zum Erfolg des Unternehmens im Informationszeitalter"*

Der Begriff des *Human Capital* ist geboren. Die Entscheidung für diesen Terminus anstelle von *Human Resources* ist keineswegs ein Wortspiel, sondern beinhaltet eine inhaltlich deutlich andere Perspektive.

Während der HRM-Ansatz den Mitarbeiter als Ressource betrachtet, geht das *Human Capital Management* dazu über, den Mitarbeiter als Vermögenswert anzuerkennen. Der wesentliche Unterschied liegt also in der Betrachtungsweise. Ressourcen sind knapp und teuer und ihr Einsatz ist zu reduzieren. Sie werden verbraucht und stellen primär einen Kostenfaktor dar. Mitarbeiter als Vermögenswert erfahren jedoch eine andere Wertschätzung. Das Human Capital ist einer der wenigen Vermögenswerte, die an Wert gewinnen können, in dem das Leistungspotential und das Engagement der Mitarbeiter gewonnen und gefördert werden.

Die Personalabteilung wird zunehmend Bestandteil des strategischen Managements, trägt aktiv zum Unternehmenserfolg bei und übernimmt in den notwendigen Change Prozessen eine aktive Schlüsselfunktion und Vorreiterrolle.

Das Konzept der Situativen Führung[4] verlangt vom Vorgesetzten eine multiple Rolle: Methodenkompetenz und Sozialkompetenz nehmen in den Anforderungsprofilen einen immer stärkeren Raum ein; bei der Fachkompetenz werden mit steigender Hierarchiestufe Abstriche gemacht.

2.6 Employee Relationship Management (ERM)

(Die Zukunft)

Betrachtet man aufmerksam die oben beschriebenen Phasen, kann man feststellen, dass eine sehr ähnliche Entwicklung im Verhältnis der Unternehmen zu ihren Kunden durchgemacht wurde: Zu Zeiten, in denen alles verkauft werden konnte, was produziert wurde, genügte es, die Produkte und Käufer buchhalterisch zu erfassen (Bürokratisierung). Zunehmender Wettbewerb verlangte professionelleres Arbeiten und aktives Verkaufen. Entsprechende Abtei-

---

[3]   Kaplan, R. S.; Norton, D. P., 1997: Balanced Scorecard.

[4]   Hersey, P. / Blanchard K.H.,1987: Management of organizational behaviour: Utilizing human resources Englewood Cliffs N.J.

lungen entstanden (Institutionalisierung). Zunehmendes Qualitätsdenken und eine deutliche-
re Reklamationsfreudigkeit führten zu verstärkten Außendienstaktivitäten und zur Erfordernis der Kundennähe (Humanisierung). Vertriebsmitarbeiter, Verkäufer im Außendienst avan-
cierten zu den höchst angesehenen und bezahlten Mitarbeitern im Betrieb. Sie waren es, die
das Geld verdienten. Personalabteilungen hingegen gaben es nur aus. Diese Entwicklung
wuchs mit einer Eigendynamik, die sich oft erst viel zu spät als falsch herausstellte.

Beispiel 2-5

Die Umsätze in Unternehmen B waren seit Jahren rückläufig. Die Vertriebsaktivitäten
sollten daher professionalisiert werden: Ein Vertriebsdirektor wurde eingestellt. Gleichzeitig gab es vereinzelte betriebsbedingte Kündigungen, altersbedingt ausscheidende Mitarbeiter ersetzte man nicht, mit vorgezogenen Ruhestandsregelungen versuchte man zusätzlich die Personaldecke zu reduzieren. Freiwillige Leistungen wurden aufgekündigt
und auf Tarifniveau reduziert.

Der neue Vertriebsdirektor veranlasste ein neues Marketingkonzept, einen neuen Mar-
kenauftritt und stockte die Außendienstmannschaft deutlich auf. Die bisherigen Dienstwagen der Außendienstler erschienen nicht mehr repräsentativ genug. Nach wochenlan-
gen, intensiven Diskussionen, welches Fahrzeug denn nun für welche Hierarchiestufe im
Vertrieb angemessen sei, entschied sich der Vertriebsdirektor für ein Modell der oberen
Mittelklasse und konnte den Vorstand von der Notwendigkeit für die Erneuerung des
Außendienst-Fuhrparks gewinnen.

Die Aufstockung des Budgets für Werbemittel, Verkaufsförderungsaktivitäten und Spon-
soring musste an anderer Stelle eingespart werden. Will heißen: Bei den Personalkosten
in Produktion, Nebenbetrieben und Verwaltung.

Die historisch bestehende Kluft zwischen einerseits Vertrieb und den übrigen Bereichen
auf der anderen Seite wurde breiter und tiefer. Emotionale Berichte einzelner Mitarbeiter
über unverständliche Geldverschwendungsaktionen einzelner Außendienstler machten die
Runde; für die neuen Dienstwagen zeigte niemand Verständnis. Der Vertrieb entwickelte
sich zum Unternehmen im Unternehmen. Ein variables Entgeltsystem mit zweifelhaften
Bemessungskriterien bescherte den Vertriebsmitarbeitern deutliche Gehaltssteigerungen.

Insbesondere die Mitarbeiter der Produktion nahmen steigende Entnahmen von Geträn-
ken ohne Berechnung und insgesamt sinkende Produktionszahlen wahr.

Ein Employee Relationship Management war unter diesen Voraussetzungen noch undenkbar.
Aber auch die Verwaltungen erneuerten und professionalisierten sich zusehends: Controller
stellten Zahlenberichte, Reports, zusammen, analysierten, verglichen und budgetierten. Nun
ging es den *Spesenrittern* an den Kragen, die Wertschöpfung der Verkausförderungsmass-
nahmen wurde hinterfragt und analysiert, Parameter für die variablen Einkommensbestandteile zurechtgerückt und die Arbeitsabläufe reorganisiert (Ökonomisierung). In dieser Phase
entstand das Customer Relationship Management (CRM). In der Folge avancierte der Kunde
zum wichtigsten Stakeholder (Intrapreneuring) und ein professionelles CRM zum wichtigsten Differenzierungsfaktor im Wettbewerb.

In Zeiten, in denen Unternehmensleitungen die Mitarbeiter zunehmend gerne als „interne Kunden" bezeichnen, muss das Personalmanagement den Blick über den Zaun wagen, um aus der Disziplin CRM zu lernen.

Ein Employee Relationship Management (ERM) ist die logische Konsequenz und kann mehr sein als nur ein Instrument zur Umsetzung der in Phase 2.5. Intrapreneuring/Strategisierung beschriebenen Phase.

Beispiel 2-6

Bevor er mit Executive MBA-Studenten die vorstehenden Entwicklungsstufen bespricht, macht der Autor eine Übung, die immer wieder zu ähnlichen Ergebnissen führt. Die Studenten kommen aus unterschiedlichen Bereichen (Ingenieure, Betriebswirte, Juristen u.a.) europäischer Unternehmen und haben bereits Führungserfahrung. Zur Übung:

Die Frage:

„Welche Aufgaben sollte nach Ihrer Einschätzung die Personalabteilung eines Unternehmens übernehmen?"

wird zunächst diskutiert. Die Antworten werden gesammelt, geclustert und anschließend erfolgt ein Ranking hinsichtlich der Bedeutung. Ergebnis im Hinblick auf die Entwicklungsstufen der Personalarbeit: Der Schwerpunkt liegt eindeutig in den Stufen, die in 2.1. bis 2.4. beschrieben sind.

Nächste Frage:

„Was wird sich in Ihrer Branche in den nächsten Jahren verändern?"

Die wesentlichen Änderungen werden gesammelt, falls erforderlich erläutert und begründet.

Weiter geht es mit der Frage:

„Welche dieser Veränderungen haben Auswirkungen auf die Arbeitnehmer?"

Ergebnis: Alle.

Danach erfolgt in reger Diskussion der Versuch, die Frage zu beantworten:

„Was sind die Auslöser für diese Change-Prozesse?"

Das Ergebnis lässt sich wie folgt zusammenfassen:

1. Technologischer Fortschritt
2. Wirtschaftliche Veränderungen durch fortschreitende Globalisierung
3. Politischer Kontext
4. Kundenverhalten

Nächste Frage:

„Welche Tendenzen lassen diese Change-Prozesse erkennen?"

Zusammengefasst lässt sich festhalten:

1. Weiterer Anstieg der Bedeutung des Dienstleistungssektors

2. Zunehmende Bedeutung des Human Capitals bei der Differenzierung vom Wettbewerb

3. Zunehmende Bedeutung des Human Capitals bei der Kapitalbeschaffung

4. Zunehmend Mergers & Acquisitions

5. Zunehmend multikulturelle Teams

6. Zunehmende Bedeutung des Change Managements

Danach wird erneut die erste Frage gestellt. Das folgende Ranking zeigt ein gegenüber dem ersten deutlich verändertes Bild: Der Schwerpunkt liegt eindeutig in den in 2.5. und 2.6 beschriebenen Stufen.

Der Standpunkt hinsichtlich der Bedeutung professioneller Personalarbeit hat sich grundlegend verändert.

3 Customer Relationship Management (CRM) und Employee Relationship Management (ERM)

Im Folgenden wird das CRM kurz in seinen Grundzügen beschrieben und die Übertragbarkeit auf das ERM dargestellt. Grundkenntnisse des CRM sind dabei erforderlich, um zu verstehen, was diese Disziplin so interessant für das HRM macht. So können bei der notwendigen strategischen Neuausrichtung des Personalmanagements HR-Professionals und Linienmanager wertvolle Denkansätze erhalten. Zudem werden sie verstehen, wie sie sich die Erfahrungen des CRM zu Nutze machen, wie man teueres Lehrgeld vermeiden kann mit Projekten, die von vorneherein zum Scheitern verurteilt sind.

3.1 Historie, Philosophie und Zielsetzung des CRM

Im Jahr 1989 wurde das Customer Relationship Management in den US-Medien nur ein einziges Mal erwähnt. Elf Jahre später, also in 2000, berichteten die Medien bereits 14.000 Mal über diese Methode zum Aufbau von Kundenloyalität.

In einer Umfrage unter Hunderten von Leitungskräften aus Sales & Marketing[5] gaben 72% der Befragten an, bis Ende des Jahres ein CRM-Programm in Aktion zu haben.

Dies waren mehr als das Doppelte der im Vorjahr Befragten (35%). Somit stellte sich das CRM als die am schnellsten wachsende Methode dar, welches die untersuchende Firma in den bis dahin acht Jahren Analysen unterschiedlicher Managementmethoden ausmachen konnte.

Auf der anderen Seite brachte die Studie das Ergebnis, dass jeder Fünfte Anwender berichtete, dass die CRM Aktivitäten des Unternehmens nicht die erwarteten positiven Resultate

---

[5] Bain & Company, Boston, 2001

erbrachten. Dies bezog sich sowohl auf das kalkulierte quantitative und qualitative Wachstum als auch auf die Beziehungen zu den Kunden. In mehreren Fällen merkte man zudem an, dass ehemals gute, feste Kundenbindungen zerstört worden waren.

Bevor die – insbesondere negativen – Erfahrungen des CRM differenziert aufgegriffen werden, zunächst ein Einblick in die CRM-Philosophie. Diese ist mit den drei folgenden Sätzen treffend beschrieben[6] :

> *„Customer relationship management is a business strategy to select and manage the most valuable customer relationships. CRM requires a customer-centric business philosophy and culture to support effective marketing, sales, and services processes. CRM applications can enable effective customer relationship management, provided that an enterprise has the right leadership, strategy, and culture. "*

Zunächst wird in dieser Definition auf die Strategie hingewiesen. Dann auf das herausfiltern und managen der wertvollsten Beziehungen. Bewusst werden nicht alle Kundenbeziehungen genannt. Voraussetzung stellt eine Geschäftsphilosophie und Kultur dar, die den Kunden im Mittelpunkt hat. Auf dieser Basis sollen Marketing, Verkauf und Service unterstützt werden. Unter der Voraussetzung, dass die Unternehmung die richtige Führung, Strategie und Kultur hat, kann CRM-Software ein effektives CRM ermöglichen.

In den folgenden Kapiteln wird deutlich, dass der letzte Satz auch bedeutet, dass ohne die genannten Voraussetzungen die besten und teuersten CRM-Applikationen sich als Fehlinvestition erweisen werden. Genauso wird es einem Versuch ergehen, ein ERM ohne entsprechende Basis und Voraussetzungen zu implementieren.

Die obenstehende Definition zeigt, dass CRM eine Management-Philosophie erfordert, die klar auf die Bedürfnisse des Kunden und andauernde Beziehungen ausgerichtet ist. Als Folge wird sich auf lange Sicht gesehen der Return on Investment (ROI) von CRM-Aktivitäten einstellen; die Erwartung kurzfristiger Erfolge sind daher eher der Feind des CRM. Auch dieses gilt für das ERM.

Die CRM Praxis und auch die Literatur sehen leider auch heute noch in vielen Fällen anders aus. Kann man im Ansatz oder im Kapitel Einführung noch Elemente der o.g. Philosophie erahnen, treten schnell technische Lösungen in den Vordergrund. Beispiele hierfür finden Sie in Abschnitt 3.3.

Die derzeit noch seltenen Web-Links zum Thema ERM zeigen sehr ähnliche Ansätze und können ebenfalls zu unzufriedenen Anwendern führen.

Aber auch die Fundstelle für ein positives Beispiel findet abschließend Erwähnung. Hier heißt es[7]:

> *Sich mit einem Customer Relationship Management Projekt auseinander zu setzen, bedeutet nicht zuletzt auch, die eigene Firmenphilosophie zu überdenken. Denn eine*

---

[6]   http://www.CRMguru.com, Oktober 2006

[7]   http://www.ancoso-development.de, Oktober 2006

reine Software-Installation allein reicht nicht aus, um dem Kunden das Gefühl zu vermitteln, dass er persönlich und individuell betreut wird. Somit ist es zumindest überprüfenswert, ob nicht eine mit der technischen Umstrukturierung einhergehende Mitarbeiterschulung im Bereich „Customer Care" sinnvoll sein könnte. Ganz im Sinne eines integrierten CRM-Konzepts.

3.2   Kundenbindungsprogramme

Ob *Frequent-Flyer* Programme oder die zahlreichen Club- und Bonuskarten, alle verfolgen das Ziel, aus Laufkunden Stammkunden zu machen. Nicht selten werden diese Aktivitäten als *Loyalty Programs* angepriesen. Im Standardwerk für erfolgreiches CRM[8] wird über eine Untersuchung berichtet, die alle Protagonisten in Unternehmensleitungen und Marketingabteilungen zum Nachdenken anregen sollte: Mit 83% hat England den höchsten Anteil aller Kunden, die an einem *frequent-shopper loyalty program* teilnehmen. 52% davon sind in zwei oder drei solcher Programme eingebunden. Allerdings ist die Rate der loyalen Kunden in Großbritannien europaweit am niedrigsten: 24% wechseln den Anbieter öfter. Bei der Befragung bezeichneten 40% der britischen Kunden die Programme als nicht wirklich wertvoll. Indessen sieht die Situation im Schweizer Kundenverhalten anders aus: Dort gibt es die niedrigste Teilnahme an Kundenbindungsprogrammen und gleichzeitig die niedrigste Rate an Wechselkunden: Nur 7% suchen sich hin und wieder neue Anbieter.

Barnes kommt zu dem Schluss, dass all diese Programme alleine noch nicht zu wahren, echten Kundenbindungen führen. Sobald der Wettbewerb ein lukrativeres Bonusprogramm anbietet, wechselt der Kunde.

Eine gleichgelagerte Untersuchung zum Thema ERM käme zweifellos zu einem sehr ähnlichen Ergebnis.

Entscheidend für die Gewinnung von wirklich loyalen Kunden ist vielmehr die emotionale Bindung. Dies wird in Abschnitt 3.5 differenziert dargestellt.

3.3   Die Risiken des CRM

Die Chancen eines CRM sind faszinierend vielfältig, wie die jahrzehntelange Erfahrung zeigt. Trotzdem zeigen zu viele Beispiele, wie risikoreich es sein kann. Glücklicherweise können Unternehmen heute aus den Erkenntnissen lernen. Es muss niemand mehr Gefahr laufen, Zeit und Geld in ein Projekt zu investieren, das im Vorhinein zum Scheitern verurteilt ist.

---

[8]   James G. Barnes, Secrets of Customer Relationship Management, 2001, S. 16

Beispiel 3-1

In Unternehmen D verkündete der Geschäftsführer Sales and Marketing den Führungskräften der Zentrale im Juni 2002, dass man ab August ein CRM einführen werde. Zum Projektleiter wurde der IT-fokusierte Leiter E-Commerce bestimmt. Ohne eine Strategie und klare Zielsetzung definiert zu haben, waren bereits die Konditionen der wesentlichen Softwareanbieter verglichen und die Entscheidung für einen hiervon getroffen worden. Man hatte sich „nicht für den Billigsten sondern für den Besten entschieden".

Die enormen, nicht geplanten Kosten für die Software und Anwendertrainings seien durch Einsparungen bei den laufenden Budgets zu kompensieren, so der Geschäftsführer, wobei er Unterstützung von seinem Kollegen CFO erfuhr.Von Beginn an unzufriedene Mitarbeiter und keine positiven betriebswirtschaftlichen Auswirkungen, weder im ersten noch im zweiten Jahr, brachten das hochgepriesene Projekt zum Scheitern. Weder der Projektleiter noch der Geschäftsführer konnten sich im Unternehmen halten.

Drei Pioniere des CRM, Darrell K. Rigby, Frederick F. Reichheld und Phil Schefter haben im Auftrag von Bain & Company[9] mehr als zehn Jahre intensiver Arbeit in die Beantwortung der Frage *Why do CRM initiatives fail so often?* gesteckt. Sie analysierten hierfür erfolgreiche und erfolglose CRM-Modelle in mehr als 200 Unternehmen unterschiedlicher Branchen und Größen.

Ihre Erkenntnisse fassten sie in vier identifizierten Fehlerquellen zusammen:

(1) Implementing CRM before creating a customer strategy

Sie fanden heraus, dass CRM nur dann die erwarteten Resultate bringt, wenn vorab eine traditionelle, kundenfokusierte Strategie entwickelt und implementiert wurde.

Sie empfehlen jedem Unternehmen, das ein CRM in Erwägung zieht, zunächst sorgfältig sechs Fragen zu diskutieren und zu beantworten. Davon seien an dieser Stelle die folgenden drei erwähnt:

- *How must our value proposition change to earn greater customer loyalty?*
- *If we believe in customer relationships, why are we not taking steps toward a CRM program today?*
- *What can we do next week to build customer relationships without spending a cent on technology?*

(2) Rolling out CRM before changing the organization to match

Es ist in ihren Augen der wahrscheinlich größte Fallstrick: CRM-Technologie zu installieren, bevor der Kunde innerhalb der Organisation in allen Belangen den ihm gebührenden Stel-

---

[9] Bain & Company, Boston, zählt zu den drei weltweit führenden Strategieberatungen und ist mit 32 Büros in 20 Ländern präsent.

lenwert einnimmt. Sie bemerken, dass die Unternehmensführung oft nicht den Bedarf einer Veränderung der internen Strukturen, Systeme und Menschen erkennt, bevor die IT-Lösung gestartet wird. „That´s like trying to repaint a house without sanding the walls first" ist ihre Erkenntnis.

Die erfolgreichsten Unternehmen in ihrer Studie arbeiteten mehrere Jahre an der notwendigen Veränderung ihrer Strukturen und Menschen.

(3) Assuming that more CRM-Technology is better

Aus den vorgenannten Risiken kann man bereits ableiten, dass viele Führungskräfte automatisch annehmen, CRM müsste technologieintensiv und damit auch kostenintensiv sein. In Wirklichkeit aber sind gut funktionierende CRM-Programme in allen Technologiestufen zu finden: low-tech, mid-tech und high-tech.

Die Verantwortlichen in einer Organisation müssen sorgsam analysieren, ob und wo CRM-Technologie sinnvoll ist und wirklich helfen kann.

Fundstellen im Internet verdeutlichen die Gefahr, der ein Unternehmen bei zu eiliger Suche nach der passenden Technologie ausgesetzt ist[10]:

In einem Fallbeispiel möchten wir Ihnen den sinnvollen Einsatz einer Customer Relationship Management Lösung auf Basis von Application Service Providing erläutern und Ihnen zeigen, dass...

Oder auch – nachzulesen auf der gleichen Website:

Mit dem konsequenten Ausbau des Customer Relationship Managements beispielsweise mit in Sales-Marketing und Service-Bereichen kann das Geschäftspotenzial und Kundenbeziehungen nachhaltig aktiviert werden. Allerdings ist die Einführung eines strategischen CRM sehr kostenintensiv und aufwendig. Deshalb wurde eine kostengünstige Projektlösung entwickelt: CRM on demand.

Auch die folgende Ankündigung[11] verrät ausschließliche Technologieorientierung:

CRM im Mittelstand: SAP Sales express solution - Blitzstart zum Vertriebserfolg

Wählen Sie den schnellen Weg: In Ihrer Vertriebsorganisation steckt vermutlich noch mehr Produktivität, die sich rasch aktivieren lässt. Mit SAP Sales express solution nehmen Sie im Expresstempo Kurs auf höhere Abschlussraten und mehr Effizienz von Vertriebsmitarbeitern und -teams.

Wenig Verständnis für die ursprüngliche Definition zeigt eine Website[12] auf der unter „Was ist CRM?" zu lesen ist:

---

[10]   z. B. SBS http://www.competence-site.de/crm, November 2006

[11]   http://www.sap.com/germany/solutions/business-suite/crm, November 2006

[12]   http://www.salesforce.com/de, November 2006

Worum geht es? Salesforce.com bietet Ihnen das was als „Customer Relationship Management" oder „CRM" bekannt ist. Im Wesentlichen handelt es sich um ein einfach nutzbares System, mit dem Sie Ihre Kunden und Vertriebsprozesse verwalten.

Mit Sicherheit kann man davon ausgehen, dass alle IT-Lösungen sich eignen, um den administrativen Teil eines CRM zu unterstützen und effizient gestalten zu können. Aber die vielen unzufriedenen Anwender haben offensichtlich geglaubt, ihre Software sei das CRM.

(4) Stalking, not wooing, customers

Die Forderungen *Höre auf Deinen Kunden* oder *Übertreffe die Erwartungen Deiner Kunden* sind hinreichend bekannt und oft gehört. Jedoch werden sie zu selten wirklich angewandt. Viele Manager neigen dazu, die vorstehenden Überlegungen zu ignorieren mit der Folge, Beziehungen mit den *falschen* Kunden zu pflegen oder dem Versuch, mit unzureichenden Methoden Beziehungen zum *richtigen* Kunden aufzubauen.

Beispiel 3-2

Im Leitbild der Unternehmensgruppe, zu dem auch Unternehmen D gehört, ist u.a. zu lesen:

„Wir behandeln unsere Kunden so, wie wir behandelt werden möchten".

Verspricht diese Definition wirklich Kundenorientierung? Nein, man macht sich mit dieser Aussage selbst zum Maß der Dinge, nicht aber den Kunden! Es ist so einfach – im CRM wie im ERM: ersetze im zweiten Halbsatz **wir** durch **sie** und der Fokus stimmt. Dann erinnert der Satz nicht mehr an den Angler, der Schokolade als Köder verwendet, weil er selbst keine Würmer mag.

In Kapitel 9 werden diese Risiken erneut aufgegriffen und erläutert, wie ein professionelles ERM implementiert werden kann ohne Gefahr zu laufen, irreparable Fehler zu machen.

3.4   Der Mitarbeiter als interner Kunde

Seit der Erfindung des Toyota-Produnktionssystems kennt das japanische Management die *Kaizen-Methode*. Im Westen hielt Kaizen unter dem Namen *Kontinuierlicher Verbesserungsprozess* (KVP) in den achtziger Jahren Einzug in die Managementphilosophie und -praxis. Insgesamt gesehen soll Kaizen oder KVP zu einer höheren Identifikation der Mitarbeiter mit dem Unternehmen und dadurch zu einer ständigen Verbesserung der Wettbewerbsposition beitragen.

Kaizen erweiterte das Managementvokabular um den Begriff des internen Kunden. Im Gegensatz zum *Total Quality Management*, bei dem die Prozessorientierung im Vordergrund steht, rückt Kaizen die Mitarbeiterorientierung ins Zentrum des unternehmerischen Handelns.

Es wird als ein Bewusstsein verstanden, das von allen Mitarbeitern getragen werden muss und als System, das die Mitarbeiter aller Hierarchiestufen an den Veränderungen im Unternehmen beteiligt.

Nach der Erweiterung des herkömmlichen Kundenbegriffes um den internen Kunden ist in den letzten Jahren verstärkt die Diskussion aufgetreten, wer den nun oberste Priorität genießt, der interne oder der externe Kunde. Eine interessante Betrachtung in diesem Zusammenhang stellte Branham[13] an: Die Antwort auf die Frage, wer an erster Stelle steht, Kunde oder Mitarbeiter, sieht er als das grundlegende Dilemma der Unternehmensführung an.

Branham argumentiert, dass Unternehmen, die den Kunden immer an erster Stelle sehen, sich hiermit ein Alibi verschaffen, ihre Mitarbeiter im Namen von Kundenservice unzureichend gut zu behandeln. Diese wiederum übertrügen ihre Frustrationen – bewusst oder unbewusst – auf die Kunden. Daher empfiehlt Branham, die Mitarbeiter als Nr. 1 zu behandeln, so dass sie die Bedürfnisse der Kunden erfüllen und übertreffen können.

Dieser Argumentation folgen zunehmend Unternehmen aller Größenordnungen: Dem internen Kunden, der in der Summe das Humankapital eines Unternehmens ergibt, wird in einer Welt der austauschbaren Produkte und Dienstleistungen klar die Position Nr. 1 eingeräumt. In zahlreichen Geschäftsberichten nimmt man zu dieser Positionierung eindeutig Stellung.

Der lange Zeit euphorisch gepriesene Shareholder Value-Ansatz verkümmerte leider recht bald zu einer Methode der kurzfristigen Gewinnmaximierung. Aber der langfristige Unternehmenserfolg muss auch die langfristige Erhaltung und Steigerung der Werte im Auge behalten. Unternehmen, die vergessen, dass der Shareholder Value nur eine Komponente des umfassenderen Stakeholder-Value-Ansatzes ist, verfolgen eine wenig Erfolg versprechende Strategie. Die Mehrung des Shareholder Value als Basis für die variablen Einkommensbestandteile der Manager ist nur ein praktisches Ergebnis dieser Fehlentwicklung.

Offensichtlich folgt die Unternehmenspraxis dieser Erkenntnis noch zu wenig oder halbherzig. Traditionelle, antiquierte Strukturen und Führungsmuster halten sich beharrlich in den deutschen Unternehmen. Beleg hierfür ist das bereits erwähnte Ergebnis der Gallup-Loyalitätsstudie.

Vielleicht liegt es daran, dass man noch nicht erkannt hat, wie viel der externe und der interne Kunde gemeinsam haben, und wie viel man demzufolge aus dem CRM für die Mitarbeiterführung im Unternehmen lernen kann.

CRM oder ERM – beide Philosophien bedingen Manager, die in der Lage sind, ihren Standpunkt wie ein Unternehmen erfolgreich geführt werden kann, zu verändern. Hierzu gehört Offenheit für die Veränderungen in den Bedürfnissen der Mitarbeiter, wie diese geführt werden wollen, und die Fähigkeit, den eigenen Führungsstil zu adaptieren.

Ansonsten laufen sie Gefahr, das für Erfahrung zu halten, was sie seit vielen Jahren falsch machen.

---

[13] F. Leigh Branham, 2001, Keeping the People Who Keep You in Business

3.5   Philosophie und Zielsetzung des Employee Relationship Managements

Die in Abschnitt 3.1. beschriebene Philosophie des CRM wird in zahlreichen Unternehmen seit Jahren praktiziert. Die daraus entstandene kundenzentrierte Kultur führte zu positiven Erfahrungen und überzeugenden betriebswirtschaftlichen Ergebnissen.

Es ist offensichtlich, dass eine Adaption der Philosophie, der Methoden und Instrumente des CRM zu ebensolchen Ergebnissen im ERM führen wird.

So könnte, in Anlehnung an das CRM, die Definition und Zielsetzung des ERM wie folgt aussehen:

> Employee Relationship Management ist eine Strategie, um die für ein Unternehmen wertvollsten Mitarbeiter auszuwählen und dem Unternehmen zu erhalten. Das Ziel ist eine hohe Anzahl engagierter, loyaler Mitarbeiter.
>
> ERM erfordert eine mitarbeiterzentrierte Unternehmensphilosophie und -kultur zur Unterstützung eines effektiven Personalmanagements.
>
> Unter der Voraussetzung, dass ein Unternehmen eine entsprechende Strategie, Kultur und Führung hat, können Softwarelösungen zu einer effektiven Administration und zum Erfolg eines ERM beitragen.

Wie im CRM als oberstes Ziel der loyale Kunde, ist im ERM als oberstes Ziel der loyale Mitarbeiter zu sehen.

In Anlehnung und Erweiterung eines Modells aus dem CRM führt der Weg zur Mitarbeiterloyalität über fünf Stufen, wie in Abbildung 3-1 dargestellt.

1. Stufe : Bezahlung

Hiermit ist die monetäre Kompensation für die geleistete Arbeit gemeint. Oft tariflich vorgeschrieben und leicht zu überbieten, stellt sie zu Recht die unterste Stufe dar.

2. Stufe: Sicherheit

Die Sicherheit des Arbeitsplatzes und die Sicherheit, in eine berechenbare Organisation eingebunden zu sein stehen auf der 2. Stufe

3. Stufe: Unterstützung

Neben der Unterstützung bei auftretenden Problemen, ist hierunter die Möglichkeit zur fachlichen und persönlichen Entwicklung zu verstehen.

4. Stufe: Information und Interaktion

Nicht nur eine ausreichende Quantität, sondern ebenfalls ein hohes Maß an Qualität von Information und Möglichkeiten zur Interaktion mit Kollegen und Vorgesetzten muss in dieser Stufe gewährleistet werden.

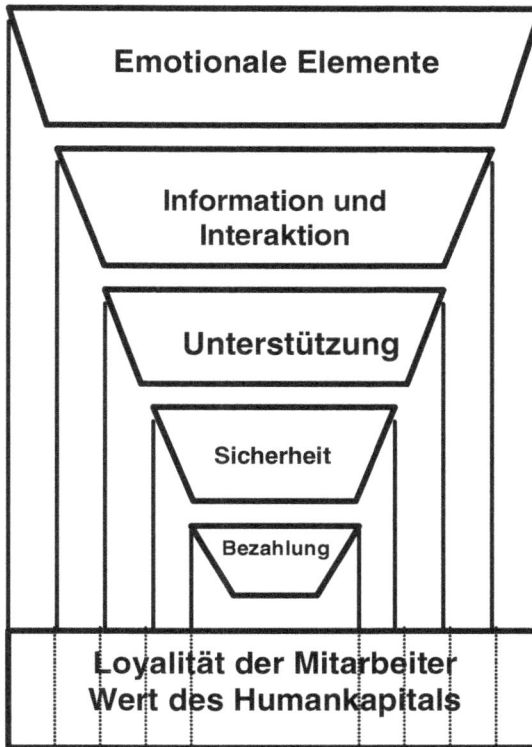

Abb. 3-1 Wert des Humankapitals

5. Stufe: Emotionale Elemente

In erster Linie gehören hierzu die Anerkennung für Leistung und Verhalten. Ihrer Bedeutung wegen wird diese Stufe in den folgenden Kapiteln immer wieder aufgegriffen und intensiv betrachtet.

Carl W. Buechner[14] fasst es in einem Satz zusammen:

  „They may forget what you said, but they will never forget how you made them feel".

Betrachtet man diese fünf Stufen, so ergibt sich im Zusammenhang der Einfluss auf die Loyalität der Mitarbeiter und damit gleichzeitig auf den Wert des Humankapitals.

---

[14]   im Vorwort zu James G. Barnes, 2001, The Secrets of Customer Relationship Management

4 Erfolg durch ERM

Die technische Entwicklung, allem voran die Informationstechnologie, und die Globalisierung schreiten unaufhaltsam vorwärts. Der globale Marktplatz steht Unternehmen in allen Wirtschaftssektoren offen. Das führt dazu, dass Anlagevermögen und technisches Know How kurzfristig beschafft werden können. Damit nimmt die Bedeutung des technischen Equipments eines Unternehmens als Differenzierungsfaktor vom Wettbewerb ab. Jedoch die Fähigkeit, die *tangible assets* effizient und effektiv einzusetzen, unterscheidet zunehmend erfolgreiche von weniger erfolgreichen Unternehmen.

Damit wird das *Human Capital* zum entscheidenden Erfolgsfaktor. Diese Erkenntnis ist auch in das Stabilitätsprogramm des internationalen Finanzsystems, bekannt geworden als Basel II, eingeflossen. In der Säule 1, den Mindesteigenkapitalanforderungen, wird neuerdings das operationelle Risiko einbezogen. Hierzu zählen die Mitarbeiter, insbesondere deren Qualität und Möglichkeiten, Produktideen ökonomisch erfolgreich umsetzen zu können.

Demzufolge ist es auch nur noch eine Frage der Zeit, wann das *Human Capital* eines Unternehmens als Vermögensbestandteil bilanziert werden wird. Dies kann geschehen, sobald man sich auf plausible und einheitliche Kennziffern für eine Messung festgelegt hat.

Viele Unternehmen haben in der Vergangenheit der Aus- und Weiterbildung ihrer Mitarbeiter einen hohen Stellenwert beigemessen, um im Wettbewerb bestehen zu können. Die aktuellen Entwicklungen zeigen aber, dass Investitionen in die Personalentwicklung ins Leere laufen, wenn die Mitarbeiter nicht motiviert sind, oder aus anderen Gründen nicht in der Lage sind, hohe quantitative und qualitative Leistung zu erbringen. Erst die Veränderungsfähigkeit und die Loyalität der Mitarbeiter führen zum Unternehmenserfolg.

Human Capital als *intangible asset* eines Unternehmens erfordert, dass Systeme, auf deren Grundlage bisher gedacht und gelehrt wurde, verändert werden müssen. Hier bietet das ERM einen geeigneten Ansatz.

Auch ein Blick auf die globalen Megatrends zeigt auf, dass ERM eine langfristig erfolgreiche Strategie sein wird:

In seiner wirtschaftlichen, politischen und gesellschaftlichen Analyse der US-amerikanischen Gesellschaft postuliert Naisbitt[15] seine Megatrends. Sie sind zu verstehen als Bewegungen:

---

[15] Naisbitt John, Megatrends. Ten New Directions Transforming Our Lives, New York (Warner) 1982

- von der Industrie- zur Informationsgesellschaft,
- von niedriger zu höherer Technologie,
- von der Nationalökonomie zur Weltwirtschaft,
- von kurzfristig zu langfristig,
- von Zentralisation zu Dezentralisation,
- von der institutionalisierten Amtshilfe zur Selbsthilfe,
- von der repräsentativen zur partizipatorischen Demokratie,
- von Hierarchien zu Verbundenheit, Verflechtung und gegenseitiger Abhängigkeit,
- von Norden nach Süden,
- vom Entweder/Oder zur multiplen Option.

Da die Megatrends eine langfristige Entwicklung abbilden, können Strategien langfristig hieran ausgerichtet werden.

Das betrifft nicht nur Individuen, die sich überlegen können, ob ihr Leben diesen Trends entspricht und ob sie diese Rahmenbedingungen als Motivator zur Entfaltung ihrer Potentiale akzeptieren. Die Anwendung betrifft ebenso Unternehmen, die, um langfristigen Erfolg verbuchen zu können, ihre Strategien an diesen Trends ausrichten müssen.

4.1   High- und Low-Performer: Potential ist nicht bereits Leistung

Im Profi-Fußballgeschäft erleben wir es immer wieder: Der Star einer Mannschaft wechselt für viel Geld den Verein. Dort jedoch kann er seine bisherige Leistung nicht abrufen und erfüllt bei weitem nicht die Erwartungen. Oder auch das Gegenteil können wir beobachten: Ein bestenfalls durchschnittlicher Spieler wechselt den Verein und wird dort in kürzester Zeit zum unverzichtbaren Leistungsträger. Hat der Erstgenannte von einem auf den anderen Tag seine Fähigkeit, Fußball zu spielen, verloren? Was hat der andere Spieler bisher falsch gemacht?

Um im Bild zu bleiben: Warum erleben wir es jedes Jahr auf's Neue, dass der Drittligist reihenweise höherklassige Teams aus dem Pokalwettbewerb des Deutschen Fußballbundes schießt? Hat der Pokal wirklich seine eigenen Gesetze?

In der betrieblichen Praxis gibt es ähnliche Beispiele: Immer wieder wird der beste Verkäufer irgendwann zum Verkaufsleiter befördert. Das Ergebnis nach kurzer Zeit: Das Unternehmen hat den besten Verkäufer verloren und der neue Verkaufsleiter hat keine Akzeptanz in seinem Team, es kriselt und die Verkaufszahlen nehmen ab.

All diesen Beispielen liegt der Trugschluss zugrunde, dass Potential identisch mit Leistung ist. Aber Leistung ist mehrdimensional. Somit kann auch die Summe des Mitarbeiterpotentials nicht identisch sein mit dem Human Capital eines Unternehmens, wie es aber vielfach in der Literatur dargestellt wird. Dies wird in den folgenden Kapiteln differenziert aufgegriffen.

4.2   Was ist Leistung und wodurch wird sie beeinflusst?

Es vergeht heute kaum ein Führungs-Seminar, in dem nicht irgendwann über die Leistung der Mitarbeiter und über Möglichkeiten, diese zu steigern, diskutiert wird. Regelmäßig enden diese Diskussionen ohne klares Ergebnis.

Die Definition *Unter Leistung versteht man das Verhältnis der Arbeit zur Arbeitszeit. Je mehr Zeit zur Verrichtung einer bestimmten Arbeit vorhanden ist, desto geringer ist die benötigte Leistung* ist wohl eindeutig der Welt der Physik zuzuordnen, und im Human Resources Management bedeutungslos.

Wie vorstehend erwähnt, ist die Leistung eines Mitarbeiters nicht eindimensional, sondern von verschiedenen Faktoren abhängig, wie die nachstehende Abbildung zeigt:

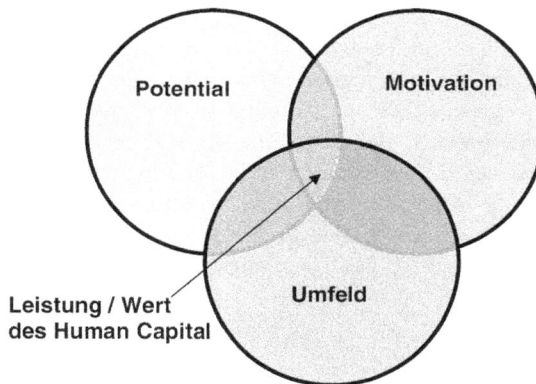

Abb. 4-1 Dimensionen der Leistung

Potential: Hierunter ist der allgemeine, fachliche und soziale Bildungsstand des Mitarbeiters zu verstehen sowie seine Fähigkeit, Neues hinzuzulernen und anzuwenden. Auch seine bisherigen Erfahrungen zählen hierzu.

Motivation: Hierunter ist die grundsätzliche Leistungsbereitschaft zu verstehen. Trotz guten Potentials ist die Bereitschaft, eine Leistung zu erbringen, oftmals nicht entsprechend ausgeprägt. Die Frage ist, wie eine momentane Motivkonstellation im Sinne der Leistung günstig beeinflusst werden kann. Welche Bedürfnisse des Mitarbeiters müssen erfüllt werden, damit er sein Potential entfaltet?

Antoine de Saint-Exupery meinte:

„Wenn Du ein Schiff bauen willst, dann trommle nicht Männer zusammen, um Holz zu sammeln, Aufgaben zu verteilen und Einzelheiten zu besprechen, sondern lehre sie die Sehnsucht nach dem endlosen, weiten Meer"

Aber dies gilt nur für das Motiv, das eigene Potential einzusetzen, nicht für das Potential selbst. Motive sind eben nur der *Anlasser des Motors,* nicht der Motor selbst.

Umfeld: Hierzu zählen die Branche und Produkte des Unternehmens, technische, physikalische und organisatorische Bedingungen sowie Betriebsklima und insbesondere das Verhältnis zum direkten Vorgesetzten. Zunehmende Bedeutung erhält auch die ökologisch-ethische Positionierung eines Unternehmens.

Leistung: Sie ist letztlich die Schnittmenge der vorstehend genannten Parameter Potential, Motivation und Umfeld. Das *Human Capital* eines Unternehmens ergibt sich aus der Schnittmengensumme aller Mitarbeiter.

Beispiel 4-1

Ein Beispiel, wie eine langjährig erfolgreiche Führungskraft in einem neuen Umfeld scheitert: Ein jüngerer, sehr gut ausgebildeter und kooperativ führender Hoteldirektor übernimmt die Leitung eines Betriebes der Hotelgruppe D auf Mallorca. Von den fast ausnahmslos einheimischen Führungskräften und Angestellten des Hotels wird sein Führungsstil nicht verstanden. Sein Bestreben, Mitarbeiter aller Hierarchiestufen umfassend zu informieren und an Entscheidungen zu beteiligen, wird als Unsicherheit und mangelnde Fachkompetenz interpretiert. Sein täglicher Rundgang durch alle Abteilungen des Hauses, oft auf Grund des Tagesgeschäfts früh am Morgen oder spät am Abend, entsprang dem Wunsch, alle Mitarbeiter und deren Arbeitsplätze kennen zu lernen, um bei auftretenden fachlichen und persönlichen Problemen Unterstützung anbieten zu können. Die Interpretation der Belegschaft: Der Neue mischt sich in alles ein, kontrolliert zu jeder Tages- und Nachtzeit und will uns aushorchen.

Die erste Reaktion des verantwortlichen Geschäftsführers vor Ort nach 4 Wochen: „Er tut sich schwerer als erwartet, aber das wird schon".

Weitere 4 Wochen später: „Hätten wir nicht erwartet, dass es so lange dauert, bis er bei seinen Leuten Akzeptanz findet. Das müssen wir weiter beobachten".

Nach weiteren 4 Wochen stand die offizielle Beurteilung des Neuen: Mangelnde Fachkompetenz, Unsicherheit im Umgang mit Abteilungsleitern und Angestellten, penetranter Kontrolleur, der versucht, Mitarbeiter auszuhorchen und auszuspielen. Die Modalitäten der Trennung waren schnell ausgehandelt.

Keiner der Verantwortlichen konnte verstehen, wie dieser in der Branche bekannte Mann, ausgestattet mit besten Referenzen, sich plötzlich so negativ entwickelte.

Im Ergebnis hatte er eine sehr gute und sichere Position aufgegeben, um an seinem neuen Arbeitsplatz innerhalb der Probezeit zu scheitern.

Hieraus wird deutlich, dass die Leistung eines Mitarbeiters, und in der Summe das Human Capital eines Unternehmens, umso höher ist, als sich die Parameter überschneiden. Zur Veranschaulichung: Der Teil des Parameters Motivation, der nicht in die Schnittmenge einfließt, zeigt den Teil der Motivation eines Menschen, der sich nicht positiv auf seine Arbeitsleistung auswirkt. Er stellt z.B. die Bereitschaft dar, Potentiale und Energie in arbeitsfernen Bereichen

(Freizeit) einzubringen. Der Teil des Parameters Potential, der sich nicht in der Schnittmenge zeigt, stellt den Anteil an Potential dar, der brachliegt und hinsichtlich der Arbeitsleistung evtl. durch eine Verschiebung der beiden anderen Kreise erschlossen werden kann.

Es liegt also auf der Hand, dass die Schnittmenge unmittelbaren betriebswirtschaftlichen Einfluss hat. Wie kann die Unternehmensführung diese Schnittmenge optimieren, und somit den Wert ihres Human Capital steigern?

Wie in Kapitel 3 dargestellt, zeigen die Erfahrungen aus dem CRM, dass nicht die objektive Produktqualität und rationale Argumente bereits zum loyalen, und damit langfristig „wertvollen", Kunden führen. Die Frage: *BMW* oder *Audi?* wird heute nicht mehr über das technische Datenblatt und rationale Argumente entschieden. Die Produkte sind in gesättigten Märkten substituierbar geworden. Entscheidend auf dem Weg zum loyalen Kunden ist vielmehr, zu wissen, was die Kunden wertschätzen. Erst dann kann das Unternehmen die Bedürfnisse seiner Kunden erfüllen und deren Erwartungen übertreffen. Das CRM hat Jahre gebraucht, um zu lernen, dass erst die Erfüllung emotionaler Bedürfnisse zur Kundenloyalität führt. Zu lange war man fokussiert auf die objektive Produktqualität und den Preis für das Produkt. Heute weiß man, dass die Erfüllung der emotionalen Elemente einen subjektiven Mehrwert schafft, der vom Wettbewerb nur schwer kopiert werden kann. Auch im Privatleben gilt dieses psychologische Grundmuster: Von andauernder Loyalität in einer Beziehung wird man erst dann sprechen können, wenn die emotionalen Bedürfnisse des Partners erfüllt sind.

Diese Erkenntnisse macht sich das Employee Relationship Management als vorerst anspruchsvollste Stufe des Personalmanagements zu Nutze.

Betrachten wir die im Vorwort bereits erwähnte Gallup-Studie etwas näher:

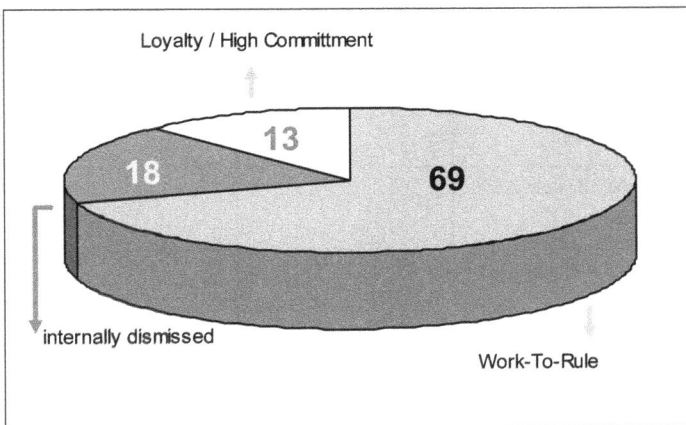

Abb. 4-2 Gallup Loyalitäts-Studie

Dieser Studie zufolge zeigt sich hinsichtlich der Mitarbeiterloyalität in deutschen Unternehmen ein düsteres Bild: Nur 13% der Mitarbeiter bezeichnen sich als loyal ihrem Unternehmen gegenüber, 69% machen Dienst nach Vorschrift und die verbleibenden 18% haben innerlich bereits gekündigt. Wie bereits erwähnt, entspricht der volkswirtschaftliche Schaden für Deutschland mit 250 Milliarden € in etwa dem Bundeshaushalt.

Das wundert nicht, wenn man sich das Ergebnis einer Befragung in weit über 100 Unternehmen verschiedener Branchen und Größen vor Augen führt:

Zunächst wurden die Führungskräfte aufgefordert, zehn vorgegebene Kriterien nach deren Wertigkeit aus Mitarbeitersicht zu ranken. (1 = wichtigstes Kriterium, 10 = unwichtigstes Kriterium)

Danach wurden die Mitarbeiter gebeten, die gleichen Kriterien aus ihrer Sicht zu werten. Das Ergebnis in einer zusammengefassten Darstellung sah wie folgt aus:

Kriterium	Einschätzung der Bedeutung für die Mitarbeiter aus Sicht der Führungskräfte	Bedeutung aus Mitarbeitersicht	Divergenz
Anerkennung für Leistung und Verhalten	8	1	7
Informationen über Entwicklung und Ziele des Unternehmens	10	2	8
Einfühlungsvermögen bei persönlichen Problemen	9	3	6
Arbeitsplatzsicherheit	2	4	2
Vergütung	1	5	4
interessante Tätigkeit	5	6	1
wirtschaftliche Situation des Unternehmens	3	7	4
Verhältnis zum direkten Vorgesetzten	6	8	2
Arbeitsbedingungen	4	9	5
Freundlichkeit des Managements	7	10	3

Abb. 4-3 Zufriedenheitskriterien und deren Bedeutung

Schaut man sich die Divergenzen an, wird deutlich, dass die Führungskräfte in ihrer Einschätzung in den drei für die Mitarbeiter wichtigsten Punkten am weitesten danebenlagen.

Vor dem Hintergrund dieser eklatanten Fehleinschätzung muss man sich über das Ergebnis der Gallup-Studie nicht wundern. Wenn die Führungskultur und ihre Methoden und Instrumente nicht mit den Bedürfnissen und Wertvorstellungen der Mitarbeiter übereinstimmen, beginnt rasch die De-Identifikation der Belegschaft. Egal-Haltung und innere Kündigung sind die logische Folge.

Unabhängig von Branchen und Größen der Unternehmen, in denen die Befragung durchgeführt wurde, bleibt ein unverrückbares Resultat: Führung im Sinne einer Schnittmengenvergrößerung der Leistungsparameter erfordert, dass die Führungsverantwortlichen die Bedürfnisse und deren Wertigkeit ihrer Mitarbeiter wirklich kennen. Nur dann kann gezielt und mit vertretbarem Mitteleinsatz eine Verbesserung der Mitarbeiterloyalität herbeigeführt werden. Im CRM spricht man an diesem Punkt von Kundenorientierung.

Auch soll an dieser Stelle nochmals das Kaizen oder KVP erwähnt werden: Diese Methoden haben letztlich die Zufriedenheit der Kunden zum Ziel. Um sie zufrieden stellen zu können, werden zunächst deren Bedürfnisse, tatsächliche und latente, erforscht. Danach gilt es, diese Bedürfnisse und Erwartungen zu erfüllen, besser noch zu übertreffen. Zumindest besser als der Wettbewerb.

4.3   Diversity Management

Sowohl in national als auch in global operierenden Organisationen werden die Unterschiede zwischen Mitarbeitern mehr und größer. Globalisierung und Europäische Integration führen zu Multi-Kulti am Fließband, in derselben Abteilung und zu einer steigenden Anzahl von Projektteams mit multikultureller Besetzung. Ein zunehmendes Konfliktpotential entsteht: Egal ob es sich um unterschiedliche Regionalität, Nationalität, Geschlecht, Alter, sexuelle Ausrichtung, unterschiedlichen Sinn für Humor oder die momentane familiäre Situation handelt: Menschen wollen nach ihren individuellen Gegebenheiten wahrgenommen und behandelt werden. Das gilt auch für Organisationen, die auf den ersten Blick als scheinbar homogen wahrgenommen werden. Damit verbunden sind spezielle Bedürfnisse, deren Befriedigung auf den Grad der Zufriedenheit wirken. Die individuelle Zufriedenheit ist wiederum ausschlaggebend für die qunatitative und qualitative Leistung eines Mitarbeiters. Gründe genug, sich mit dem Thema näher zu beschäftigen, denn es bietet offensichtlich auch Chancen, die betriebswirtschaftlich relevant sind.

Diversity Management ist ein Konzept der Unternehmensführung, das die Vielfältigkeit bzw. Verschiedenheit der Mitarbeiter in einem Unternehmen beachtet und zum Vorteil aller Beteiligten nutzen möchte. Anhänger dieses Ansatzes der Unternehmensführung gehen davon aus, dass sich aus der aktiven Wertschätzung der Unterschiede innerhalb der Belegschaftsstruktur ökonomische Vorteile ergeben. Diversity Management zielt darauf ab, die Eigenheiten von Individuen und Gruppen gezielt als strategische Ressource zu nutzen.

Daher wird Diversity Management auch über den Status einer kurzlebigen Modeerscheinung herauswachsen. Einen ersten universitären Master-Studiengang wird es ab 2007 an der Universität Witten/Herdecke geben, der Führungskräfte für diese neuen Aufgaben in Organisationen aller Art vorbereitet.

Die juristische Komponente und Notwendigkeit des Diversity Managements ist aktuell durch das Allgemeine Gleichbehandlungsgesetz zum Schutz vor Diskriminierungen (Antidiskriminierungsgesetz) gegeben, soll aber im Rahmen dieses Buches nicht behandelt werden.

Untersuchungen des Harvard Professors David Thomas zeigen, dass von der Norm abweichende Mitarbeiter nie voll integriert, daher nur unzureichend motiviert und nicht ausreichend loyal sind. Trotz oftmals hohem Potential können sie keine entsprechende Leistung erbringen. Andererseits belegen Untersuchungen den Mehrwert der Vielfalt: Teams, in denen nicht alle Mitarbeiter den gleichen Stallgeruch haben, die bunt zusammengesetzt sind, liefern effizientere, innovativere Ergebnisse als homogene Gruppen.

Die wesentlichen Merkmale, und damit auch die Unterschiede, von Individuen sind teilweise leicht erkennbar:

- Alter
- Geschlecht
- Ethnische Herkunft
- Behinderung
- Lebensstil
- Raucher / Nichtraucher
- Karriereorientierung

Andere Merkmale verschließen sich dem oberflächlichen Betrachter oft:

- Religion
- Familienstand
- Bildungsgrad
- Werte
- Einstellungen
- Erfahrungen
- Sexuelle Oientierung

Zudem komplizierend für die Praxis wirkt die Erkenntnis, dass

> *Diversity eine komplexe, sich ständig erneuernde Mischung von Eigenschaften, Verhaltensweisen und Talenten darstellt.*[16]

Aus all dem wird deutlich, dass nicht alle internen Kunden mit den gleichen Produkten und Leistungen des Personalmanagements zufrieden sein können.

Obwohl jede Führungskraft ihren eigenen persönlichen Stil entwickelt, wird sie nur anerkannt und erfolgreich sein, wenn ihr Stil wichtigen Erwartungen der Mitarbeiter nicht dauerhaft zuwiderläuft. Auch aus diesem Grund braucht eine Führungskraft ein spezielles Anforderungsprofil, in dem die interkulturelle Kompetenz einen hohen Stellenwert einnimmt.

---

[16]   Thomas Roosevelt, 1999, Management of Diversity

Diese besteht aus der Achtsamkeit, unterschiedliche Wertesysteme und Regeln wahr-
zunehmen, einem Repertoire von Wissensbeständen sowie der Bereitschaft und Fä-
higkeit, Orientierungen an wechselseitig nicht geteilten kulturellen Normen und
kommunikativen Regeln zu erkennen, zu beherrschen oder aushandeln zu können[17].

In diesem Zusammenhang sei noch einmal das Beispiel 5-1 in Erinnerung gerufen. Der Hoteldirektor im vorstehend genannten Beispiel wäre bei einem professionell erstellten Anforderungsprofil entweder nicht eingestellt, oder in der Anfangsphase intensiv gecoacht worden.

Diversity Management ist m.E. keine eigenständige Disziplin, denn es liegt diesem Konzept
keine geschlossene Theorie zu Grunde.

In der Praxis eines funktionierenden ERM ist Diversity Management integraler Bestandteil
der mitarbeiterzentrierten Aktivitäten und gehört zu den Kernaufgaben der Vorgesetzten.
Führungskräfte werden über die generelle Mitarbeiterorientierung auch für die Thematik
Diversity sensibilisiert und erkennen die Erfordernis, unterschiedliche Mitarbeiter und Mitarbeitergruppen auch unterschiedlich zu führen.

Die zentrale Aufgabe der Führungskräfte hierbei und deren spezielles Anforderungsprofil
werden im folgenden Kapitel beschrieben.

---

[17] Nazarkiewicz, K. (2004): Managing Diversity: Interkulturelle Kompetenz für Führungskräfte

5 Die Anforderungen an Führungskräfte im ERM

In Kapitel 4 wird eingangs auf die zehn globalen Megatrends hingewiesen, die eine veränderte Strategie im Umgang mit dem Humankapital einer Organisation erfordern, damit diese auch zukünftig erfolgreich sein kann. Die Antwort hierauf heißt ERM. *Führung* kann im ERM als

Aufbau leistungsfördernder Beziehungen

definiert werden.

Bisher ist bereits deutlich geworden, dass in einem ERM nicht die in einer zentralen Personalabteilung angesiedelten HR-Professionals die loyalitätsfördernden Beziehungen zu den Mitarbeitern alleine aufbauen können. Vielmehr wächst allen Mitarbeitern mit Führungsverantwortung unter dieser Philosophie die Rolle der *keyplayer* innerhalb des ERM zu. Das heißt andererseits aber auch, dass der klassische Vorgesetzte, der hierarchisch legalisierte, durchsetzungsstarke und produktive Macher, ein Auslaufmodell ist.

Die qua Organigramm zugewiesene Autorität funktioniert heute nicht mehr. Vor nicht allzu langer Zeit bedeutete Führung noch *zielorientierte Verhaltensbeeinflussung*. Mittels verschiedener Techniken, auch bekannt als Management by... Modelle, galt es, die Mitarbeiter zu den von der Unternehmensleitung gesetzten Zielen zu führen. Die Führungskraft zeichnete sich dadurch aus, dass sie schneller und umfassender informiert war als andere, und diesen überbrachte, dass harte Zeiten bevorstehen würden und Opfer zu machen wären.

Heute können sich Menschen aller Hierarchiestufen über das Internet und andere IT-basierte Datenquellen sehr schnell aktuelle Informationen über nahezu alle Themen besorgen. Damit haben die Vorgesetzten nicht mehr die Weisheit gepachtet, sondern müssen sich sogar noch mit Wissensmanagement beschäftigen und akzeptieren, dass ihre Untergebenen einen höheren oder aktuelleren Wissensstand haben :

One of the „dirty little secrets" of modern business life is that bosses no longer know the answers. It is not because they are dump and lazy - if they are they don't stay bosses for long – but because they cannot know[18].

---

[18]   G. Fuchsberg, *Quality Programs show Shoddy Results*, Wall Street Journal, 1992

Um als Mitarbeiter mit Führungsverantwortung erfolgreich zu sein, muss die betreffende Person von unterschiedlichen Standpunkten aus betrachten und verstehen. Zunächst einmal ist dort die eher **generelle Perspektive** einzunehmen: Wie funktioniert, wie tickt das Unternehmen, für das ich arbeite? Welche kurz- und langfristigen Zielsetzungen hat es? Welche *policies* and *procedures* sind existent? Aber auch, welche *unwritten rules* gibt es? Wo lauern Gefahren, dass ich ungewollt rote Ampeln überfahre?

Danach erst führt die **engere Perspektive** weiter: Wie funktionieren Teams im allgemeinen? Bin ich auf dem neuesten Wissensstand der Arbeits- und Betriebspsychologie? Wie tickt mein Team? Gibt es informale Strukturen oder Hierarchien in meinem Team? Wie kann ich die Effizienz des Teams steigern, kurzfristig und langfristig?

Die **Mikroperspektive** schlussendlich ist auf die einzelnen Teammitglieder gerichtet: Welche Individuen stecken in diesem Team? Wie ist die Zufriedenheit eines jeden Teammitgliedes zu beurteilen? Wo sind die Motivatoren meiner Teammitglieder? Wer hat Entwicklungspotential, wer eher weniger?

Diese Beispielfragen sind natürlich nicht abschließend zu betrachten, sondern sollen nur für die unterschiedlichen Perspektiven sensibilisieren.

5.1   Die Rollen des Vorgesetzten im ERM

Wenn ich die Rolle des Schurken sehr gut spiele, muss ich noch nicht automatisch ein guter Schauspieler sein. Das werde ich erst, wenn ich unterschiedliche Rollen übernehmen kann, die in bestimmten Situationen von mir gefordert werden. Wenn ich ihn nur lange genug gespielt habe, droht die Gefahr, dass ich kaum noch in der Lage bin, außer dem Schurken noch etwas anderes zu geben. Und auch, dass mir kaum einer oder keiner mehr eine andere Rolle abnimmt.

Beispiel 5-1 zeigt, wie sich ein stabilisiertes Rollenbild auf Verhaltensänderungen auswirken kann.

Beispiel 5-1

Karl Strobel wurde vor 2 Jahren zum Leiter einer großen Produktionsabteilung in Unternehmen B befördert. Auf Grund seiner langjährigen Betriebszugehörigkeit und seiner ausgezeichneten Kenntnisse aller Abteilungsabläufe hatte man ihm schon einige Jahre zuvor die Position eines Vorarbeiters übertragen.

Zunehmend kam nach erneuter Beförderung in der Abteilung Kritik an seinem Führungsstil auf. Seine Mitarbeiter bemängelten in erster Linie die Kommunikation ihres Abteilungsleiters: Ein insgesamt harscher, bisweilen rüder Ton, keine Erwiderung des *Guten Morgen* oder *Auf Wiedersehen*. Widerwillig nahm er schließlich für eine Woche an einem Kommunikationsseminar teil, zu dem ihn sein Bereichsleiter und der Personalleiter geschickt hatten.

Am Samstag, nach seiner Rückkehr vom Seminar, rief er den Personalleiter zu Hause an. Für ihn ungewohnt emotional berichtete er über das tolle Seminar, und über die zahlreichen Einsichten, die es ihm gebracht habe. Er fühle sich nun in der Lage, die Stimmung in seiner Abteilung deutlich positiver zu gestalten.

Gesagt, getan: Am Montag begrüßte er seine Mitarbeiter freundlich. Mit einigen, die nach einer Arbeitsunfähigkeit wieder zur Arbeit kamen, führte er in seinem Büro Rückkehrgespräche und brachte zum Ausdruck, wie sehr er sich freue, dass sie wieder an Bord seien. Seinen Abteilungsleiterkollegen hörte er beim Morgenmeeting aufmerksam zu. Kein Unterbrechen mit dem Hinweis auf die zahlreichen wichtigen Aufgaben, die er heute noch zu erledigen habe. Geduldiges Abwarten, bis alle ihren Beitrag beendet hatten. Nachdem er noch allen eine gute Woche gewünscht hatte, fragte ihn einer der Kollegen, ob man ihm in der vergangenen Woche etwas in den Kaffee getan hätte.

Seinen Mitarbeitern gegenüber trat er die beiden kommenden Tage betont freundlich auf. Diese wurden zunehmend unsicher, tuschelten hinter seinem Rücken, äfften ihm nach und belächelten sein neues Verhalten.

Genau vier Tage hielt Strobel durch, danach fiel er wieder in alte Verhaltensmuster zurück. Sein Umfeld gab ihm keine Chance. Zunächst eine Versetzung und kurze Zeit später eine vorgezogene Ruhestandsregelung waren das Aus.

Alexander Pope[19], ein Klassiker der englischen Literatur, schrieb in einem Gedicht:

> *Placed on this isthmus of a middle state,*
> *A being darkly wise and rudely great:*
> *With too much knowledge for the Sceptic side,*
> *With too much weakness for the Stoic's pride,*
> *He hangs between, in doubt to act or rest;*
> *In doubt to deem himself a God or Beast;*
> *In doubt his mind or body to prefer;*
> *Born but to die, and reas'ning but to err;*
> *Alike in ignorance, his reason such,*
> *Whether he thinks too little or too much;*
> *Chaos of thought and passion, all confused;*
> *Still by himself abused or disabused;*
> *Created half to rise, and half to fall:*
> *Great lord of all things, yet a prey to all;*
> *Sole judge of truth, in endless error hurl'd;*
> *The glory, jest, and riddle of the world!*

Ganz so dramatisch wird es hoffentlich in der betrieblichen Praxis nicht aussehen, aber die Anforderungen an den Vorgesetzten erfordern eine *multiple Persönlichkeit*.

---

[19] Alexander Pope, * 21. Mai 1688, † 30. Mai 1744, in *Essay on Man*

Mit den unterschiedlichen Funktionen eines Vorgesetzten setzte sich bereits vor vielen Jahren modellhaft das Managerial Grid[20] auseinander:

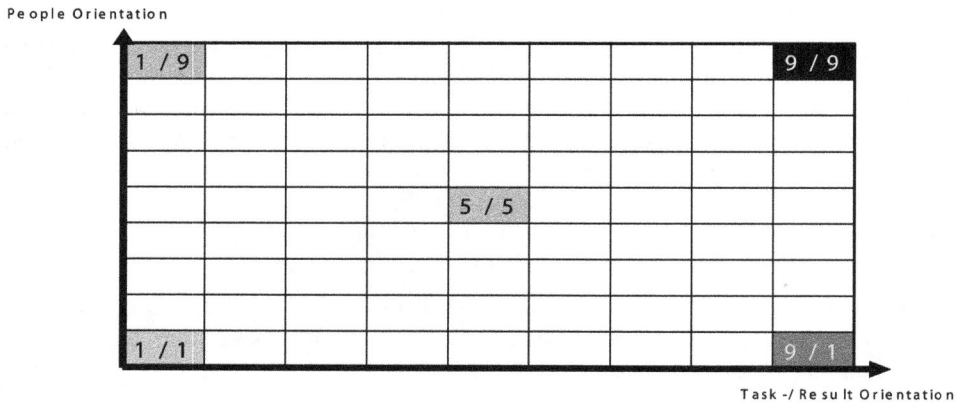

People Orientation

1 / 9						**9 / 9**
			5 / 5			
1 / 1						**9 / 1**

Task -/ Result Orientation

Abb. 5-1 Managerial Grid

Der reine Manager findet sich in 9/1 und der reine Leader in 1/9 wieder.

Der 9/1-Typ agiert autoritär und legt keinen Wert auf gute Beziehungen zu seinen Mitarbeitern. Er erwartet, dass seine Mitarbeiter das tun, was er ihnen sagt. Geht etwas schief, ist er bestrebt, den Schuldigen zu finden und zur Verantwortung zu ziehen. Intoleranz ist ein weiteres Merkmal dieses Typs.

Nur der 9/9-Typ führt durch den Aufbau von leistungsfördernden Beziehungen seine Mitarbeiter und schafft ein Umfeld, indem alle ihre fachlichen und persönlichen Potentiale entfalten können und möchten.

Viele Adaptionen dieses Modells wurden in den Folgejahren kreiert, diskutiert und wie das Ursprungsmodell kritisiert. Eines bleibt jedoch deutlich: Die beiden Dimensionen **Management** und **Leadership** können nicht unabhängig voneinander gesehen werden. Sie müssen kombiniert werden, um ein Maximum an Ergebnissen mit motivierten, zufriedenen Mitarbeitern zu erzielen.

Diese Erkenntnis bewegten sicher auch Hersey/Blanchard bei ihrer Theorie der Situativen Führung[21], wobei bereits bei ihnen eine Menge zu erkennen ist, was Jahre später als Diversity Management bekannt wird.

---

[20] Robert Blake und Jane Mouton, 1964
[21] Paul Hersey u. Kenneth Blanchard, 1969, 1977, *Management of Organizational Behaviour*

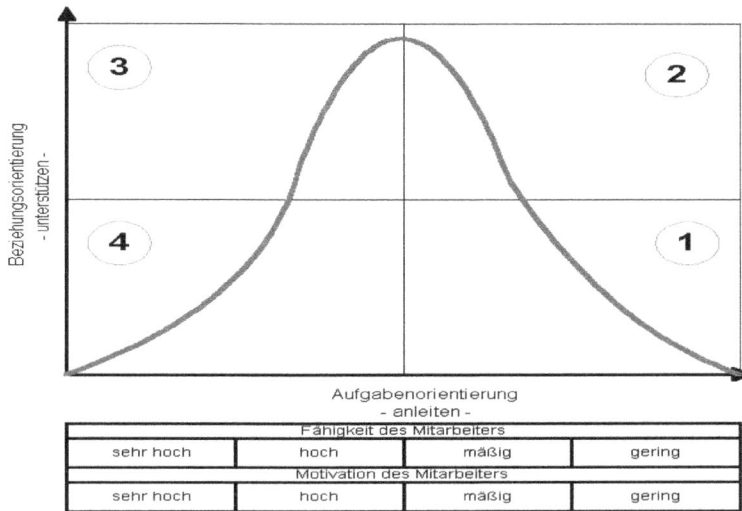

Abb. 5-2 Situative-Leadership-Model

Hersey/ Blanchard unterschieden bei ihren Überlegungen die vier Führungsstile

(1) Telling
(2) Selling
(3) Participating
(4) Delegating

Im Führungsstil **Telling** wird der Mitarbeiter durch Anweisungen und Vorschriften geführt. Der Vorgesetzte definiert die Rollen seiner Untergebenen und sagt ihnen, was, wie, wann und wo zu tun ist. Dieser Führungsstil ist gekennzeichnet durch geringe Beziehungs- und hohe Zielorientierung.

Eine hohe Beziehungs- und gleichzeitig hohe Aufgabenorientierung zeichnet den Führungsstil **Selling** aus. Der Vorgesetzte bietet seinen Mitarbeitern rationale Argumente an, um sie zur Akzeptanz der Aufgabenstellung und zur Leistung zu bewegen.

Partizipating bedeutet, dass der Vorgesetzte seine Mitarbeiter in Zielfindungsprozesse und Implementierungsfragen einbindet. Entscheidungen werden gemeinsam getroffen, Lösungen gemeinsam erarbeitet. Hohe Beziehungs- und niedrige Aufgabenorientierung herrschen vor. Der Vorgesetzte hält jedoch die Fäden in der Hand.

Beim Führungsstil **Delegating** überlässt der Vorgesetzte nach Zieldefinition die Aufgabener-füllung seinen Mitarbeitern und beschränkt sich auf gelegentliche Kontrollen. Beziehungs- und Aufgabenorientierung sind gleichermaßen gering ausgeprägt.

Welcher Führungsstil nun angewandt wird, ergibt sich aus der spezifischen Aufgabenstellung und der Situationsvariablen *Reifegrad der Mitarbeiter*. Der Reifegrad setzt sich aus der Fä-higkeit und der Motivation der Mitarbeiter zusammen. Unter Fähigkeit sind das Wissen, die

Fertigkeiten und Erfahrungen über die ein Mitarbeiter in Bezug auf eine Aufgabe verfügt, zu verstehen. Mit Motivation wird die Leistungsbereitschaft hinsichtlich der Bewältigung einer Aufgabe bezeichnet.

Somit ergibt sich aus dem Modell in Abbildung 5-2 die Schlussfolgerung, dass es nicht *den* richtigen oder *den* falschen Führungsstil gibt. Hersey und Blanchard wollen aufzeigen, dass je nach Aufgabenstellung und mitarbeiterbezogenen Ausgangssituation unterschiedliche Vorgehens- und Verhaltensweisen des Vorgesetzten erforderlich sind.

Diese beiden grundlegenden Ansätze zur Verdeutlichung der Bedeutung von Personenorientierung mögen an dieser Stelle genügen. Vertiefende Literatur bietet beispielsweise Marshall Sashkin[22].

Eine aufschlussreiche Übung, mit der man seine eigene Grundorientierung bestimmen kann, habe ich auf der Website http://www.nwlink.com/~donclark/leader/matrix.html gefunden. Diese Übung kann ich jedem interessierten Leser empfehlen. Darüber hinaus eignet sie sich für den Einsatz in Teammeetings.

Im Folgenden sollen die eher betagten Modelle aufgegriffen und in praxisrelevante, transparente und zukunftsorientierte Überlegungen für ein ERM weiterentwickelt werden.

Die Literatur differenziert erst seit Anfang der neunziger Jahre zwischen Management und Leadership. In der Praxis werden Management und Leadership jedoch auch heute nicht immer als zwei unterschiedliche Wege in der Interaktion mit Mitarbeitern erkannt. Andererseits kennt fast jeder ein Beispiel aus dem Geschäftsleben: Eine Person, hochintelligent, hervorragende Ausbildung und viele Jahre Erfahrung in ihrem Fachgebiet, wird in eine Position mit Personalverantwortung befördert, und scheitert dort über kurz oder lang.

Oder auch das Gegenteil: Eine Person mit durchschnittlichen intellektuellen Fähigkeiten und einer soliden, keinesfalls überragenden Ausbildung, wird in eine vergleichbare Position befördert und entwickelt sich dort sehr erfolgreich.

Was sind die Gründe für diese auf den ersten Blick unverständlichen Entwicklungen?

Damit die Rollen-Terminologie im weiteren Verlauf eindeutig verstanden wird, hier zunächst eine differenzierte Betrachtung:

Management ist sehr stark zielorientiert. Resultate werden mit Hilfe von Planung, Organisation, Prozesssteuerung und –kontrolle angestrebt. Den Beziehungen zwischen Vorgesetztem und Mitarbeitern wird kaum Bedeutung beigemessen.

Leadership auf der anderen Seite ist stark personenorientiert. Gemeinsam festgelegte Ziele werden durch die Schaffung eines motivierenden Umfeldes und durch Inspiration der Mitarbeiter erzielt. Gute Beziehungen zum Mitarbeiter sind unabdingbar.

Die Komplexität des gesamten organisatorischen und personalen Umfeldes erfordert zukünftig von einer erfolgreichen Führungskraft die Übernahme mehrerer Rollen. Die Literatur

---

[22]   Marshall Sashkin, 2003, *Leadership That Matters*

suggeriert zu diesem Thema vielfach, dass der zukünftige Vorgesetzte eine Multifunktion ähnlich der Eier legenden Wollmilchsau erfüllen müsse. Ganz so dramatisch ist es sicher nicht.

Wenn ein Vorgesetzter die in Abbildung 5-3 aufgezeigten Rollen ausfüllen kann, deren Funktion und Bedeutung erkennt und beherrscht, sollte er in der Lage sein, seinen Beitrag zu einem erfolgreichen ERM zu leisten:

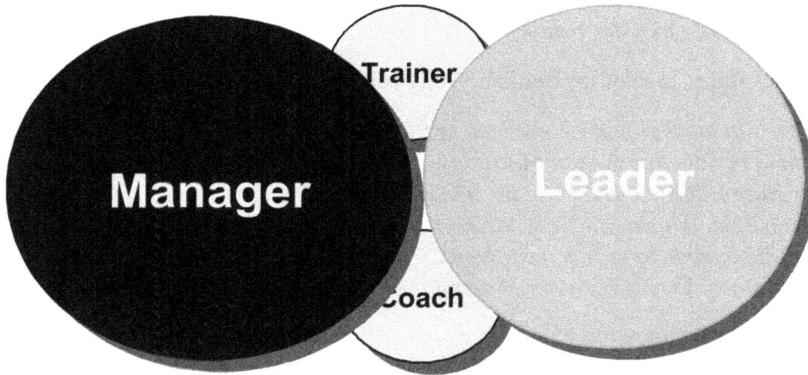

Abb. 5-3 Die Rollen des Vorgesetzten

Zumindest die Funktionen Manager und Leader werden im landläufigen Sprachgebrauch synonym gebraucht. Aber auch offizielle Definitionen vermischen die Rollen und sind daher weniger hilfreich[23] :

Als Manager bezeichnet man Führungskräfte, meist in der mittleren bis obersten Management-Ebene von Unternehmen (meist von Kapitalgesellschaften) oder anderen Organisationen.

Abb. 5-3 verdeutlicht, dass es im ERM zwei Hauptrollen, nämlich

- **Manager** und
- **Leader**

und zwei Nebenrollen gibt:

- **Trainer** und
- **Coach**

Auch die Rolle des **Coaches** wird meist nicht differenziert und daher verwirrend und irreführend beschrieben.

Am ehesten noch ist die Funktion des Trainers klar. Wahrscheinlich auch deshalb, weil man sie aus dem Sport kennt und versteht. Eine gängige Definition sagt:

---

[23]   http://www. wikipedia.org/wiki/manager

Im Sportbereich ist ein Trainer die Person, die Einzelsportler oder eine Mannschaft strategisch und fitnessmäßig anleitet. Er bestimmt den Trainingsablauf, die Mannschaftsaufstellung und die Strategie beim Spiel bzw. Wettkampf. Trainer im Profisport (z. B. Fußballtrainer) unterliegen einem hohen Erfolgsdruck und werden bei länger ausbleibenden Erfolgen oft ausgewechselt. Trainer im Sportbereich werden auch als Coach bezeichnet. In den USA wird jedoch eine Unterscheidung zwischen Trainer und Coach getroffen. Während der Trainer für die Fitness und die Kondition der Mannschaft zuständig ist, übernimmt der Coach die Verantwortung für die Mannschaftsaufstellung und die Taktik

Weiter heißt es unter Trainer im Bereich Weiterbildung:

Im Weiterbildungsbereich bezeichnet der Begriff Trainer den Leiter eines Seminars. Dies kann ein Seminar für die Mitarbeiter eines Unternehmens sein, oder aber ein öffentlich ausgeschriebenes Seminar eines Weiterbildungsinstituts. Der Trainer bestimmt die Schulungsinhalte, die Methodik und Didaktik. Der Begriff Trainer, wird oft auch im Zusammenhang mit dem Seminarthema gebraucht, das er unterrichtet: z.B: Rhetoriktrainer, Verkaufstrainer, Kommunikationstrainer, Schlagfertigkeitstrainer,...

Als Trainer wird meist nur der Leiter von Tages- oder Mehrtageskursen bezeichnet. Für die Leiter von zyklisch wiederkehrenden Abendkursen ist eher der Begriff Schulungsleiter, Kursleiter oder Dozent gebräuchlich.

Fassen wir die wesentlichen Definitionen und Merkmale der einzelnen Rollen zusammen:

Manager

Vorgesetzter, der mit hoher Aufgabenorientierung die Erreichung vorgegebener Ziele und Resultate zu erreichen versucht. Neben exakter Planung und Budgetierung spielen für ihn die Prozessorientierung und die Kontrolle eine wichtige Rolle. Für weniger wichtig erachtet er die Beziehungen zu seinen Mitarbeitern. Er denkt und handelt rational. Mit sehr guter fachlicher Ausbildung und methodischer Vorgehensweise geht er Aufgabenstellungen an.

Leader

Vorgesetzter, der über den Aufbau leistungsfördernder Beziehungen seine Mitarbeiter motiviert und inspiriert. Bewusst beschäftigt er sich mit investing in relationships. Er schafft ein Umfeld, in dem sich seine Mitarbeiter wohlfühlen und ihr fachliches wie persönliches Potential gleichermaßen voll entfalten können. Ausgeprägte emotionale Intelligenz und hohe Sozialkompetenz sind bei ihm wichtiger als ausgezeichnete fachliche Expertise.

Trainer

Besser, schneller, höher, weiter – das ist seine Passion. Auf Grund individueller Stärken und Schwächen kann er einen Trainingsplan entwickeln, in dessen Umsetzung er sich aktiv einbindet. Sowohl die fachliche als auch die persönliche Weiterentwicklung gehören zu seinem Tätigkeitsfeld. Eine persönliche Beziehung zum Trainee wird auf dem Weg zur Zielerreichung eher als belastend angesehen.

Coach

Mit Hilfe zur Selbsthilfe ist seine Aufgabe treffend beschrieben. Über Fragen bringt er den Coachee zur Reflexion und Selbstkenntnis. Motivatoren werden offen gelegt, Stärken und Schwächen erkannt. Er gibt keine Ratschläge und Beurteilungen ab. Seine Aufgabe ist eher psychologischer Natur. Eine vertrauensvolle Beziehung zum Coachee ist von großer Bedeutung.

Somit ist auch deutlich gemacht, warum die Rollen Trainer und Coach eher Nebenrollen sind, bzw. beim erfolgreichen Vorgesetzten im ERM Nebenrollen sein müssen. Trainer- und Coachfunktion kann und muss ein Vorgesetzter nur in geringem Umfang wahrnehmen. Beide Funktionen können auf interne oder externe, speziell hierfür ausgebildete Personen, delegiert werden.

Nicht delegieren darf und kann ein Vorgesetzter seine Hauptrollen als Manager und Leader. Er muss sie beide beherrschen und situationsgerecht einsetzen und variieren. So kann seine Vorgehensweise, sein Verhalten in bestimmten Situationen, wie aus den Abbildungen 5-4 und 5-5 ersichtlich, aussehen.

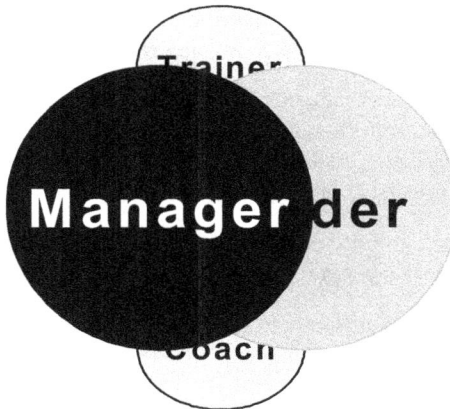

Abb. 5-4 Managerrolle im Vordergrund

Dies kann punktuell der Fall sein, wenn Sicherheitsgesichtspunkte oder derzeit nicht kommunizierbare Aspekte es erfordern. Aber Vorsicht: langfristig kann mit dieser Rollenkonstellation kein ERM unterstützt werden. Sie ist nur für Ausnahmesituationen geeignet. Das in dieser Form punktuell gezeigte Verhalten muss umgehend im Sinne der Konstellation in Abbildung 5-5 aufgearbeitet werden.

Die Konstellation wie in Abb. 5-5 dargestellt ist beim ERM überwiegend gefordert und langfristig in mehrfacher Hinsicht erfolgversprechend:

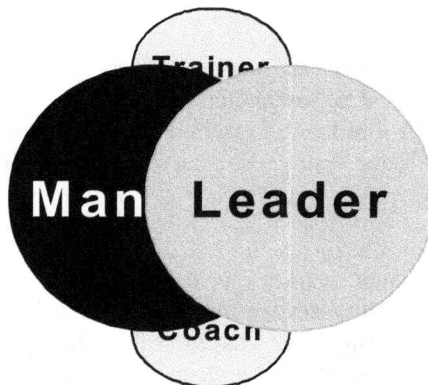

Abb. 5-5 Leaderrolle im Vordergrund

Wenn es um Change Management geht, wenn interkulturelle Hürden zu nehmen sind, konflikt-trächtige oder kommunikationsintensive Projekte anstehen, ist eine primäre Ausübung der Leaderrolle gefordert. Dies gilt auch für alle Tätigkeiten, die ein innovatives und kreatives Umfeld erfordern. Im ERM ist diese Rollenkonstellation zudem unverzichtbar, da strategische Wettbewerbsvorteile (Differenzierung vom Wettbewerb, Employer Brand) angestrebt werden.

Nur dann handelt es sich um die Führungspersönlichkeit, die in der Lage ist, effiziente und zufriedene Mitarbeiter letztlich zu engagierten, loyalen Mitarbeitern zu machen.

Im ERM muss jedwede Führungskräfteentwicklung demzufolge bei einer ganzheitlichen Betrachtung ansetzen, um einen wirklichen ROI zu gewährleisten. Erst wenn die für dieses Führungsverständnis erforderliche Einstellung eines Vorgesetzten sichergestellt ist, können Entwicklungsmaßnahmen erfolgreich durchgeführt werden.

In diesem Zusammenhang ist ein Statement von John Amatt[24] bemerkenswert, das er unmit-telbar nach erfolgreicher Besteigung des welthöchsten Berges zu Protokoll gab:

Attitude is the key to success. Not skill, not knowledge, not education. Attitude!

Den Nagel auf den Kopf trifft auch die folgende Aussage, die einem seit 1966 eingesetzten Entwicklungskonzept für Manager und Führungskräfte entnommen ist[25]:

Zu viele Unternehmen haben den Versuch unternommen, mit partiellen, auf bestimmte Teilbereiche gerichteten Entwicklungskonzepten bei den Mitarbeitern Führungsei-genschaften zu entwickeln. Sie haben sich dabei von ihrer Hoffnung leiten lassen, dass damit eine generelle Entwicklung der Führungspersönlichkeit erfolgt. Jedoch wird damit die Ganzheit der Persönlichkeit überhaupt nicht erfasst, die sich dafür als zu komplex erweist. Auf diese Art und Weise Führungskräfte entwickeln zu wollen, ist wie der Versuch, einen professionellen Golfer nur durch ein konzentriertes Putting-

---

[24]   John Amatt, Voices from the Summit, 2000
[25]   LMI Leadership Management Deutschland, http://www.lmi-d.com

Training zu bekommen. Die besten Golfer sind diejenigen, die alle Bereiche mit den nötigen Fertigkeiten auf dem Golfplatz beherrschen – und sie brauchen zusätzlich das Selbstvertrauen und die mentale Stärke für „die Hitze des Gefechts".

ERM erfordert reife Führungskräfte. Damit beschäftigt sich der folgende Abschnitt.

5.2   Der Reifegrad von Vorgesetzten

Hersey & Blanchard machen die Wahl des Führungsstiles unter anderem vom Reifegrad der Mitarbeiter abhängig. Wie aber steht es mit der *Maturity* der Vorgesetzten? Haben sie alle die Persönlichkeit, leistungsfördernde Beziehungen zu ihren Mitarbeitern aufzubauen? Wie steht es mit ihren Voraussetzungen, ein inspirierendes, motivierendes Umfeld schaffen zu können?

Kann man von der hierarchischen Stellung in der Organisation, vom tadellosen *outfit* und den Präsentationsfähigkeiten bereits auf eine gereifte Persönlichkeit schließen, die das Konzept des ERM versteht und es mit Leben füllen kann?

Basierend auf seiner jahrelangen Beratungs- und Coachingerfahrung hat Dr. Larry Liberty[26] den Maturity Factor entdeckt und beschrieben. Der Autor dieses Buches kennt den charismatischen Berater und Coach von US Top-Managern und Regierungsmitgliedern seit mehreren Jahren und hatte vielfach Gelegenheit, die Praxisrelevanz seiner Erkenntnisse bei sich und anderen zu erkennen.

Verschiedene Beobachtungen, allesamt nicht ungewöhnlich, beschäftigten Liberty und waren Auslöser für gezielte Untersuchungen. In seinem Buch beschreibt er seine Erkenntnisse zum Maturity Factor. Nachstehend sind einige dieser Beobachtungen wiedergegeben:

- Mitarbeiter sind häufig sauer über das Verhalten und die Aktionen ihrer Vorgesetzten.
- Vorgesetzte können oder wollen nicht erkennen, dass ein Untergebener wichtige Informationen und Beiträge zu wesentlichen Themen anbietet. Sie können oder wollen nicht zuhören.
- Vorgesetzte finden in ihrer verbalen und schriftlichen Darstellung hohen Zuspruch ihrer Mitarbeiter. Ihr eigenes Verhalten steht jedoch in völligem Widerspruch zu den kommunizierten Visionen und Wertvorstellungen.
- Motivierte und kompetente Mitarbeiter werden bei Beförderungen übergangen und in ihrer Weiterentwicklung nicht gefördert.
- Ein hoher Level von Unmoral und sogar Korruption ist oft gegeben.
- Menschen, die sich vehement für *streamlining*, Effizienz und Rationalisierung aussprechen, sind in ihrer eigenen Arbeit höchst bürokratisch und stellen große Barrieren hinsichtlich Veränderungen und Fortschritt dar.

---

[26]   Larry Liberty, 2002, The Maturity Factor

- Vorgesetzte zeigen eine starke Tendenz, die Komplexität, Ernsthaftigkeit und Schwierigkeit von Problemen zu beschönigen oder gar zu vertuschen. Sie wollen die schnelle Lösung.

Beispiele für diese Muster lassen sich in jedem Unternehmen finden. Aber wie sind sie zu erklären? Ist schneller und zunehmender Wandel der Auslöser? Sind es zunehmende multikulturelle Strukturen? Oder der Einfluss neuer Technologien?

Liberty versuchte in einem Teambuilding-Workshop, in dem sich die Teilnehmer bitter über die Unvernunft und Unfairness vieler Vorgesetzter beklagten, diesen Fragen nachzugehen. Er fragte die Teilnehmer, was die betreffenden Vorgesetzten miteinander gemein haben.

Well, to tell you the truth, Larry, they act like a bunch of self-centered, immature teenagers" war die Antwort eines eher besonnenen Teilnehmers.

Liberty war zunächst sprachlos. Dann aber erkannte er die Lösung für die Frage, die ihn schon lange beschäftigte:

Die Maturity der Vorgesetzten – besser gesagt die fehlende Maturity – nannte er die Bedrohung für Unternehmen. Virtuelle Teenager führen nach seiner Meinung einige von Amerikas größten Unternehmen. Nicht dass sie schlechte Menschen wären; sie sind nur emotional und mental irgendwo in der Pubertät stecken geblieben, schlussfolgert er. Ihre Körper sind gereift, die Reife der Persönlichkeit ist jedoch nicht entsprechend erfolgt.

For instance, less mature managers may pick up this book and look for tips on how to make themselves look good, to become more clever and shrewd in their disguises. Like actors, they want to be at the top of their game when performing their roles – masters of makeup and costuming and lighting, skilled in rhetoric and scripting so that their "character" will come across better to the audience. (Larry Liberty)

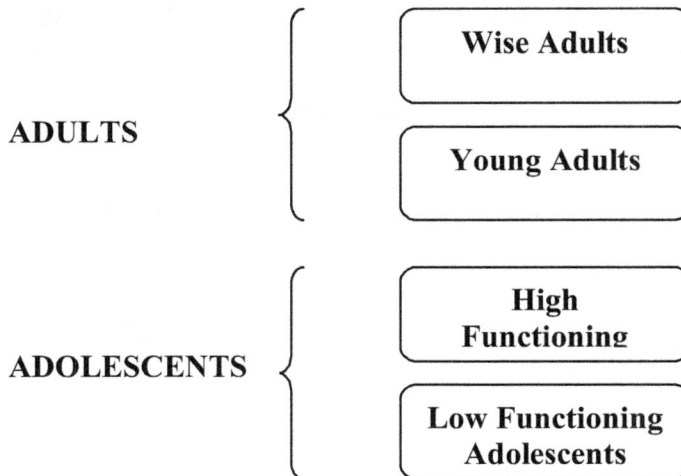

ADULTS {
 Wise Adults

 Young Adults
}

ADOLESCENTS {
 High Functioning

 Low Functioning Adolescents
}

Abb. 5-6 Reifegrad von Vorgesetzten

Als **Low Functioning Adolescents (LFA)** werden Personen bezeichnet, bei denen einerseits die Fachkompetenz und andererseits die Persönlichkeits- und Sozialkompetenz nur ansatzweise entwickelt sind. Wie pubertäre Teenager tendieren sie zu Rebellion gegen Autoritäten, sind häufig intolerant gegenüber Personen, die anders sind. Tiefsitzende Ängste führen häufig zu kindischen, für das erwachsene Umfeld unverständlichen Reaktionen. Sie sind überwiegend emotional gesteuert und haben ein geringes Selbstwertgefühl. Oft anzutreffen ist selbstschädigendes Verhalten wie Überreaktionen, Aggressionen, Drogen-, Alkoholmissbrauch und Spielleidenschaft. Sie verstehen die Welt um sich herum nicht und haben keine Ahnung, warum es gerade ihnen schlecht geht. Ihr selbst-zentriertes Leben ist von spontanen Aktionen geprägt. Dauerhafte Beziehungen können sie bestenfalls mit Menschen eingehen, die den gleichen Standpunkt haben. In Gesprächen zeigen sie oft wenig Einfühlungsvermögen für Situationen, Personen und vertrauliche Inhalte. Sie werden gequält von Selbstzweifeln und dem Gefühl der Unsicherheit. Das schlimmste von allem ist ihre Unfähigkeit, selbst einen Weg aus der Situation heraus zu finden, selbst dann, wenn sich ihnen gute Möglichkeiten bieten.

Auch die **High Functioning Adolescents (HFA)** zeigen deutlich pubertäre Züge. Allerdings haben sie es geschafft, Fähigkeiten und Kenntnisse zu entwickeln, die es ihnen ermöglichen, einen guten Job zu machen. Sie halten ihre gute Funktionalität gleichzeitig für Stärke der Persönlichkeit. Ethische und moralische Wertvorstellungen sind bei ihnen deutlich unterdurchschnittlich ausgeprägt. Häufig täuschen und belügen sie Menschen in ihrer nächsten beruflichen und persönlichen Umgebung.

> *They speak with clarity and say what you want to hear, but they almost always have a hidden agenda – to find some form of acceptance.*

> *Bill Clinton is a good example – a man clearly skilled enough to become elected to the highest public office in the U.S. but behaviourally still very much an Adolescent.*

(Larry Liberty)

HFAs sind auf Grund ihrer hierarchischen Position und ihres gewandten Auftretens schwer auszumachen und daher für eine Organisation deutlich gefährlicher als die unglückseligen LFAs. HFAs werden buchstäblich alles unternehmen, um zu überleben und Erfolg zu haben. Auch HFAs leben mit inneren Ängsten und Zweifeln, aber sie stellen sich jedem entgegen, der ihnen in die Quere kommt.

**So einen wie Sie habe ich schon lange gesucht,
Wagner. Sie haben den Job!**

Abb. 5-7 Personalauswahl 1

Würde Personalauswahl nicht allzu häufig – auch in den obersten Etagen – nach dem Muster der Abbildung 5-7 ablaufen, wäre es zum Schmunzeln. Leider führt dieses adoleszente Verhalten zu schwerwiegenden bis existenzbedrohenden Folgen in Unternehmen.

Young Adults (YAs) haben alters- und verhaltensgemäß das Terrain der Pubertät verlassen und beginnen, Erkenntnisse und Erfahrungen zu sammeln. Ihre gute Ausbildung befähigt sie oft recht früh, verantwortungsvolle Positionen zu übernehmen. Sie sind begierig dabei, Neues zu lernen und zu sehen, welchen Einfluss sie in Teams geltend machen können. Sie lösen sich bewusst von Verbindungen, die sie bremsen oder in eine unerwünschte Richtung leiten wollen (LFAs und HFAs). Früher vorhandene Ängste und Selbstzweifel weichen zunehmend und Selbstbewusstsein und Selbstwertgefühl stellen sich ein.

> *In their relationships, YAs are shifting from self-serving egocentricity to a desire to be with more mature people and learn from them. Having Adolescent „fun" becomes less important than being with companions one can really count on.*

> *(Larry Liberty)*

Fragen wie *Was ist wirklich wichtig für mich?* und *Welche Werte schätze ich wirklich?* beschäftigen den YA. Die beruflichen und privaten Planungen werden zunehmend langfristiger. Auch wenn ihnen noch – oft unverständliche – Fehler passieren: der Aufbau leistungsfördernder Beziehungen ist ihnen wichtig; sie wollen Erfolg haben, aber ohne sich selbst oder andere zu opfern. Selbstkenntnis, -einschätzung und -kritik sind bereits in einem gesunden Maß ausgeprägt.

Wise Adults (WAs) sind die besten Vorgesetzten: Sie haben ihre Persönlichkeit und Sozialkompetenz sehr weit entwickeln können und lassen nicht nach im Bestreben, ständig dazuzulernen und noch besser zu werden. Ihr Fokus ist nicht mehr *my job* sondern *our job*.

Achtung: Nicht jeder WA ist reich oder erfolgreich in finanzieller Hinsicht. Oft haben sie andere persönliche Bedürfnisse und Wertvorstellungen. Sie suchen die *work-life-balance* und sind tendenziell gute Eltern und Partner. Workaholics findet man nicht unter den WAs.

Eine treffende Selbstkenntnis und ein hohes Selbstwertgefühl zeichnen sie aus. Ihr Umfeld erlebt täglich, dass sich Maturity auf der einen Seite und Begeisterungsfähigkeit, Motivation, Engagement und Effizienz auf der anderen Seite nicht ausschließen müssen. Im Gegenteil, um es mit Kant zu sagen: Das Ganze ist mehr als die Summe seiner Teile. Ihre Weisheit resultiert nicht aus der Menge an schulischen und beruflichen Abschlüssen, nicht aus der Fülle an Informationen und Erfahrungen, die sie haben. Sie resultiert vielmehr aus der Art und Weise, wie sie ihre Kenntnisse und Erfahrungen anwenden. Dazu befähigt sie ein hohes Maß an emotionaler Intelligenz. Näheres hierzu in Abschnitt 5.4.

Sie haben ein gesundes Verhältnis zum Dienen und helfen gerne anderen, und zwar aus altruistischen Motiven. Sie übernehmen gerne freiwillig soziale oder gesellschaftliche Aufgaben.

WAs haben eine optimistische Grundeinstellung und sehen in der Zukunft mehr Chancen als Risiken.

Unternehmen D war bis 1999 eine nationale, eigenständige Gruppe mit mehreren Hotels. Als Reaktion auf die sich abzeichnenden Veränderungen im internationalen Hotelmarkt wurde 1999 durch ein *joint-venture* zwischen dem bisherigen Alleingesellschafter und einer großen amerikanischen Hotelgruppe das Unternehmen umstrukturiert. D erhielt folglich einen neuen Namen und einem *Board* mit Vertretern beider Gesellschafter oblag die Aufsicht. Dieses *Board* bestimmte auch die Besetzung der Geschäftsführerpositionen und hatte ein Mitspracherecht bei der Besetzung der 2. Ebene.

Vom Mehrheitsgesellschafter (51%), einem Mischkonzern und bisherigem Alleingesell-schafter des Unternehmens D werden dessen zwei Geschäftsführer, 4 Direktoren unter-schiedlicher Fachbereiche und drei Hoteldirektoren zu einer zweitägigen Strategiesitzung mit abendlichem Rahmenprogramm eingeladen. Vom Mehrheitsgesellschafter sind neben dem Inhaber noch drei weitere Führungskräfte dabei. Hinzu kommt ein als externer Bera-ter angekündigter Teilnehmer, der in der Hotelbranche gut bekannt ist, und von dem die Führung von Unternehmen D weiß, dass er sich nach einem neuen Job umsieht. Dem zweiten Gesellschafter (49%) ist dieses Strategiemeeting offensichtlich nicht bekannt, ein Teilnehmer aus seinen Reihen fehlt.

Bereits im Vorfeld des Meetings wird in D heftig über das Ziel des Meetings und seine Zusammensetzung diskutiert und spekuliert. Ob in der Kantine oder in den Büros: die Eingeladenen aber auch die Anderen kennen nur noch ein Thema. Insbesondere die Rolle des externen Beraters erschien nebulös: Man hatte sein Auto schon seit Wochen mehr-mals in der Tiefgarage des Mehrheitsgesellschafters gesehen.

Nichteingeladene Führungskräfte der gleichen Ebene fragten sich, ihre Kollegen und die Geschäftsführer nach dem Grund, weshalb sie nicht dabei sind. Einige formulierten dabei sein *können*, andere dabei sein *dürfen* oder dabei sein *müssten*. Niemand kann eine nach-vollziehbare Antwort finden. Spekulationen hierüber gehen von *nun warten wir erst ein-mal ab und lassen die Dinge auf uns zukommen* bis hin zu *ich habe schon lange gewusst, dass sie Fachbereiche zusammenlegen und Positionen streichen wollen.*

(Ohne diesen Teil differenzierter auszuführen, sei der Leser aufgefordert, zu überlegen, wie die Reaktionen von Personen auf unterschiedlichem Maturity Level ausgesehen ha-ben oder hätten aussehen können.)

Das Meeting wurde vom für Personal zuständigen Vorstandsmitglied des Mehrheitsge-sellschafters, einem Dipl.- Psychologen, geleitet. Die Begrüßung gibt noch keine befrie-digende Erklärung für die unverständliche Zusammensetzung. Die Konfusion steigt. Im ersten Schritt werden die Stärken und Schwächen auf Karten gesammelt und mit Erklä-rungen an Pin-Wände geheftet. Dabei zeigt sich deutlich, dass die Vertreter des Hotelun-ternehmens D eine deutlich andere Sicht der Stärken und Schwächen haben als die Ver-treter des Mehrheitsgesellschafters, allesamt ohne Hotelbackground. Der Moderator kommentiert und bewertet die einzelnen Beiträge. Er lässt keinen Zweifel an der Stim-migkeit der Gesellschaftervertreter-Argumente. Die Vertreter von D konnten ihre Sicht-weise jeweils schlüssig argumentieren, was der anderen Seite nicht gelingt. Heftige Dis-kussionen sind die Folge. Der Moderator unterbricht das Meeting, nicht ohne vorher einzelne Vertreter von D heftig zu kritisieren. Die Vertreter des Mehrheitsgesellschafters und der Externe ziehen sich zu Beratungen zurück.

(Auch dieser Teil soll nicht differenzierter ausgeführt werden. Erneut sei der Leser aufgefordert, zu überlegen, wie die Reaktionen von Personen auf unterschiedlichem Maturity Level ausgesehen haben oder hätten aussehen können. So viel sei verraten: Die ganze Bandbreite war vertreten; auf beiden Seiten…)

Das Meeting ging weiter. Als trotz des Dissenses hinsichtlich der Stärken und Schwächen des Unternehmens im nächsten Schritt Maßnahmen zur Beseitigung der Schwächen und Nutzung der Stärken diskutiert und verabschiedet werden sollten, regten Vertreter von D an, vorher Fachleute des 49%-Gesellschafters, alles ausgewiesene Hotelprofis, einzubeziehen.

Wortreich wurde dies vom Moderator als nicht notwendig, zu zeitintensiv und kostenmäßig nicht vertretbar, abgelehnt. Die Stimmung eskalierte. Erneute Unterbrechung. Der Rest des Tages, das Abendprogramm und der nächste Tag werden zur Farce. Die Vertreter von D vertreten und belegen ihre Argumente, die Rolle der Gesellschaftervertreter bleibt undurchschaubar. Man geht freundlich, aber distanziert und misstrauisch miteinander um.

Ebenso ist das Auseinandergehen zu beschreiben.

Wenige Wochen später wird der externe Berater als dritter Geschäftsführer und Sprecher der Geschäftsführung des Unternehmens D bestellt.

Kurz darauf wird den beiden anderen Geschäftsführern von D bekannt, das der Arbeitsvertrag mit dem Neuen bereits vor dem Strategiemeeting geschlossen war.

(Wie beurteilen Sie diese im Beispiel geschilderte Situation im Hinblick auf die Beziehungen, das ERM, in Unternehmen D und seinem Mehrheitsgesellschafter?)

Gefährlich wird es in Organisationen dann, wenn *Adolescents* – warum und wie auch immer – Führungspositionen besetzen. Daher kommt dem Maturity Level bei der Auswahl von Führungskräften eine wichtige Rolle zu.

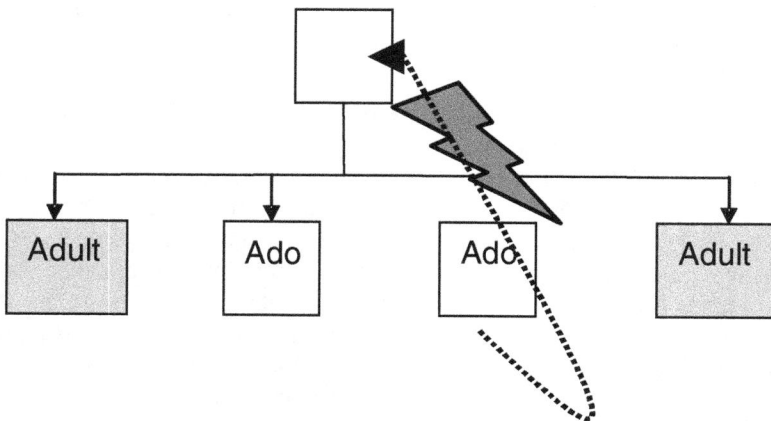

Abb. 5-8 Beförderung des Adoleszenten

Fachliche *High Potentials* müssen nicht zwangsläufig auch über die Persönlichkeits- und Sozialkompetenz verfügen, die *Adults* auszeichnet. *Adolescents* richten in Führungspositionen Schaden an, der unermesslich und existenzbedrohend werden kann.

Mit einem richtig eingesetzten und praktizierten ERM werden *adolescente* Führungskräfte identifiziert. Falls sie sich als nicht entwicklungsfähig erweisen, sollten sie zumindest von ihrer Führungsfunktion entbunden werden.

Möglichkeiten und Hinweise zur Identifizierung und Entwicklung der Persönlichkeits- und Sozialkompetenz sind im Abschnitt 5.4 aufgeführt.

5.3 Die Instrumente der Führungskraft

Welche Instrumente benutzt der Koch bei der Ausübung seines Berufes? Welche der Arzt? Welche Hilfsmittel setzt der Elektriker täglich ein? Was unterstützt die Arbeit des Kfz-Mechanikers?

Jeder kann sich diese Berufe vorstellen und zumindest einige der Instrumente benennen.

Wie aber steht es mit der Frage:

Welche Instrumente stehen der Führungskraft zur Verfügung, um ihre Führungsleistung zu erbringen?

Ein Blick in die Literatur schafft auch keine Klarheit. Zahlreiche Bücher zum Thema kommen und gehen, genauso wie die *Management-by Techniken*. Mal ist dies modern, bald wird das als unbedingt notwendig angepriesen und verkauft.

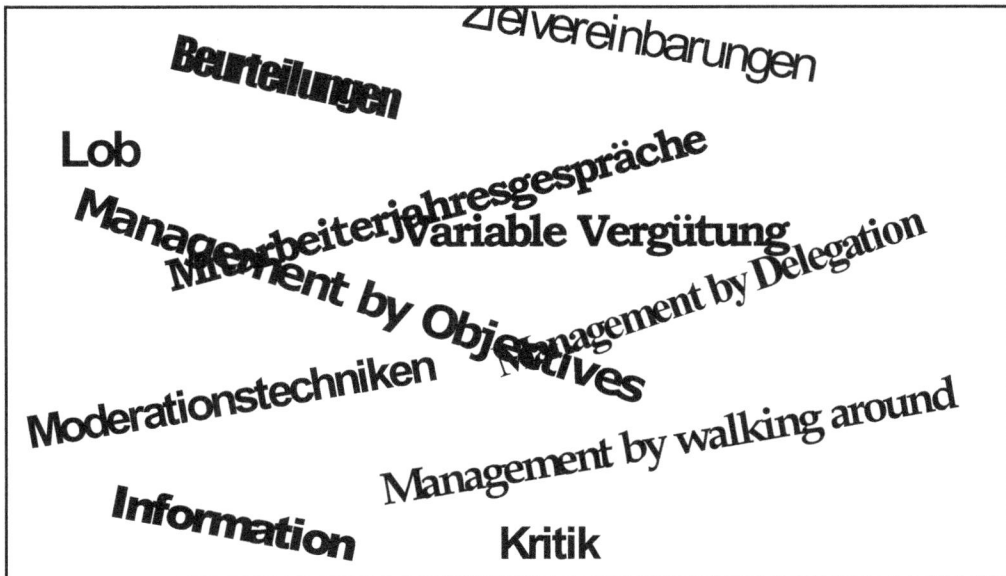

Abb. 5-9 Gemischtwarenladen der Führungsinstrumente

Wir bieten an – Sie greifen zu, wenn es ihnen gefällt. Der eigene Gusto bestimmt, was wie zum Einsatz kommt. Es wird fleißig geschult und trainiert.

Aber wird auch etwas nachhaltig zum Besseren verändert? Nein. Wird es nicht. Solange nicht, bis nicht verstanden ist, dass es zur Erbringung der Führungsleistung zwei Instrumente gibt, die zunächst virtuos beherrscht werden müssen, bevor der eigene Instrumentenschrank weiter gefüllt wird.

Diese beiden Instrumente sind: **Kommunikation** und **Authentizität**.

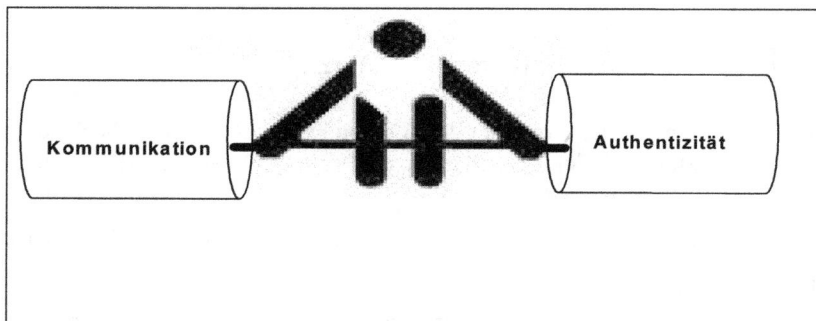

Abb. 5-10 Schwergewichte der Führungsleistung

5.3.1   Kommunikation

Schauen wir uns den Gewichtheber in Abbildung 5-10 an: Auf dem Weg zum Erfolg hat er einiges zu stemmen. Wichtig für ihn: Die Balance muss stimmen. Ob bei Olympia oder in der Bezirksliga: Niemand käme auf die Idee, eine Seite zu reduzieren, um es leichter zu haben. Grotesk würde der Versuch wirken, den Ballast der Authentizität komplett zu reduzieren um es leichter zu haben; diesen Sportler könnte niemand mehr ernst nehmen.

Was so selbstverständlich aussieht, ist im Kontext des Geschäftslebens oft noch unverstanden und muss hart trainiert werden.

Was verbirgt sich hinter diesen beiden gewichtigen Seiten?

Zunächst zur **Kommunikation**. Im wissenschaftlichen Sinne wird damit der Prozess der Übertragung von Nachrichten zwischen einem Sender und einem oder mehreren Empfängern bezeichnet. Im engeren sozialen Sinn versteht man unter Kommunikation die Verständigung zwischen mehreren Personen. Im Wesentlichen erfolgt diese Übertragung oder Verständigung im Geschäftsleben schriftlich, verbal und nonverbal.

Wie ist das nun im Zusammenhang mit den in Abschnitt 5.1 beschriebenen Rollen des Vorgesetzten zu sehen? Ein Blick auf Abbildung 5-11 verschafft Klarheit.

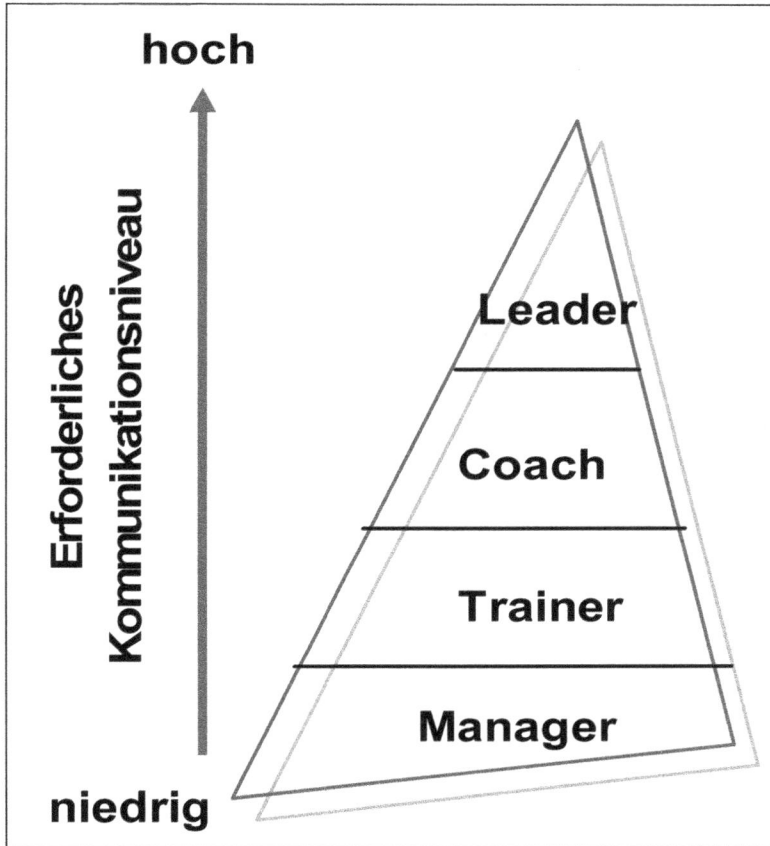

Abb. 5-11 Kommunikationsniveau in den Vorgesetztenrollen

Unterschiedliche Rollen des Vorgesetzten erfordern von ihm auch unterschiedliche Kommunikation.

In Situationen mit vergleichsweise niedriger Komplexität, die auch nicht auf den Aufbau leistungsfördernder Beziehungen zum Mitarbeiter zielen, kann der Vorgesetzte als Manager auftreten. Ein niedrig ausgeprägtes Kommunikationsniveau reicht aus; die Trennung zwischen Denken und Tun funktioniert in simplen Prozessen auch so. Der typische Manager hält Information für Kommunikation. Die Verständigung mit seinen Mitarbeitern ist für ihn eine Einbahnstrasse. Entgegenkommender Verkehr wird nicht toleriert.

An die kommunikativen Fähigkeiten des Trainers sind schon höhere Ansprüche gestellt: Obwohl persönliche Beziehungen zum Trainee nicht erforderlich oder gewünscht sind, haben beide im Idealfall ein gemeinsames Ziel zu erreichen. Ob es um Fortbildung oder Anpassungsweiterbildung geht, der Trainer muss den Trainee an dessen Kenntnis- und Entwicklungsstand abholen, die Notwendigkeit der Maßnahmen erklären und seinen Trainingsplan, die Trainingsdauer und das angestrebte Ziel kommunizieren. Insbesondere wenn es sich um Trainings im Bereich der Persönlichkeitsentwicklung handelt, wird die Abgrenzung zum Coach fließend. Einfühlsame Unterstützung und sorgfältiges, motivierendes Feedback gehören auch zu den Aufgaben eines Trainers.

Eine sehr hohe Ausprägung der Fähigkeiten, mit anderen zu kommunizieren wird von einem Coach verlangt. Auch wenn er in erster Linie Fragen stellt, führt der Weg zu Reflektion und Selbstkenntnis beim Coachee über sensible, oft intime Gespräche. Die treffende, umfassende Analyse von persönlichen Stärken und Schwächen kann nur in einem von Vertrauen geprägten Klima erfolgen.

Coaches im klassischen Sinn werden überwiegend terminlich befristet für Einzelpersonen tätig. Dagegen hat der Leader das Tagesgeschäft mit einem mehr oder weniger großen Team zu erledigen. Die Schaffung eines inspirierenden und motivierenden Umfeldes führt über den Aufbau von vertrauensvollen, dauerhaften Beziehungen zu seinen Mitarbeitern. Bei der Implementierung und Aufrechterhaltung eines ERM werden sehr ausgeprägte kommunikative Fähigkeiten zum Erfolgsfaktor.

Spätestens seit Watzlawick[27] wissen wir, dass in jeder Kommunikation die Beziehung von Sender und Empfänger eine Rolle spielt, und kennen das metakommunikative Axiom, wonach es auch die nonverbale Kommunikation gibt.

„Man kann nicht nicht kommunizieren".

„Lange Zeit wurde angenommen, Kommunikation sei einfach die Vermittlung von Informationen. Aber dann haben wir gemerkt, dass in jeder Kommunikation auch ein zweiter Aspekt enthalten ist. Das heißt: Unweigerlich kommt in jede Kommunikation eine Definition der Beziehung hinein, wie sie der Sender der betreffenden Mitteilung sieht. Das ist nicht nur in der verbalen (mündlichen) Kommunikation so, sondern auch in der schriftlichen. (...) und in der non verbalen Kommunikation."
(Paul Watzlawick)

Wegen der besonderen Bedeutung für ein ERM und damit für die Praxis der Führungskräfte, sei kurz auf die beiden ersten Axiome von Watzlawick eingegangen.

Erstes Axiom

In einer sozialen Situation kann man nicht nicht kommunizieren

Sobald zwei Personen sich gegenseitig wahrnehmen können, kommunizieren diese miteinander, da jedes Verhalten kommunikativen Charakter hat. Watzlawick versteht Verhalten jeder Art als Kommunikation. Da Verhalten kein Gegenteil hat, man sich also nicht nicht-verhalten kann, ist es auch unmöglich, nicht zu kommunizieren. Dieses Axiom ist auch bekannt als metakommunikatives Axiom.

---

[27]   Paul Watzlawick, geboren 25. Juli 1921 in Villach, Österreich, Kommunikationswissenschaftler, Psychotherapeut und Autor

Störungen nach diesem Axiom entstehen

- durch Ignorieren der Kommunikation (Nicht-Antworten oder Nicht-Eingehen auf das, was der Partner kommuniziert),
- durch widerwillige Annahme der Kommunikation,
- durch Abweisungen wie „Mit dir will ich nichts zu tun haben", da diese widersprüchlich sein können,
- durch einseitiges Beenden der Kommunikation, da dies eine Aussage ist, die der andere Kommunikationspartner interpretieren muss,
- durch Entwerten der Aussagen des Partners (häufige Themenwechsel, Nicht-bei-der-Sache-Sein, Bagatellisierung „das wird schon wieder") und das Bestreben, eine stattgefundene Kommunikation ungeschehen zu machen,
- durch Flucht in Symptome wie Müdigkeit, Kopfschmerzen, Krankheit kann eine Kommunikation einseitig beendet werden und ist deshalb ebenfalls eine Störung.

Zweites Axiom

Jede Kommunikation hat einen Inhalts- und einen Beziehungsaspekt

Jede Kommunikation enthält über die reine Sachinformation (Inhaltsaspekt) hinaus einen Hinweis, wie der Sender seine Botschaft verstanden haben will und wie er seine Beziehung zum Empfänger sieht (Beziehungsaspekt). Der Inhaltsaspekt stellt das Was einer Mitteilung dar, der Beziehungsaspekt sagt etwas darüber aus, wie der Sender diese Mitteilung vom Empfänger verstanden haben möchte. Der Beziehungsaspekt zeigt, welche emotionale Beziehung zwischen den Kommunikationspartnern herrscht. Daraus folgt, dass der Beziehungsaspekt den Inhaltsaspekt bestimmt, denn die Art der Beziehung zwischen zwei Kommunikationspartnern begrenzt bzw. ermöglicht das gegenseitige Verständnis.

Kommunikation ist dann erfolgreich, wenn auf beiden Ebenen Einigkeit herrscht oder eine Uneinigkeit auf der Inhaltsebene die Beziehungsebene nicht beeinträchtigt. Störungen entstehen bei Uneinigkeit auf beiden Ebenen, nur auf der Beziehungsebene oder bei Verwechslung der Ebenen.

Störungen nach dem zweiten Axiom entstehen,

- wenn Konflikte einer negativen Beziehung auf der Inhaltsebene ausgetragen werden,
- wenn die Uneinigkeit auf der Inhaltsebene auf die Beziehungsebene übertragen wird,
- wenn die Beziehung negativ ist,
- wenn Unklarheit über die Beziehung besteht,
- wenn man versucht, den Beziehungsaspekt aus der Kommunikation herauszuhalten.

Diese Gesetzmäßigkeiten können wie folgt veranschaulicht werden:

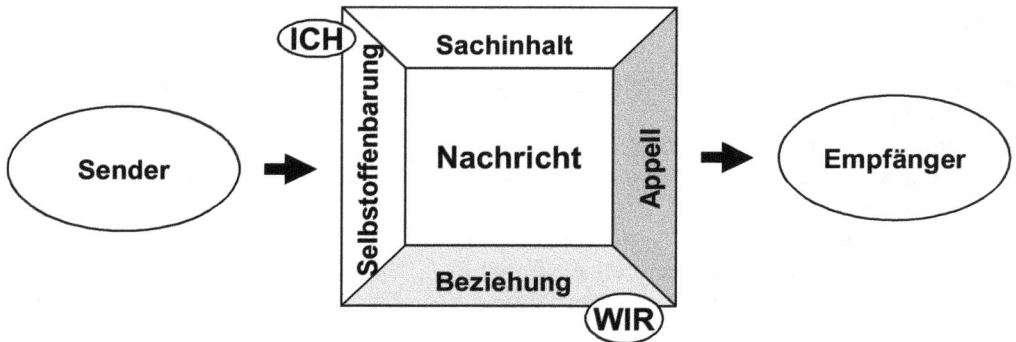

Abb. 5-12 Aspekte einer Nachricht

Es ist immer wieder interessant und lehrreich zugleich, bei privaten Anlässen und geschäftlichen Meetings die Kommunikation unter diesen Aspekten zu betrachten und zu analysieren. Das kann zum besseren Verständnis anderer beitragen und als sehr gute Übung zur Entwicklung der eigenen kommunikativen Fähigkeiten dienen.

Beispiel 5-3

Für den Bereichsleiter Personal Peter Kugler beginnt der Tag stressig: Sein Flug vom Standort der Holding in München zu der Niederlassung in Berlin war verspätet und das Taxi kam im dichten Berufsverkehr auch nicht recht vorwärts. Und in dem anstehenden Meeting würde es um eine Neustrukturierung der Niederlassung gehen, bei der auch Freisetzungen und Umsetzungen nicht auszuschließen sind. Gerne hätte er sich vor dem offiziellen Meeting um 10.00h mit der Niederlassungsleitung durch einen Blick in verschiedene Personalakten noch einige Informationen verschafft. Nun aber drängt die Zeit und er kommt soeben noch rechtzeitig in der Niederlassung an. Tausend Dinge gehen durch seinen Kopf. Wie wird das bevorstehende Meeting verlaufen? Was ist am Nachmittag beim zweiten Gespräch mit dem um die Abteilungsleiter und einige wichtige Mitarbeiter erweiterten Kreis zu erwarten? Wie reagiert die Mitarbeitervertretung? Auf seinem Weg zum Tagungsraum geht er gedankenversunken grußlos an Andreas Heilmeier, einem der besten und kreativsten Fachkräfte der Niederlassung, vorbei.

Nicht auszuschließen, dass Heilmeier den ausgebliebenen Gruß als Nachricht interpretiert:

- ich bin Luft für den arroganten Typen aus der Zentrale; nicht einmal soviel wert, dass er mich grüßt.
- die aus der Zentrale betrachten uns hier in der Niederlassung nur als Kostenfaktoren und behandeln uns wie den letzten Dreck.

Stellen Sie sich vor, Heilmeier ist im Meeting am Nachmittag Teilnehmer. Hier geht es um Vorschläge und Maßnahmen, die nachlassende Qualität der Niederlassung wieder an die Standards heranzuführen und Arbeitsabläufe effizienter zu gestalten. Wenn Heilmeier sein

Verhalten an der Interpretation der morgendlichen Begegnung orientiert, werden seine Vorgesetzten und der Bereichsleiter Personal sein Verhalten möglicherweise als unmotiviert, wenig am Wohlergehen der Niederlassung interessiert und destruktiv beurteilen. Eine Spirale aus Missverständnissen, Fehlinterpretationen und Misstrauen wird in Gang gesetzt, die Beziehungen sind nachhaltig gestört. Die Suche nach innovativen, kreativen Lösungen zum Turnaround in der Niederlassung ist stark negativ belastet.

Beispiel 5-4

Der Personalleiter des Unternehmens E stellt im Kreis der Führungskräfte das neue Projekt Mitarbeiterzufriedenheitsanalyse vor. Interessiert verfolgt der größte Teil der Anwesenden seine Präsentation. Einer der am Kopfende an der gegenüberliegenden Seite sitzenden Geschäftsführer hat offensichtlich kein allzu großes Interesse am Thema. Ständig versucht er nach rechts und links zwei Bereichsleitern seine Umbaupläne für ein bestehendes Gebäude schmackhaft zu machen. In Kenntnis seiner autoritären Einstellung wagen diese nicht, ihm keine Aufmerksamkeit zu schenken. Alle Teilnehmer fühlen sich durch die mit gedämpfter Stimme hinter ihrer Blickrichtung geführten Gespräche gestört. Nachdem der Personalleiter zweimal höflich eine Unterbrechung oder Vertagung seiner Präsentation angeboten hatte, verließ der Geschäftsführer mit dem Hinweis auf wichtige Termine die Sitzung.

Der Leser hat mit den Kenntnissen der bisherigen Ausführungen in diesem Buch die Möglichkeit, das Beispiel 5-4 zu analysieren und im Hinblick auf *Maturity*, Kommunikationsverhalten des Geschäftsführers und die Einflüsse auf den Aufbau eines ERM zu bewerten.

Wenn man also akzeptiert, dass alles Verhalten in einer zwischenpersönlichen Situation Mitteilungscharakter hat, d.h. Kommunikation ist, so folgt daraus, dass man, wie immer man es auch versuchen mag, nicht nicht kommunizieren kann. Handeln oder Nichthandeln, Worte oder Schweigen haben alle Mitteilungscharakter: Sie beeinflussen Andere, und diese Anderen können ihrerseits nicht nicht auf diese Kommunikation reagieren und kommunizieren damit selbst. Es muss betont werden, dass Nichtbeachtung oder Schweigen seitens des Anderen dem eben Gesagten nicht widerspricht. Der Mann im überfüllten Wartesaal, der vor sich auf den Boden starrt, oder mit geschlossenen Augen dasitzt, teilt den Anderen mit, dass er weder sprechen noch angesprochen werden will, und gewöhnlich reagieren seine Nachbarn richtig darauf, indem sie ihn in Ruhe lassen.

Je komplexer das Umfeld, sei es durch multikulturelle Teams, oder andere heterogene Strukturen, umso größer ist die Gefahr, dass durch unbedachte Kommunikation Beziehungen gestört und die Erreichung von zielführenden Ergebnissen erschwert oder unmöglich wird.

5.3.2   Authentizität

Angewendet auf Personen bedeutet Authentizität, dass das Handeln einer Person nicht durch externe Einflüsse bestimmt wird, sondern aus der Person selbst stammt. Gruppenzwang und Manipulation sind bei einem authentisch Handelnden ausgeblendet.

Eine als authentisch bezeichnete Person wird von ihren Bezugspersonen langfristig als berechenbar, unverbogen, ungekünstelt wahrgenommen.

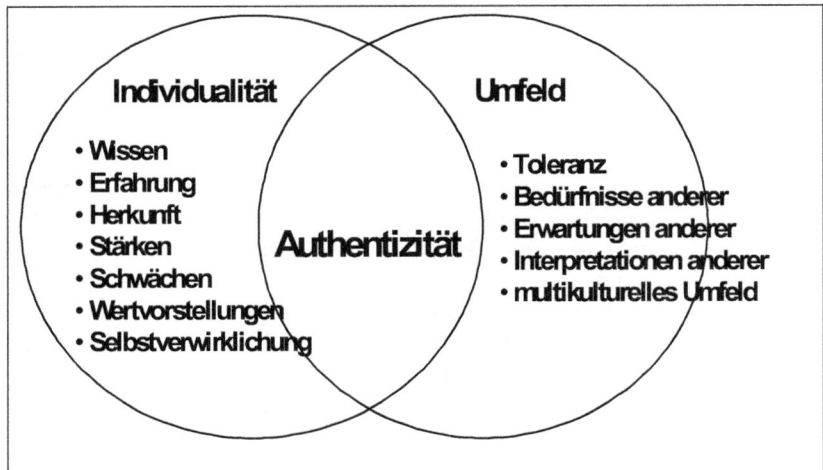

Abb. 5-13 Authentizität als Schnittmenge

Der Grad der Authentizität ergibt sich aus der Schnittmenge von Individualität und Anpassung an Begebenheiten und Erwartungen des Umfeldes.

Der Vorgesetzte muss sich darüber im Klaren sein, dass Authentizität auch bedeutet, dass er nicht mehr allein das Maß der Dinge ist, sondern die Auswirkung seines Handelns und Verhaltens auf andere berücksichtigen muss.

Aber gerade die jüngere Vergangenheit und die aktuellen Berichterstattungen zeigen, dass es vielen Führungskräften an Berechenbarkeit, an Echtheit, mangelt. Enron, Arthur Andersen, EM.TV, Comroad, Thanhuber, BMW, VW, Daimler: die Liste der Unternehmen, die durch Führungskräfte mit einem hohen Maß an krimineller Energie in die Schlagzeilen kamen, ist lang geworden.

Es ist nicht nur der Schaden, der in diesen Unternehmen entsteht, sondern hier erwächst auch eine volkswirtschaftliche Dimension. Wenn Unternehmensführungen zunehmend als korrupt und ausbeuterisch betrachtet werden, wenn sich der Leistungs- und Leidensdruck für die mittlere und untere Ebene der Unternehmen ständig vergrößert, wird insgesamt der Nährboden für eine gute und gesunde Unternehmenskultur vernichtet. Trotz hervorragend ausgebildeter Personaler wird der Aufbau eines ERM in solchen Unternehmen im Keim erstickt.

Es ist leicht nachvollziehbar: Wer authentisch und damit glaubwürdig führt, arbeitet effizienter und kann zu seinen Mitarbeitern leistungsfördernde Beziehungen aufbauen. Authentizität ist aber nicht etwa angeboren, wie viele glauben. Sie kann erlernt und weiterentwickelt werden, auch wenn der Weg dorthin steinig und lang ist. Authentisches Handeln ist immer ein komplexer und bewusster Akt. Ein authentisch agierender Vorgesetzter täuscht seiner Umgebung nichts vor. In unterschiedlichen Situationen zeigen sich die unterschiedlichsten Facetten seiner Persönlichkeit, er passt sich der Situation optimal an. Wer in der Lage ist, sein persönliches Auftreten weiterzuentwickeln und zu beeinflussen, kann daher auch an einem authentischen Führungsstil arbeiten, ihn sorgfältig aufbauen und weiterentwickeln. Es kommt darauf an, dass alle Wesensmerkmale, die unterschiedlichen Situationen angepasst gezeigt werden, echt sind. Das Imitieren von Vorbildern oder bekannten Führungspersönlichkeiten wird vom Umfeld schnell durchschaut und der Vorgesetzte nicht mehr als authentisch empfunden. Es müssen schon die eigenen Erfahrungen, Charaktereigenschaften und Interessen zum Vorschein kommen, um einen Mitarbeiter dauerhaft von der Integrität seines Vorgesetzten zu überzeugen. Gibt sich ein Vorgesetzter als jemand aus, der er nicht ist, erkennen dies seine Mitarbeiter über kurz oder lang – und fühlen sich von ihm hintergangen.

Wie Abbildung 5-10 zeigt, müssen Kommunikation und Authentizität in der Balance sein.

Walk like you talk wird damit zur zentralen Botschaft für die Führungskraft. Sie entspricht der Forderung, nicht Wasser predigen und selbst Wein trinken.

Wohl inspiriert durch Diätenerhöhungen der Politiker in einem Land, in dem kräftig und nachhaltig gespart werden muss, erhöhen sich Gehälter und sonstige Leistungen für Vorstände gewaltig in Unternehmen, in denen einschneidende Sparmassnahmen zum Tagesgeschäft gehören.

Muss man sich da wirklich über das Ergebnis der Gallup-Studie, die mangelnde Loyalität der Mitarbeiter und den daraus resultierenden immensen betriebswirtschaftlichen und volkswirtschaftlichen Schaden wundern?

Die Mitarbeiter lassen sich auch nicht mehr von sogenannten Mitarbeiterbindungsprogrammen, Weiterbildungsmöglichkeiten und anderen sozialen Leistungen blenden und täuschen. Sie nehmen die Dinge dankbar an – indes an der Zufriedenheit und an der Leistung – wie in Abbildung 4-1 dargestellt, ändert sich nichts. Die Schnittmenge bleibt gleich.

Ob *Practice what you preach, Walk like you talk* oder *Nicht Wasser predigen und Wein trinken*, diese Botschaften sind in ihrer Einfachheit und Klarheit nicht zu überbieten.

Nicht zu überbieten ist auch ihre Bedeutung für ein funktionierendes ERM und damit die betriebswirtschaftliche Relevanz dieser Forderungen an Führungskräfte.

Obwohl sicher jeder Leser genügend Beispiele für das Thema Authentizität findet – positive wie negative – sei das folgende angefügt.

Beispiel 5-5

In Unternehmen B standen erhebliche Veränderungen an, allesamt mit gravierenden Auswirkungen auf die Belegschaft. In zahlreichen Betriebs- und Abteilungsversammlungen erklärte der Vorstand, warum einschneidende Sparmassnahmen unumgänglich seien.

Die Stimmung im Unternehmen war gereizt, die Sozialplanverhandlungen in vollem Gang. Der Betriebsrat zeigte sich trotz allem recht kooperativ, der *turnaround* sollte schließlich wieder in ruhigeres Fahrwasser führen. Dem Abschluss eines vernünftigen Sozialplanes stand eigentlich nichts mehr im Weg.

Innerhalb weniger Tage während dieser Phase gönnten sich beide Vorstände des Unternehmens neue Dienstwagen der absoluten Oberklasse. Die Belegschaft nahm dies verständnislos zur Kenntnis. Der Druck auf den Betriebsrat wuchs; seine Kooperationsbereitschaft nahm im gleichen Umfang ab. Die Sozialplanverhandlungen kamen ins Stocken, neue Auswahlkriterien wurden ergebnislos verhandelt und schließlich die Einigungsstelle eingeschaltet. Zeitraubende und kostenintensive juristische Auseinandersetzungen begleiteten die weiteren Maßnahmen.

Fehlende Authentizität wird vom Umfeld immer als fehlende Ehrlichkeit verstanden. In diesem Klima ist der Aufbau eines ERM unmöglich, die Loyalität der Mitarbeiter bleibt niedrig. Der Wert des Humankapitals folglich ebenso.

Annähernd alles, wodurch sich nach Goleman[28] emotionale Intelligenz zeigt, fehlt Führungskräften, denen die Authentizität fehlt.

5.4   Die Bedeutung der emotionalen Intelligenz im ERM

Ein kämpferischer Samurai forderte einst einen Zenpriester auf, ihm Himmel und Hölle zu erklären. Doch der Priester erwiderte verächtlich: „Du bist nichts als ein Flegel, mit deinesgleichen vergeude ich nicht meine Zeit!" In seiner Ehre getroffen, wurde der Samurai rasend vor Wut, zog sein Schwert aus der Scheide und schrie: „Für deine Frechheit sollst du sterben."

„Das ist", gab ihm der Priester gelassen zurück, „die Hölle". Verblüfft von der Erkenntnis der Wahrheit dessen, was der Priester über die Wut gesagt hatte, beruhigte sich der Samurai, steckte das Schwert in die Scheide und dankte dem Priester mit einer Verbeugung für die Einsicht. „Und das", sagte der Priester, „ist der Himmel".

(Japanische Legende)

Manche Autoren stellen die emotionale Intelligenz in Opposition zum klassischen Intelligenzbegriff IQ und betrachten sie als ein Element der ganzheitlichen so genannten „Erfolgsintelligenz". Nach Prof. Howard Gardner, Harvard-University, schließt die Einbeziehung der emotionalen Intelligenz eine Lücke, die in der klassischen Intelligenzforschung übersehen worden ist: Die Verarbeitung von inter- und intrapersonellen Informationen, also den bewussten Umgang mit der Kommunikation zwischen Menschen und des Menschen mit sich selbst.

---

[28] Daniel Goleman, geb. 1946, ehem. Psychologe an der Harvard Universität

Der Begriff „emotionale Intelligenz" ist durch das gleichnamige Buch des amerikanischen Psychologen Daniel Goleman populär geworden. Goleman sieht die emotionale Intelligenz als eine übergeordnete Fähigkeit, von der es abhängt, wie gut Menschen ihre sonstigen Fähigkeiten, darunter auch den Verstand, zu nutzen verstehen.[29]

Emotionale Intelligenz ist letztlich das Bewusstsein der eigenen Gefühle und das Erkennen der Gefühle anderer. Hinzu kommt das Managen der eigenen Emotionen und der Aufbau von Beziehungen zu anderen.

Wie in Abbildung 5-14 dargestellt, basiert emotionale Intelligenz auf vier Säulen:

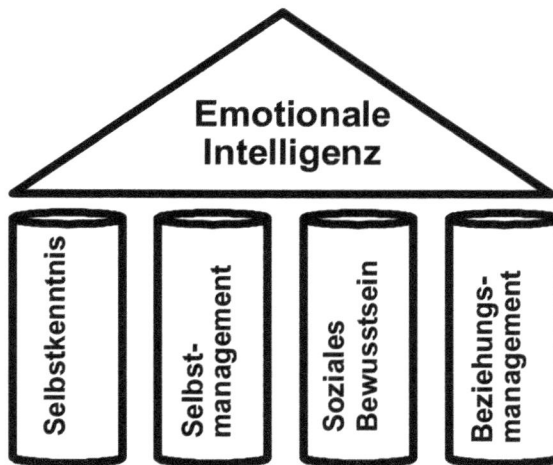

Abb. 5-14 Die Säulen der Emotionalen Intelligenz

5.4.1   Selbstkenntnis

Wer andere führen will, muss sich selbst genau kennen.

Selbstkenntnis beschreibt die Kenntnis aller für eine erfolgreiche Führungskraft erforderlichen Stärken und Schwächen, Verhaltenstendenzen, Wirkung auf Dritte, Potentiale und Grenzen. Die Einflüsse der eigenen Persönlichkeitsstruktur auf das Führungs- und Entscheidungsverhalten und der daraus resultierende Risikofaktor sollen realistisch erkannt werden.

Bei der emotionalen Intelligenz kann die Säule dreifach unterteilt werden:

- emotionale Selbstkenntnis
- präzise Selbstbeurteilung
- Selbstvertrauen

---

[29] http://de.wikipedia.org/wiki/Emotionale_Intelligenz

Emotionale Selbstkenntnis

Wesen:

Die Fähigkeit, die eigenen Emotionen und ihre Auswirkungen zu kennen. Man ist in der Lage, eigene Reaktionen in bestimmten Situationen einzuschätzen und weiß, wie sich die Emotionen auf die persönliche Leistungsfähigkeit auswirken.

Merkmale:

Kenntnis eigener Gefühle und wann und warum diese entstehen. Die Auswirkungen der gezeigten Emotionen auf andere werden verstanden.

Tipps zur Entwicklung:

Beachten der physischen Anzeichen, die bestimmte Emotionen auslösen: Steigen des Blutdrucks, Schweißtropfen auf der Stirn, feuchte Hände, Kurzatmigkeit, trockener Mund. Führen Sie Tagebuch und halten die Situationen fest, bei denen sich physische Veränderungen zeigen. Wöchentliche, später monatliche Zusammenfassungen und Analysen helfen, persönliche Emotionen besser kennen zu lernen und zu verstehen. Dann weiß man, was einen verunsichert, belastet. Aber auch, was einen stark macht. Umfangreiche Literatur und Seminare sind verfügbar, die helfen können, die emotionale Selbstkenntnis zu erlangen und zu steuern.

Präzise Selbstbeurteilung

Wesen:

Kenntnis der persönlichen Stärken, Schwächen, Ressourcen und Grenzen. Introspektion und Fremdeinschätzung führen zur genauen Selbstbeurteilung.

Merkmale:

Man weiß, welche persönlichen Stärken eingesetzt werden müssen, um Ziele zu erreichen. Weiterhin weiß man, welche Schwächen es zu beseitigen gilt, um die Zielerreichung nicht zu gefährden. Offenheit für Kritik und Feedback ist gefragt.

Tipps zur Entwicklung:

Persönliche SWOT-Analyse; Abgleich mit Fremdbild. Mehr dazu in Abschnitt 9.2.

Selbstvertrauen

Wesen:

Der Glaube an die eigenen Stärken, das Vertrauen in die eigenen Fähigkeiten. Es ist auch die Fähigkeit, eigene Meinungen, Ideen und Leistungen anderen so zu vermitteln, dass ein positives Fremdbild entsteht.

Merkmale:

Gelassenheit, engagiertes, nicht zauderndes Verhalten; Humor, Optimismus, Bereitschaft neue, herausfordernde Aufgaben zu übernehmen; das-schaffe-ich-schon-Mentalität.

Tipps zur Entwicklung:

Niemand kommt mit einem geringen Selbstvertrauen auf die Welt. Es sind Erfahrungen, die wir zum Teil in der Kindheit gemacht haben, die in uns das Gefühl hinterlassen haben, dass wir in vielfacher Hinsicht schwächer sind als andere, und dass wir deshalb minderwertig sind. Diese Erfahrungen sind dafür verantwortlich, dass unser Verhalten später zu stark und zu oft von einem inneren Kritiker bestimmt wird.

Falls man konkreten Handlungsbedarf zur Verbesserung des Selbstvertrauens bei sich erkennt, bieten Trainings und Seminare eine Reihe von erprobten Werkzeugen, Instrumente und Kniffe an. Auch eine Anzahl hilfreicher Literatur, um den inneren Kritiker nicht zu dominant werden zu lassen, steht zur Verfügung. Interessante Anregungen, die der Alltag bietet, um mehr Selbstvertrauen aufzubauen, werden dort aufgezeigt.

5.4.2   Selbstmanagement

Sich selbst zu organisieren fällt vielen Menschen schwer. Schon mittags ist der Akku leer. Geist und Körper rebellieren: Denkblockaden, unangebrachte Reaktionen, roter Kopf, Kreislaufstörungen sind die Folge. Bei Führungskräften können nicht nur die persönlichen Folgen sondern auch die Folgen auf die Bezugspersonen fatal sein. Hetze, Überbelastung, permanenter Stress: So lässt sich kein leistungsförderndes Klima erzeugen. Nur ein gutes Selbstmanagement hilft, Energien zielführend einzusetzen und andere erfolgreich führen zu können.

Nachstehend sind die wesentlichen Elemente des Selbstmanagements

- Emotionale Selbstkontrolle
- Vertrauenswürdigkeit und Berechenbarkeit
- Anpassungsfähigkeit
- Optimismus
- Zielorientierung
- Eigeninitiative

näher beschrieben.

Emotionale Selbstkontrolle

Wesen:

Emotionen können der jeweiligen Situation entsprechend kontrolliert und gezeigt werden. Dort wo nicht angebracht, unterbleibt das impulsive Ausdrücken von Gefühlen.

Merkmale:

Bei Provokationen und unter Druck erfolgen keine impulsiven Reaktionen oder Aktionen. Die Selbstbeherrschung wird auch in kritischen Situationen nie verloren, man bleibt ruhig, gelassen und positiv.

Tipps zur Entwicklung:

Hier hilft die Auflistung von Auslösern, die zu unkontrollierten Gefühlsausbrüchen führten.

Zu einer wirksamen Strategie, die zu kontrollierten Reaktionen führt, gehört bei vielen Menschen auch eine gute körperliche Fitness. Der Besuch von Stressmanagement Seminaren kann zu raschen Erfolgen führen, genauso wie das Erlernen von Yoga-Techniken.

Vertrauenswürdigkeit und Berechenbarkeit

Wesen:

Gelebte und damit für Dritte erkennbare Wertvorstellungen sind in allen Situationen verhaltensbestimmend. Offen werden Gefühle, Vorsätze und Ziele kommuniziert. Die Bezugspersonen kennen den Standpunkt und wissen, woran sie sind. Offenheit und Ehrlichkeit werden auch von anderen gefordert. Vertrauen wird durch Zuverlässigkeit und Loyalität gegenüber den Bezugspersonen gebildet.

Merkmale:

Die Forderungen *Walk like you Talk* und *Practice what you preach* werden auch in unpopulären Situationen erfüllt. Authentizität zeigt sich in allen Belangen. Gemeinsam definierte Spielregeln werden eingehalten und die Einhaltung von anderen gefordert.

Tipps zur Entwicklung:

Verschaffen Sie sich Klarheit über Ihre wesentlichen Wertvorstellungen und Prinzipien durch eine sorgfältige Auflistung. Erarbeiten Sie Ihr persönliches Leitbild, Ihr *mission statement*. Hierzu gehören auch alle Werte und Prinzipien, die Sie gegen jegliche Opposition verteidigen werden. Gleichen Sie in regelmäßigen Zeitabständen Ihr Verhalten, Ihre Reaktionen und Aktionen damit ab. Führen Sie sich die Liste auch vor wichtigen Meetings, Gesprächen und Entscheidungen vor Augen! Wenn in Ausnahmefällen vom persönlichen Leitbild abweichendes Verhalten unumgänglich ist helfen drei Dinge: 1. Kommunizieren, 2. kommunizieren und 3. kommunizieren.

Anpassungsfähigkeit

Wesen:

Die Fähigkeit, trotz sich ändernder Rahmenbedingungen effektiv zu bleiben. Zu diesen Rahmenbedingungen können situative, technische, personale und interkulturelle Änderungen gehören.

Merkmale:

Wandel wird nicht als Risiko, sondern als Chance angegangen. Eigene Vorstellungen werden aufgrund neuer Informationen oder Erkenntnisse variiert und optimiert. Sich ändernde Prioritäten werden erkannt und angenommen. Lösungswege, Pläne oder eigenes Verhalten werden flexibel der Situation angepasst.

Tipps zur Entwicklung:

Reflektieren Sie in regelmäßigen Abständen alle persönlichen Stärken, Schwächen und Ziele vor dem Hintergrund von erfolgten oder sich abzeichnenden Veränderungen. Hierzu gehören auch Fach- und Methodenkompetenzen. Wo gibt es das konkrete Erfordernis, sich weiterzuentwickeln? Was ist zu optimieren? Zum erfolgreichen Selbstmanagement einer Führungskraft gehört, dass sie sich diese Dinge nicht von Dritten sagen lassen muss.

Optimismus

Wesen:

Das ist die Fähigkeit, die Welt als halb volles Glas zu betrachten und nicht als halb leeres Glas. Eine positive Grundeinstellung zu Menschen und sich ändernden Situationen wird gezeigt. Erfolgserwartungen nicht Versagensängste sind vorherrschend.

Merkmale:

Change wird als Chance wahrgenommen, sich und andere weiterzuentwickeln. Mit einem gesunden Vertrauen in die eigenen Stärken und in die Fähigkeiten anderer wird auch für die Zukunft Erfolg erwartet. Rückschläge werden nicht als persönlicher Makel empfunden.

Tipps zur Entwicklung:

Wenn die eigenen Erwartungen und Gefühle generell pessimistisch sind, können sich optimistische Gedanken und Einflüsse nur sehr eingeschränkt entwickeln. Es fließt keine positive Energie. Menschen, die gerne generell optimistischer wären, sei empfohlen, sich bewusst Zeit zu nehmen, um die zahlreichen negativen Gedanken und Selbstgespräche, also den inneren Dialog, zu analysieren und in positive Formulierungen umzuwandeln. Seminare und Trainings zur neurolinguistischen Programmierung (NLP) können ebenfalls helfen.

Zielorientierung

Wesen:

Vereinbarte Ziele werden als grundsätzliches Anliegen betrachtet und in zeitlicher und qualitativer Hinsicht immer im Fokus behalten. Die bestmögliche Leistungserbringung ist ein persönliches Bedürfnis.

Merkmale:

Es werden messbare und realistische Ziele angestrebt. Hindernisse auf dem Weg zum Ziel werden antizipiert und nach Möglichkeit frühzeitig eliminiert. Die Handlungs- und Verhaltensweise zeigt keine Scheu vor kalkulierbaren Risiken.

Tipps zur Entwicklung:

Unterteilen von Zielen und Projekten in einzelne Schritte; tägliche Protokollführung hins. des Fortganges. Wurden Hindernisse und Probleme frühzeitig erkannt? Diskutieren der eigenen Einschätzung mit anderen hilft, richtungweisende Schlussfolgerungen zu ziehen. Proaktives Vorgehen, wenn Ziel- oder Zeitplanung adaptiert werden müssen.

Eigeninitiative

Wesen:

Die Fähigkeit, eigenständig Chancen, Probleme und Hindernisse identifizieren zu können und zielführende Handlungen auszulösen.

Merkmale:

Aktiv wird nach Möglichkeiten gesucht, Erwartungen und Ziele zu übertreffen. Dabei werden auch ungewöhnliche Wege in Betracht gezogen und gegangen. Konflikte wegen der eventuellen Aussetzung von Regeln und bürokratischen Erfordernissen werden nicht gescheut.

Tipps zur Entwicklung:

Erstellen Sie je eine Übersicht der internen und externen Faktoren, die ihre Ziele, Projekte etc. beeinflussen können. Identifizieren Sie auf Grund dieser Listen sich abzeichnende Veränderungen, denkbare Trends, Möglichkeiten und Probleme. Entwickeln Sie detailliert notwendige Maßnahmen, um die Möglichkeiten nutzen zu können und um sich abzeichnende negative Entwicklungen vorbeugend eliminieren zu können.

5.4.3   Soziales Bewusstsein

Wer andere im Sinne eines ERM erfolgreich führen will, muss deren Bedürfnisse, Sorgen und Gefühle korrekt wahrnehmen und bei seinen Interaktionen berücksichtigen.

> *„Man sieht nur mit dem Herzen gut; das Wesentliche ist für das Auge unsichtbar."*
> *Antoine de Saint-Exupéry*

Folgende drei Kompetenzbereiche gehören zum sozialen Bewusstsein:

- Einfühlungsvermögen
- Bewusstsein für organisatorische und gruppendynamische Prozesse
- Service-Orientierung

Einfühlungsvermögen

Wesen:

Es geht darum, andere zu verstehen. Nicht sich selbst zum Maßstab zu machen, sondern die zu führenden Menschen. Empathie ist die Fähigkeit, offensichtliche und verborgene Signale zu erkennen und zu verstehen, welche die emotionale Situation anderer ausdrücken.

Merkmale:

Interesse am Anderen wird offen gezeigt; geduldiges, aufmerksames Zuhören und Beobachten sind wichtige Merkmale. Dessen Perspektive wird verstanden und respektiert.

Die emotionale Situation wird geteilt.

Tipps zur Entwicklung:

Aktives und aufmerksames Zuhören bewusst praktizieren und bei Bedarf anhand geeigneter Übungen trainieren. Im Gespräch mit anderen sich auch wirklich hierauf konzentrieren, Ablenkungen und Störungen nicht zulassen. Die unterschiedlichen Aspekte von Äußerungen des Gesprächpartners (s. Abb. 5-12) erkennen und deuten; durch Feedback und Fragen verifizieren. Stellen Sie einmal den Ton im Fernseher ab und versuchen Sie, Emotionen, Stimmungen und nonverbale Signale zu erkennen.

Bewusstsein für organisatorische und gruppendynamische Prozesse

Wesen:

Die Kraft und Eigendynamik von Beziehungen in Gruppen und Organisationen wird erkannt und verstanden. Die tatsächlichen Entscheidungsträger werden unabhängig von hierarchischen Strukturen erkannt und zielführend beeinflusst. *Unwritten rules*, spezielle Werte und Kulturen werden erkannt und bei Interaktionen berücksichtigt.

Merkmale:

Die politischen Kräfte im Unternehmen, deren soziale Beziehungsgeflechte werden erkannt und ihre Bedeutung realistisch eingeschätzt. Eigenes Handeln wird im Hinblick auf die Auswirkungen auf das Team reflektiert und falls nötig, korrigiert.

Tipps zur Entwicklung:

Identifizieren Sie Entscheidungsträger, Multiplikatoren und Beeinflusser innerhalb und außerhalb des Unternehmens. Wer nimmt tatsächlich Einfluß auf Grundsätzliches und strategisch oder operativ bedeutende Aktivitäten? Eine übersichtliche Skizze hilft dem besseren Verständnis. Listen Sie *unwritten rules*, Traditionen und kulturelle Besonderheiten auf. Finden Sie in Gesprächen mit anderen heraus, ob Ihre Sicht zutreffend ist. Analysieren Sie Entscheidungen im Unternehmen auf Grundlage Ihrer Übersicht.

Serviceorientierung

Wesen:

Diese Kompetenz entspringt dem Wunsch, anderen zu helfen, um deren Bedürfnisse und Ansprüche erfüllen zu können. Die eigenen Bemühungen dienen nicht den eigenen Interessen, sondern sind eher Reaktionen auf die Wünsche anderer.

Merkmale:

Führungskräfte kennen die Bedürfnisse ihrer Kunden und bemühen sich aktiv, deren Zufriedenheit zu steigern. Sie sind jederzeit für ihre Mitarbeiter ansprechbar und zur Hilfe bereit.

Tipps zur Entwicklung:

Verschaffen Sie sich Klarheit über die Bedürfnisse und Erwartungen Ihrer Mitarbeiter und sonstigen Bezugspersonen. Entwickeln Sie bewusst Aktionen und Verhaltensweisen, also Produkte und Dienstleistungen, die geeignet sind, deren Erwartungen zu erfüllen und zu übertreffen.

5.4.4   Beziehungsmanagement

Für die Führungskraft bedeutet Beziehungsmanagement den Schlüssel zum Aufbau leistungsfördernder Beziehungen:

- Anderen helfen, Erfolg zu haben
- Inspirieren
- Einfluss nehmen
- Kommunikationsfreudigkeit, -fähigkeit
- Innovationsfreudigkeit
- Konfliktmanagement
- Teamorientierung
- Netzwerke schaffen und pflegen

Anderen helfen, Erfolg zu haben

Wesen:

Diese Kompetenz beschreibt den Willen und die Fähigkeit, andere bei ihrer fachlichen und persönlichen Entwicklung zu unterstützen und zu fördern.

Merkmale:

Es wird differenziertes Feedback in Bezug auf Leistung und Verhalten gegeben. Situationsgerecht wird auch die Rolle des Coaches übernommen. Mitarbeiter werden ihren Stärken entsprechend eingesetzt.

Tipps zur Entwicklung:

Führen Sie regelmäßig Gespräche mit Ihren Mitarbeitern über deren Ziele, den Dingen die sie gerne machen, die sie besser machen möchten und was sie ausprobieren wollen. Defizite werden identifiziert und mit dem Mitarbeiter Maßnahmenpläne erarbeitet, um diese zu beseitigen.

Wenn wir die Menschen nur nehmen wie sie
sind, so machen wir sie schlechter;
wenn wir sie behandeln, als wären sie, was sie sein sollten,
so bringen wir sie dahin, wohin sie zu bringen sind.
Johann Wolfgang von Goethe

Inspirieren

Wesen:

Dies bezeichnet die Fähigkeit, Einzelne und Gruppen für Ideen und Ziele zu begeistern. Führung wird nicht als hierarchische Gegebenheit sondern Chance gesehen, Sinn zu vermitteln und effiziente Teams zu formen.

Merkmale:

Bei Interaktionen und bei der Kommunikation werden bewusst Emotionen geweckt. Die Führungskraft begeistert andere für die eigenen Visionen. Sie lebt ihre Rolle vorbildlich.

Tipps zur Entwicklung:

Denken Sie an eine Führungskraft, einen Leitwolf, den Sie inspirierend finden. Finden Sie heraus und analysieren Sie detailliert die Gründe hierfür. Wenden Sie diese Erkenntnisse bei neuen und wichtigen Aufgaben oder Projekten bewusst an.

Einfluss nehmen

Wesen:

Das ist die Fähigkeit, andere zielorientiert zu überzeugen und auf ihre Leistung und das Verhalten einzuwirken. Die Aufmerksamkeit wird immer wieder auf die zu erreichenden Ziele gelenkt.

Merkmale:

Führungskräfte, welche diese Kunst beherrschen, antizipieren, wie einzelne oder Gruppen auf ihr Verhalten und Vorgehen reagieren und adaptieren ihre Argumentation entsprechend. Durch offene und umfassende Kommunikation gewinnen sie andere für sich und ihre Ziele.

Tipps zur Entwicklung:

Ob diese Fähigkeit ausgeprägt vorhanden ist, erfährt man am besten in interdisziplinär zusammengesetzten Gruppen und bei ebensolchen Projekten, bei denen man naturgemäß nicht der Hierarch ist. Wie bin ich in der Lage, dort Einfluss geltend zu machen, um meine Vorstellungen zu realisieren?

Kommunikationsfreudigkeit, -fähigkeit

Wesen:

Die Fähigkeit, mit klaren und motivierenden Botschaften in anderen Resonanz auszulösen.

Merkmale:

Neben einer guten Rhetorik und professioneller Präsentationstechniken sind alle Möglichkeiten der verbalen und nonverbalen Kommunikation bekannt, mit denen Emotionen bei Dritten geweckt werden.

Tipps zur Entwicklung:

Identifizieren Sie Personen, denen man aufmerksam und gerne zuhört. Welche Ursachen sind hierfür ausschlaggebend? Welcher visueller Hilfsmittel bedienen sie sich, um die Zuhörer anzusprechen und für sich zu gewinnen?

Nehmen Sie einen Vortrag, ein Meeting oder eine Präsentation auf Video auf. Zeigen Sie dieses Video Bezugspersonen Ihres Vertrauens und fordern diese zu kritischer Bewertung in Bezug auf Stil, Einsatz von Technik, Gebrauch von Beispielen und nonverbalen Signalen auf.

Innovationsfreudigkeit

Wesen:

Dies ist die Fähigkeit, Individuen und Gruppen so zu führen, dass sie selbst notwendige Veränderungen initiieren. Die Notwendigkeit für Veränderungen wird nicht nur erkannt, sondern das aktive Aufspüren zur eigenen Sache erklärt.

Merkmale:

Führungskräfte nehmen selbst Change-Projekte in die Hand. Sie stellen den status quo in Frage und vermitteln ständig die Aufmerksamkeit für sich abzeichnenden oder notwendigen Wandel.

Tipps zur Entwicklung:

Entwickeln Sie ein Szenarium für den größten denkbaren Wandel, der Ihnen und Ihrem Team widerfahren könnte. Überlegen Sie sich denkbare Vorteile, die daraus entstehen könnten, und wie Sie diese Ihrem Team verkaufen würden.

Wenn konkrete Veränderungen bevorstehen: Bedenken Sie, wie Ihre Mitarbeiter darauf reagieren werden. Wie war ihr Verhalten bei ähnlichen Situationen in der Vergangenheit? Welche Befindlichkeiten werden sie haben? Welche Fragen beschäftigen sie? Bereiten Sie sich so auf anstehende Gespräche vor.

Konfliktmanagement

Wesen:

Hierunter wird die Fähigkeit verstanden, mit konfliktträchtigen Situationen und Personen umzugehen. Dies bedeutet auch, Konflikten nicht aus dem Weg zu gehen, sondern sie anzunehmen und deeskalierend bei Meinungsverschiedenheiten einzuwirken.

Merkmale:

Unstimmigkeiten, Meinungsverschiedenheiten werden offen gelegt; mit Takt und Diplomatie gelingt es, bei drohenden Konflikten Verständnis für die unterschiedlichen Positionen zu erzielen. Unter Einbeziehung aller Betroffenen werden einvernehmliche Lösungen gefunden.

Tipps zur Entwicklung:

Spüren Sie aufkommende Missstimmungen bei Einzelnen oder im Team auf und sprechen Ihre diesbezüglichen Gefühle offen aus, bevor der Konflikt ausbricht. Blenden Sie in hitzigen Diskussionen persönliche Befindlichkeiten aus und stellen Sie das gemeinsame Ziel in den Vordergrund. Fragen Sie sich immer wieder selbst, ob Ihre Aussagen, Ihr Verhalten zur Konfliktlösung beitragen.

Teamorientierung

Wesen:

Für die Führungskraft bedeutet Teamorientierung, sich als primus inter pares zu sehen. Nicht mein Job sondern unser Job steht im Vordergrund. Auch die Freude über den Teamerfolg zeichnet diese Führungskraft aus. Bei Misserfolgen wird nicht der Schuldige gesucht, sondern nach Wegen und Maßnahmen, zukünftig Fehler zu vermeiden.

Merkmale:

Diese Führungskraft nimmt sich bewusst zurück, sie dominiert nicht jedes Meeting und jede Aktion. Wenn das Team eine einvernehmliche Lösung findet und umsetzen will, akzeptiert sie auch einmal die aus ihrer Sicht zweitbeste Lösung. Jede Gelegenheit, andere frühzeitig einzubinden wird genutzt. Pläne und Informationen werden frühzeitig kommuniziert. Niemand wird vor vollendete Tatsachen gestellt.

Tipps zur Entwicklung:

Nehmen Sie sich grundsätzlich zurück; seien Sie nicht immer der Erste, der Empfehlungen ausspricht oder Lösungswege vorzeichnet. Lassen Sie andere Ihre Teammeetings moderieren und seien Sie ein disziplinierter Teilnehmer – nicht mehr. Feiern Sie mit ihrem Team alle Erfolge, wobei nicht einzelne Teammitglieder – auch nicht Sie selbst – im Vordergrund stehen dürfen. Übernehmen Sie bei Misserfolgen Verantwortung, stellen Sie sich vor Ihr Team und einzelne Mitglieder.

Netzwerke schaffen und pflegen

Wesen:

Die Fähigkeit, wechselseitig nutzbringende Beziehungen und Kontakte aufzubauen und zu erhalten. Hierbei stehen nicht ausschließlich die Präferenzen für Persönlichkeitsstrukturen anderer im Vordergrund.

Merkmale:

Mit einer großen Zahl von Bekannten wird ein reger Kontakt gepflegt. Schulfreunde, Kommilitonen, ehemalige Kollegen, Bekannte durch gemeinsame Hobbies, Menschen unterschiedlicher Herkunft und Ausbildung gehören dazu. Am Arbeitsplatz werden informelle Kontakte geknüpft und gepflegt.

Tipps zur Entwicklung:

Nehmen Sie aktiv an sich bietenden beruflichen und gesellschaftlichen Events teil. Überlegen Sie, inwiefern Sie von bestimmten Kontakten profitieren und wo Sie selbst nutzbringend sein können. Hierbei steht nicht die jeweilige Person, sondern deren Möglichkeiten der Einflussnahme im Vordergrund.

Mit dieser Beschreibung der emotionalen Intelligenz ist modellhaft das Idealbild einer Führungskraft aufgezeigt. Gleichzeitig sind einige Impulse für die Entwicklung der unterschiedlichen Elemente gegeben. Diese sind natürlich erweiterbar und können oft nur mit fremder Hilfe auf das in einem ERM erforderliche Niveau entwickelt werden.

Eine gute Übung stellt auch die Analyse der Protagonisten der in diesem Buch beschriebenen Beispiele hinsichtlich deren emotionaler Kompetenz dar. Weitere Musterfälle findet jeder in seinem privaten wie beruflichen Umfeld.

Daniel Goleman hat mit seinem Statement uneingeschränkt recht:

> *Emotional Intelligence is the sine qua non of the leadership. Without it a person can have the best training in the world, an exclusive, analytical mind, and an endless supply of smart ideas, but he still won't make a great leader*[30]

Die Praxis bestätigt seine Aussage in vollem Umfang.

Ein erfolgreiches ERM muss daher darauf bedacht sein, bereits bei der Auswahl von Vorgesetzten dem Faktor Emotionale Intelligenz die entsprechende Bedeutung beizumessen.

Dies betrifft auch die Identifizierung von High Potentials im Unternehmen, die dann gezielt für zukünftige Führungsaufgaben entwickelt werden.

---

[30] Goleman, Daniel, 1998, What makes a leader?, Harvard Business Review 77, S. 94

6 Basis der Mitarbeiterauswahl im ERM

Personalentscheidungen, professionelle wie auch amateurhafte, haben großen Einfluss auf den Unternehmenserfolg. Nicht nur, dass falsch besetzte Positionen ein Unternehmen direkt betriebswirtschaftlich enorm belasten, auch die Atmosphäre und Unternehmenskultur werden nachhaltig dadurch negativ beeinflusst.

Das strategisch ausgerichtete ERM verlangt daher eine professionelle, strukturierte Suche nach den geeigneten Führungskräften und Mitarbeitern. Für die Unternehmensleitungen wird die Besetzung der Führungsfunktionen, für die Vorgesetzten die Auswahl der richtigen Mitarbeiter und deren spätere Beurteilung zum erfolgsentscheidenden Kerngeschäft.

Der Einsatz geeigneter Instrumente und von Beginn an eine Atmosphäre der Offenheit und des Vertrauens sind Voraussetzungen erfolgreicher Mitarbeiterauswahl im ERM.

Wie die bisherigen Kapitel zeigen, lösen sich ändernde Rahmenbedingungen in Gesellschaft und Wirtschaft auch tief greifende Veränderungen in den einzelnen Berufsbildern aus. Dies zeigt sich bei den Anforderungen und Bedingungen der Menschen, die in diesen Berufen arbeiten.

Beispiel 6-1 mag dies verdeutlichen:

Beispiel 6-1

Eine Beruf, der viele Gesichter hat und den jeder kennt, ist der Hoteldirektor.

Aus einigen Fernsehserien ist dieser Traumjob bekannt: Immer schick angezogen, braungebrannt, begrüßt er gutgelaunte Gäste in der Lobby, plaudert hier und da, ein Tässchen Kaffee mit dem Stammgast. In seinem tollen Direktorenbüro ein aufgeräumter Schreibtisch und immer ein Teller mit frischem Obst. Die Mitarbeiter beten ihn an, denn er hat immer Recht und weiß, wo es lang geht. Seinen Entscheidungen folgt man bereitwillig.

Sein Lebenslauf: Mittlerer Bildungsabschluss, Ausbildung zum Hotelfachmann: Restaurant, Verwaltung, Front Office, Betten machen, Badezimmer putzen, Wäscherei: alle Stationen hat er durchlaufen und das Hotelgeschäft von der Pike auf gelernt. Danach hochgedient vom Pagen bis zum Abteilungsleiter. Mit Fleiß, Disziplin und gutem Auftreten hat er es als perfekter Gastgeber bis ganz nach oben geschafft.

Zweite Folge:

Das Hotel wird seit Neuestem von einer amerikanischen Hotelkette betrieben. Die dort agierenden, international erfahrenen Hoteliers wollen möglichst umgehend den Anschluss an ihr internationales Reservierungssystem und die Einbindung des Betriebes in ihre globale Marketingstrategie. Eine tagesgenaue Planung der Belegung, des Umsatzes und der Kosten muss erstellt werden. Selbstverständlich hilft eine *very sophisticated* IT Lösung bei der Erstellung des tages- und kostenstellengenauen Budgets. *Revenue Management* und *Customer Relationship Management* sind nur zwei der vielen neuen Vokabeln, die der Hoteldirektor und seine Mitarbeiter lernen und verstehen müssen.

Dazwischen endlose Meetings – natürlich in Englisch, was der Direktor nur rudimentär beherrscht, einige seiner Mitarbeiter tun sich da schon leichter.

14 und mehr Stunden arbeitet der Direktor täglich, sechs bis siebenmal die Woche – und trotzdem keine Zeit mehr für die Gäste, geschweige denn für die Mitarbeiter. Fachleute aus der Zentrale tauchen auf, beschäftigen sich mit *outzusourcenden* Abteilungen, *facelifting* von Lobby und *public areas* und die *body-clock-cuisine* muss wegen der vielen zu erwartenden internationalen Gäste möglichst schnell kommen.

Ach ja, da wäre noch der dicke Katalog mit den Standards, *policies and procedures*, die es einzuhalten gilt. Die *mystery shopper* werden das ab nächsten Monat checken und evaluieren.

Dritte Folge:

Die Seminare für den Hoteldirektor sind bereits gebucht. Da geht es dann um *Revenue Management, Customer Relationship Management, Six Sigma, Policies and Procedures, Code of Conduct...*

Die Investoren haben sich auch angesagt: Bei der Präsentation – natürlich Powerpoint mit Animation – möge der Hoteldirektor doch detailliert auf den *Return of Investment* der beabsichtigten Investitionen eingehen.

Die Gäste fragen nach, ob es dem Hoteldirektor gut gehe – sie sehen ihn, wenn überhaupt, nur noch gestresst und mit tiefliegenden, umränderten Augen. Die Mitarbeiter wissen keine genaue Antwort, meinen aber, er hätte sich in letzter Zeit verändert.

Den neuen Internetauftritt seines Hotels sieht der Direktor per Zufall. Gefallen tut er ihm nicht. Er beschäftigt sich gerade mit den Mustern der neuen Uniformen im *corporate design,* die seine Mitarbeiter scheußlich finden und die der Betriebsrat deshalb nicht will.

Die hohen Personalkosten sind dem neuen Betreiber ein Dorn im Auge. Der Hoteldirektor wird aufgefordert, mit seinen Abteilungsleitern Wege zu finden, wie man 15% einsparen könnte.

Nächste Folge:

Der Direktor schafft es nicht, die ihm gesetzten *deadlines* und *schedules* einzuhalten. Er sitzt nur noch im Büro. Gäste, Mitarbeiter und auch seine Familie werden ihm fremd.

Nachdem er das Angebot eines Familienbetriebes in der Nachbarstadt erhält, kündigt er trotz schlechterer Konditionen.

Der neue Hoteldirektor kommt schon nach zwei Tagen: Anfang 30, multikulturell und multilingual aufgewachsen, Abitur, Studium der internationalen Betriebswirtschaft in London, Kapstadt und Madrid. Danach Praktika in einer Unternehmensberatung und mehreren Hotels. Nach zwei Jahren erfolgreicher Tätigkeit in der Unternehmenszentrale jetzt der Wechsel in die *operations*.

Die Abteilungsleiter finden sich sofort in einer anderen Situation wieder: Nicht das Mitteilen von Problemen wird erwartet, der Neue möchte Lösungen präsentiert bekommen. Mit der Aufgabe, für ihre Bereiche schnellstmöglich eine *SWOT-Analyse* zu erstellen, sind sie völlig überfordert. Der Restaurantleiter hält das alles für Quatsch. Den Hinweis, er gefährde mit seiner Sicht der Dinge und seiner Einstellung den Arbeitsplatz, nimmt er nicht ernst. Seine langjährigen Beziehungen zu den Stammgästen, die nach seiner Einschätzung nur wegen ihm kommen, betrachtet er als beste Versicherung für seinen Job. Zwei Wochen später ist er freigestellt und auf der Suche nach einem anderen Arbeitsplatz. Seine ehemaligen Stammgäste loben die neuen Ideen aus Küche und Keller, die neuen Uniformen für den Service finden sie chick. Nach ihrer Meinung war es Zeit, dass sich mal was ändert.

Beenden wir hier die Serie. Das gibt es nur im Fernsehen? Von wegen! Was in den siebziger Jahren dem geschätzten Berufsbild des Programmierers widerfuhr, in den Folgejahren immer wieder in unterschiedlichen Bereichen zu beobachten war, ist nun in der Hotellerie an der Tagesordnung: tiefgreifende strukturelle Veränderungen eines Berufsbildes aufgrund sich ändernder Rahmenbedingungen.

Damit verändert sich auch die Basis für die Mitarbeiterauswahl. Es gilt, Instrumente und Methoden auf ihre Zukunftstauglichkeit hin zu überprüfen und weiterzuentwickeln.

6.1   Die Stellenbeschreibung

Die *Stellenbeschreibung* ist ein fachspezifischer Terminus des HRM. Oft nachzulesen ist folgende Definition:

> *Die Stellenbeschreibung ist eine schriftliche Zusammenfassung der Ziele, Aufgaben, Entscheidungs- und Weisungskompetenzen, die mit einer bestimmten Stelle im Unternehmen verbunden sind, sowie die Festlegung der hierarchischen Eingliederung einer Stelle in die Organisationsstruktur und ihre wichtigen Beziehungen zu anderen Stellen*

Stellenbeschreibungen beinhalten im Allgemeinen:

- Stellenbezeichnung
- Einordnung der Stelle in die Unternehmensorganisation
- Rangstufe des Stelleninhabers
- Vorgesetzter des Stelleninhabers

- Untergebene des Stelleninhabers
- Stellvertretung des Stelleninhabers
- Funktion, die der Stelleninhaber vertritt
- Zielsetzung der Stelle
- Hauptaufgabe der Stelle und Einzelaufgaben
- Pflichten und Kompetenzen des Stelleninhabers
- Datum für die nächste Überprüfung der Stellenbeschreibung

Stellenbeschreibungen erfordern einen erheblichen Aufwand bei der Erstellung und noch deutlich mehr bei der Aktualisierung. In Zeiten, in denen die Veränderung das einzig Vorhersehbare ist, in denen der Kunde mit immer kürzerer Reaktionszeit bestimmt, was, wann, wo erforderlich ist, sind Stellenbeschreibungen nicht mehr zu *handeln* und auch hinsichtlich ihres Anspruches nicht mehr zeitgemäß. Flexible Strukturen werden nicht ausreichend unterstützt, Kästchendenken wird durch Stellenbeschreibungen aufrechterhalten und sie dienen oft als Alibi für nicht zielführendes, wenig kundenorientiertes Verhalten.

Die wesentlichen Kritikpunkte sind nachstehend stichwortartig zusammengefasst:

- Es dauert meist Wochen bis Stellenbeschreibungen mit Zustimmung aller Funktionen und Gremien fertig sind. In einem dynamischen, von ständigem Wandel gekennzeichneten Umfeld sind sie oft bereits nicht mehr aktuell, wenn sie erstellt sind.
- Abteilungsziele und -aufgaben ändern sich durch größere Projektbezogenheit permanent. Damit einher gehen die Ziele und Aufgaben einzelner Stellen
- Stellenbeschreibungen führen zum my job / your job – Denken, our job und der Kunde bleiben auf der Strecke
- Sie fördern Kästchendenken und verhindern damit oft Synergien und wirken sich negativ auf die Produktivität aus.
- Sie können keine konkret messbaren Ziele enthalten.
- Nicht aktualisierte Stellenbeschreibungen führen oft dazu, dass der Mitarbeiter nach anderen als dort festgeschriebenen Kriterien beurteilt wird.
- Abmahnungen müssen aus der Personalakte entfernt, verhaltensbedingte Kündigungen zurückgenommen oder in teure Aufhebungsverträge umgewandelt werden, da sich die Gründe nicht mit der aktuellen Stellenbeschreibung decken.

Die Auflistung ließe sich fortsetzen, sollte aber bereits in diesem Umfang überzeugend sein.

Beispiel 6-2

In Unternehmen E wurde der Personalleiter zu Beginn seiner Tätigkeit beauftragt, das vor zwei Jahren gestartete Projekt Stellenbeschreibungen wieder zu beleben und zu komplettieren. Es gelang ihm zunächst nicht, die Geschäftsführer davon zu überzeugen, dass dieses Projekt wenig zeitgemäß sei.

Daher schaute er sich einige der seinerzeit gefertigten Stellenbeschreibungen an und sprach mit den Stelleninhabern. Mehrere der Angesprochenen wussten gar nicht mehr, dass sie eine Stellenbeschreibung hatten. Andere schüttelten den Kopf, weil fast nichts mehr von dem zutraf, was dort niedergeschrieben war.

Gleichzeitig wurde die Trennung von einer langjährigen Führungskraft erwogen, deren Arbeitsweise und Verhalten zunehmend auf Kritik stießen. Unabhängig von fehlenden Abmahnungen konnte der Personalleiter mit Hinweis auf die bestehende Stellenbeschreibung die Unmöglichkeit dieses Vorhabens aufzeigen: Mehrere der Kritikpunkte und nicht erfüllten Erwartungen korrespondierten nicht mit den Inhalten der Stellenbeschreibung. Bestenfalls wäre *Dienst nach Vorschrift* als Vorwurf aufrechtzuerhalten gewesen, und das ist arbeitsrechtlich gesehen ohne Relevanz.

Nicht selten sind gehegte und gepflegte Stellenbeschreibungen auch der Grund für die Entstehung so genannter *Islands of Competence*, wie die folgende Abbildung zeigt:

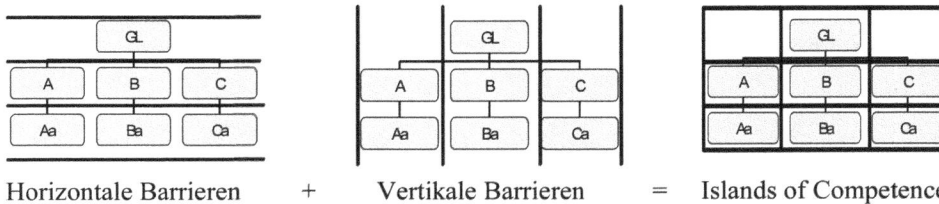

Horizontale Barrieren   +   Vertikale Barrieren   =   Islands of Competence

Abb. 6-1 Islands of Competence

Starre hierarchische Abgrenzungen ergeben zwangsläufig ein *Oben* und ein *Unten* – horizontale Barrieren sind die Folge. Eine zusätzliche Abgrenzung der Fachbereiche beinhaltet die Gefahr der funktionalen Barrieren. *Islands of Competence,* auch als Reviere bekannt, entstehen, werden verteidigt und gepflegt. Mitarbeiter, die aus dem Revierdenken ausbrechen, sind nicht erwünscht.

Auch bleibt festzuhalten, dass Stellenbeschreibungen nur mehr bedingt zur Mitarbeiterauswahl und Beurteilung herangezogen werden können. Die nachfolgende Karikatur[31] bringt die Problematik auf den Punkt:

Abb. 6-2 Personalauswahl 2

---

[31] Zeichnung: Plaßmann, aus Sprenger, R. K.: Mythos Motivation

Neue Stellenbeschreibungen zu installieren oder mit hohem Aufwand bestehende zu erhalten, ist nicht mehr zeitgemäß und kann kontraproduktiv wirken.

Gefragt in einem ERM sind Anforderungsprofile und klare, messbare Zielvereinbarungen. Damit lässt sich das Human Capital steuern und mehren.

6.2   Das Anforderungsprofil

Wie auch Beispiel 6-1 zeigt, wird die Erstellung professioneller Anforderungsprofile, insbesondere für exponierte Fach- und Führungspositionen zum unverzichtbaren Bestandteil des HRM und natürlich des ERM.

Eine umfassende und hilfreiche Definition des Begriffes besagt[32]:

> *Das Ergebnis einer Anforderungsanalyse ist ein Anforderungsprofil. Es enthält alle benötigten und wünschenswerten Voraussetzungen und Kompetenzen einer Person für den zu besetzenden Arbeitsplatz, das Aufgabengebiet, eine Ausbildung oder einen Beruf einschließlich der Merkmale, die für die berufliche Zufriedenheit wichtig sind.*

Hierauf wird im Folgenden näher eingegangen.

6.3   Aufbau und Inhalt des Anforderungsprofils

In Abbildung 6-3 ist der Aufbau eines Anforderungsprofils nach dem Heuristischen Kompetenzmodell dargestellt. Entsprechende Erläuterungen zu den Elementen 1 bis 11 sind im Anschluss aufgeführt.

(1) Anforderungsprofil / Persönliches Kompetenzprofil

Die Überschrift verdeutlicht bereits, dass neben dem eigentlichen Anforderungsprofil das persönliche Kompetenzprofil dargestellt wird. Dies dient der besseren Übersicht und zeigt deutlich auf, wo die zu beurteilende Person den Anforderungen entspricht, bzw. über- oder unterqualifiziert ist. Bei Unterqualifizierungen muss überlegt werden, ob und wie die Defizite ausgeglichen werden können. Auch Überqualifizierungen können sich im Berufsalltag störend auswirken. Mittelfristig unzufriedene Stelleninhaber sind häufig die Folge.

(2) Positionsbezeichnung

Die offizielle Bezeichnung der Position wird hier festgelegt. Damit ist z.B. allen klar, dass es sich bei dieser Position um den Gebietsverkaufsleiter und nicht um den Verkaufsleiter oder den Key Account Manager handelt.

---

[32]   Westhoff, K. et al, 2004, Grundwissen für die berufsbezogene Eignungsbeurteilung

Anforderungsprofil / persönl. Kompetenzprofil (1)

Positionsbezeichnung: (2)

Bewerber/Stelleninhaber: (3)

1 = unabdingbar / höchstmögliche Ausprägung
2 = sollte erfüllt sein / in hoher Ausprägung erforderlich
3 = wünschenswert / in durchschnittlicher Ausprägung erforderlich
4 = nur bedingt erforderlich / geringe Ausprägung erforderlich
5 = nicht erforderlich / nicht gewünscht
(4)

A= AP voll erfüllt
B= AP gut erfüllt
C= AP durchschnittl. erfüllt
D= AP ausreichend erfüllt
E= AP nicht erfüllt
(5)

Fachkompetenz (6)	1	2	3	4	5		Selbstein-schätzung Bew. / MA	Beurtei-lung.
							(11)	(12)
Methodenkompetenz (7)								
Personale Kompetenz (8)								
Sozialkompetenz (9)								
Sonstiges (10)								

Abb. 6-3 Muster für Anforderungsprofil

(3) Bewerber / Stelleninhaber

Wie später ausführlich beschrieben, muss in einem professionellen ERM das Anforderungs-profil für eine Position auch gleichzeitig die Basis für die Beurteilung eines Mitarbeiters sein. Daher begleitet das AP den Mitarbeiter von der Einstellung bis zum Ende seiner Beschäftigung. Damit ist auch klar, dass die Einzelkompetenzen und deren Ausprägung vor jeder Beurteilung auf Aktualität überprüft und wo erforderlich angepasst werden müs-sen.

(4) Legende für Ausprägungen

Ob beim Anforderungsprofil, bei der Mitarbeiterbeurteilung, der 360-Grad-Beurteilung oder der Mitarbeiterzufriedenheitsanalyse: Immer sollte eine identische Skalierung vorgesehen werden. Nach meiner Erfahrung eignet sich für alle Instrumente eine fünfstufige Skalierung am besten. Sie ist wissenschaftlich fundiert und hat sich in der Praxis bewährt. Die oft geäußerte Kritik der Tendenz zur Mitte bei einer 5er-Skalierung spielt in der Realität erfahrungsgemäß keine besondere Rolle. Die Vorteile gegenüber anderen Skalierungen überwiegen.

(5) Legende für Selbsteinschätzung und Fremdbeurteilung

Ebenfalls anhand einer 5er-Skalierung schätzt sich der Bewerber bzw. der Mitarbeiter hinsichtlich der jeweiligen Anforderung ein.

Bevor nachstehend die einzelnen Kompetenzbereiche beschrieben werden sei noch auf folgendes hingewiesen: Im landläufigen Sprachgebrauch werden die Begriffe Qualifikationen (= nachweisbares und abprüfbares Wissen, Kenntnisse und Fertigkeiten) und Kompetenzen (= das Vermögen, vorhandenes Wissen, Kenntnisse und Fähigkeiten umsetzen zu können) oft gleichbedeutend gesehen. Um nicht zu verwirren und weil im AP Überschneidungen unvermeidbar sind (so taucht beispielsweise bei der Methodenkompetenz immer auch das Wissen und die Kenntnisse über unterschiedliche Methoden auf), wird bei der Beschreibung des AP die Terminologie Kompetenzbereich verwendet. Streng genommen müsste es heißen: fachliche Qualifikation, Methodenkompetenz, personale Qualifikation und Sozialkompetenz.

(6) Fachkompetenz

Als Fachkompetenz wird das gesamte für die Erfüllung einer Aufgabe erforderliche fach- und berufstypische Wissen bezeichnet. Sie versetzt den Stelleninhaber in die Lage, selbständig und eigenverantwortlich seine Fachaufgaben zu erledigen, und bei Problemen fachgerecht zu reagieren.

Im Einzelnen gehören hierzu:

- Berufsausbildung
- Studienrichtung incl. Abschluss
- Zusatzqualifikationen
- Grad der kognitiven Intelligenz
- Weiterbildung
- Sprachkenntnisse
- EDV-Kenntnisse
- Berufserfahrung
- interdisziplinäre Erfahrung
- interkulturelle und internationale Erfahrung

(7) Methodenkompetenz

Hierunter wird die Fähigkeit verstanden,   Fachwissen effizient und effektiv einzusetzen. Komplexe Sachverhalte können strukturiert und die Aufgabenbewältigung unter Setzung von

Prioritäten geplant werden. Zahlreiche Techniken und Methoden sind bekannt und können ziel- und zielgruppenorientiert ausgewählt und eingesetzt werden.

- Planerische Stärke und Sicherheit
- Analytische Stärke
- Erkennen von Prioritäten
- Kenntnisse von Problemlösungstechniken
- Erfahrung im Umgang mit Problemlösungstechniken
- Kenntnisse von Moderations- und Präsentationstechniken
- Erfahrung in Moderation
- Kenntnisse und Erfahrungen im Projektmanagement
- Erfahrung in Präsentation
- Fähigkeit zur Wissens- und Informationsbeschaffung
- Bereitschaft und Fähigkeit zur Wissensvermittlung
- Kenntnisse im Umgang mit Budgets
- Selbstmanagement
- Zeitmanagement

(8) Personale Kompetenz

Dieser Kompetenzbereich wird auch als Selbstkompetenz oder persönliche Kompetenz bezeichnet. Der eigene Standpunkt, Stärken und Schwächen gehören hierzu; auch die Fähigkeit zum Abgleich von Selbstbild und Fremdbild. Die innere Einstellung, Optimismus, Konstruktivität, Selbstbewusstsein, Ausgeglichenheit, Souveränität: all das sind Merkmale der personalen Kompetenz.

Die wichtigsten Einzelkompetenzen sind

- Selbstkenntnis
- Selbstbewusstsein
- Selbstbehauptung
- Selbstmanagement
- Selbstkontrolle
- Entscheidungsfähigkeit
- Ziel- und Ergebnisorientierung
- Fähigkeit zur Selbstkritik
- Kreativität
- Spontaneität
- Innovationsfreudigkeit
- Flexibilität
- Einfühlungsvermögen
- intrinsische Motivation
- Leistungsbereitschaft
- Belastbarkeit
- Stabilität

(9) Soziale Kompetenz

Sozial kann sowohl als zwischenmenschlich, gesellschaftlich oder ethisch verstanden werden. Mit sozialer Kompetenz wird die Fähigkeit bezeichnet, sich in eine Gemeinschaft einbringen zu wollen und zu können. Bedürfnisse und Erwartungen Dritter werden erkannt und bei eigenem Handeln und Verhalten berücksichtigt. Ein hohes Maß an sozialer Kompetenz ist für die erfolgreiche Führung von Gruppen unerlässlich.

An Einzelkompetenzen sind zu nennen:

- Kommunikationsstärke
- Kontaktfreudigkeit
- Fähigkeit zum Zuhören
- Einfühlungsvermögen
- Authentisches Handeln und Verhalten
- Verantwortungsbereitschaft
- Konfliktfähigkeit
- Anpassungsfähigkeit
- Kooperationsbereitschaft
- Begeisterungsfähigkeit
- Loyalität
- Teamfähigkeit
- Kritikfähigkeit
- Humor

(10) Sonstige Anforderungen

Abschließend sind bei der Erstellung des AP alle sonstigen Anforderungen an den Bewerber oder Mitarbeiter zu identifizieren und aufzulisten. Das können beispielsweise sein:

- Allgemeinbildung
- Führerschein
- gesundheitliche Stabilität
- familiäre Situation
- finanzielle Situation
- Mobilität
- Zugehörigkeit zu Vereinen oder Verbänden
- öffentliche Ämter
- Ehrenämter
- Freizeitaktivitäten

In ein Anforderungsprofil gehören auch Kriterien, die nicht erwünscht sind. Diese sind dann sinngemäß im AP zu gewichten und für die endgültige Bewertung eines Kandidaten zu berücksichtigen.

(11) Selbsteinschätzung

So wie das Anforderungsprofil ist auch die Selbsteinschätzung eines Mitarbeiters ein integraler Bestandteil des ERM. Die Selbsteinschätzung ist ein unverzichtbarer Bestandteil der 360-

Grad Beurteilung, die im Abschnitt 9.8.5 ausführlicher aufgegriffen wird. Die subjektive Wahrnehmung der eigenen Fach-, Methoden-, Personalen- und Sozialkompetenz kann im Auswahlverfahren durch Abgleich mit der jeweiligen Fremdeinschätzung auch zur Beurteilung von Teilbereichen der emotionalen Kompetenz und von Urteilstendenzen herangezogen werden. Näheres hierzu in Abschnitt 8.1.

(12) Fremdbeurteilung

Alle am Interview beteiligten Entscheidungsträger geben jeweils auf separatem Formular ihre persönlichen Bewertungen und Einschätzungen ab.

Die einzelnen Ergebnisse werden dann diskutiert. Bei markanten Abweichungen erfolgt eine Begründung der individuellen Sicht. Sofern die internen Beratungen nicht zu einem klaren, alle Interviewer zufrieden stellenden Ergebnis führen, müssen bei grundsätzlich infrage kommenden Bewerbern Möglichkeiten der abschließenden Evaluierung offener Kriterien gefunden werden. Eine spezifische Analyse der Bewerbungsunterlagen, Referenzen oder gezielte Fragen und Aufgaben im nächsten Gespräch bringen in aller Regel Klarheit.

6.4   Der Enstehungsprozess des Anforderungsprofils

Die Erstellung des Anforderungsprofils erfolgt in zwei Hauptschritten:

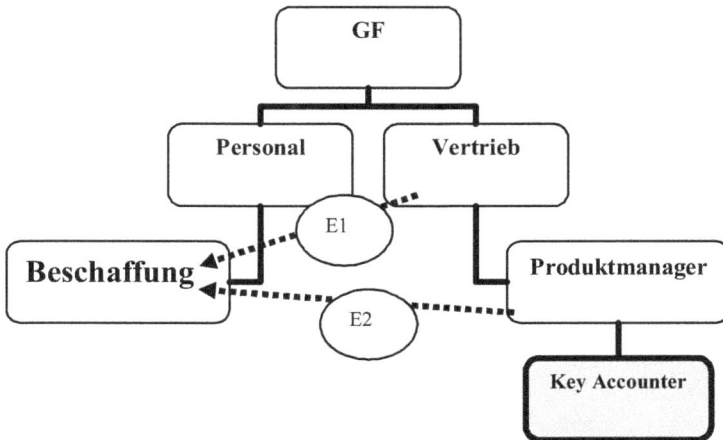

Abb. 6-4 Anforderungsprofil: Schritt 1

Nehmen wir an, die Stelle des Key Accounters ist zu besetzen und unterstellen wir, dass sowohl der Vertriebsleiter als auch der Produktmanager in das Auswahlverfahren eingebunden sind, die Bewerbungsunterlagen sichten und am Interview teilnehmen. Dann füllen beide unabhängig voneinander das von der Personalbeschaffung zur Verfügung gestellte Formular aus. Detailliert wird aus jeweiliger Sicht angegeben, über welche Fähigkeiten, Kenntnisse und Eigenschaften der ideale Bewerber in den vier Kompetenzbereichen verfügen sollte.

Die Personalbeschaffung schaut sich die beiden Entwürfe (E1 und E2) an und gleicht die Kompetenzbereiche ab. Markante Unterschiede müssen Vertriebsleiter und Produktmanager ausräumen und sich auf ein einheitliches Profil festlegen. Die Personalbeschaffung koordiniert diesen Prozess und steuert ihn. Die Kenntnis von der ursprünglich divergierenden Sichtweise hilft oft bei der Mitwirkung in diesem Verfahren: die HR-Funktion kann erkennen, ob und wann während der Selektion wieder zur ursprünglichen Sichtweise zurückgekehrt wird.

Sofern weitere Entscheider mitwirken, zum Beispiel die GF, ist Abbildung 6-4 um E3 zu erweitern.

Je nach Position und handelnden Personen empfiehlt es sich, diesen Schritt bei der abschließenden Gewichtung der Kriterien zu wiederholen.

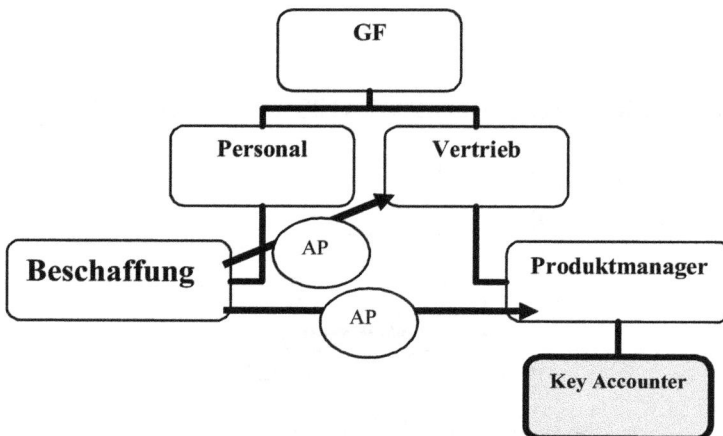

Abb. 6-5 Anforderungsprofil: Schritt 2

Nach der Gewichtung der Einzelkompetenzen erstellt die Personalbeschaffung das Anforderungsprofil gem. Abbildung 6-5. Aufgrund der in den vorausgegangenen Schritten gemachten Beobachtungen sind gegebenenfalls klärende Gespräche mit dem Vertriebsleiter und dem Produktmanager erforderlich. Das Anforderungsprofil ist jetzt offiziell.

Erst danach können – noch besser: dürfen – Aktivitäten zur Stellenbesetzung eingeleitet werden.

Im ERM ist der nächste Schritt die interne Publikation und Ausschreibung der Stelle. Unabhängig davon, ob man potentielle Kandidaten im Unternehmen vermutet, sollte dieses Verfahren zum Standard gehören. Man verschafft der Belegschaft einen Informationsvorsprung und vermeidet, dass Mitarbeiter von der Besetzung einer wichtigen Funktion in ihrem Unternehmen von Dritten oder aus der Zeitung erfahren.

Beispiel 6-3

In einem 5-Sterne Hotel in den Alpen wurde die Position des Front Office Managers vakant. Nach einem kurzen Rundruf bei seinen Kollegen hatte der Direktor schon die Nachfolge geklärt: In einem der Frankfurter Hotels gab es eine äußerst tüchtige 2. Kraft, die auf ihre Chance zur Beförderung wartete. Sie war auch gleich einverstanden und alle waren glücklich, dass vor dem Austritt der Vorgängerin noch eine Woche für die Einarbeitung zur Verfügung stand. Die Anfangseuphorie war für die Neue und den Direktor leider schnell verflogen. Letzterer haderte mit seinem Frankfurter Kollegen, der ihm eine gute Kraft angepriesen hatte, die sich nun aber als bestenfalls durchschnittliche Stellenbesetzung erweist. An ihre Vorgängerin jedenfalls kam sie bei Weitem nicht heran…

Was war passiert?

Die Neue wechselte von einem Frankfurter Tagungshotel zu einem Ferien-Hotel in der Abgeschiedenheit der Berge. Nicht mehr der eher oberflächliche Kontakt mit internationalen Gästen, die im Schnitt zwei Tage blieben, sondern Familien, die eine Woche und mehr im Hotel verbrachten, waren nunmehr ihre Klientel. Viele von denen sah man sogar noch am Abend, wenn man eines der wenigen Lokale am Ort aufsuchte. Die Höhenlage und das Klima gaben der Stelleninhaberin den Rest: noch vor Beginn der Wintersaison kündigte sie und ging zurück zu einem Wettbewerber in die Stadt.

Schon vorher hatte im nahe gelegenen, deutlich kleineren, 4-Sterne-Hotel der gleichen Gruppe die sehr gute und bei allen Gästen beliebte Front Office Managerin gekündigt. Grund: Sie war frustriert, weil sie bei der Neubesetzung im 5-Sterne-Hotel nicht berücksichtigt, nicht einmal gefragt wurde.

Zwei gute Mitarbeiterinnen, die sich in der Statistik *ungewollte Fluktuation* wiederfanden, eine zu Beginn der Saison unbesetzte Schlüsselposition und negative Signale in die betroffenen Belegschaften waren das Resultat einer unprofessionellen Personalauswahl. Im ERM ein herber Rückschlag.

Ein wie vorstehend beschrieben erstelltes Anforderungsprofil und die Beachtung der Folgeschritte hätte Zeit, Geld und Frustrationen vermieden.

7 Das Auswahlverfahren im ERM: Ermittlung des individuellen Qualifikationsprofils

Schon die Bibel setzte sich mit der Personalauswahl auseinander. So wird im Buch der Richter (7,1-8) bereits ein Auswahlverfahren beschrieben: Als Gideon ein Heer gegen die Medianiter zusammenstellte, war die Zahl der Bewerber größer als die der benötigten Soldaten. Gideon musste selektieren.

> *„Wer blöde und verzagt ist, der kehre um!"*

lautete die erste Stufe seines Auswahlverfahrens.

Mit diesem Schritt wurden die Bewerber auf die Hälfte reduziert.

Danach erfolgte die Anweisung, aus den Fluten eines Flusses zu trinken. Gott, quasi als externer Berater, empfahl Gideon:

> *„Wer mit seiner Zunge Wasser leckt wie ein Hund, den stelle besonders, desgleichen wer auf seine Knie fällt, zu trinken"*

Sein Heer schlug sich tapfer und Gideon verließ das Schlachtfeld als strahlender Sieger.

Das Schlachtfeld heute heißt Büro, Point of Sales, Produktionslinie, Werkhalle. Speere, Schilder und Schwerter werden nicht mehr eingesetzt, die Waffen sind filigraner, intelligenter geworden.

Immer neue, effizientere Arbeitsstrukturen auf der einen und die Notwendigkeit für loyale Mitarbeiter auf der anderen Seite verlangen nach hochprofessionellen Personalentscheidungen. Sei es bei der Auswahl oder auch der späteren Beurteilung eines Mitarbeiters: eignungsdiagnostische Personalentscheidungen gehören zu den wichtigsten und anspruchsvollsten Tätigkeiten einer Führungskraft. Mitarbeiter lassen sich nicht mehr mit Hilfe von Stellenbeschreibungen auf eng umschriebene Positionsinhaber reduzieren. Besonders im ERM gilt es, subjektive Maßstäbe zugunsten der objektiven Anforderungen zu eliminieren. Mit der Erstellung des Anforderungsprofils ist ein wesentlicher Schritt in diese Richtung getan. Der folgende wird dadurch erst ermöglicht.

7.1   Geeignete Verfahren für die Evaluierung

In der folgenden Abbildung sind die Kompetenzbereiche aufgegriffen sowie geeignete Instrumente und Methoden zur Evaluierung genannt.

Fachkompetenz
- **Lebenslaufanalyse**
- **Ausbildungszeugnisse**
- **Arbeitszeugnisse**
- **Interview**
- **Referenzen**

Personale Kompetenz
- **Arbeitszeugnisse**
- **Selbsteinschätzung**
- **Assessment**
- **Interview**
- **Referenzen**

Methodenkompetenz
- **Arbeitszeugnisse**
- **Arbeitsproben**
- **Präsentationen**
- **Fallstudien**
- **Interview**
- **Referenzen**

Soziale Kompetenz
- **Lebenslauf**
- **Rollenspiele, Fallstudien**
- **Arbeitszeugnisse**
- **Gruppenassessment**
- **Moderation**
- **Interview**
- **Referenzen**

Abb. 7-1 Kompetenzbereiche und Evaluierungsmöglichkeiten

Die Abbildung gibt gleichzeitig ersten Aufschluss über die eignungsdiagnostische Aussagekraft von Bewerbungsunterlagen sowie Instrumenten und Methoden im Auswahlverfahren. Sicher, die Grenzen sind hierbei fließend, aber Schul- und Ausbildungszeugnisse können so gut wie nichts über die personale- und soziale Kompetenz ausdrücken. Genauso wenig darf man davon ausgehen, dass der Powerpoint-Held aufgrund seiner überzeugenden Präsentation auch über emotionale Kompetenz verfügt.

Die Wahl des geeigneten Verfahrens kann nur in Abhängigkeit der spezifischen Unternehmenssituation erfolgen. Hierzu gehören auch Kosten-Nutzen-Aspekte, wobei man sich immer die Bedeutung der Investition vor Augen halten muss, über die gerade entschieden wird.

In Abbildung 7-1 sind den Fachkompetenzen geeignete Instrumente und Methoden zugeordnet. Diese werden nachstehend aufgegriffen und im Hinblick auf ihre Merkmale, Vor- und Nachteile beschrieben. Auch der unverzichtbare Aspekt der Validität ist jeweils zugeordnet. Dieser wissenschaftliche Indikator verschafft einen generellen Überblick über die Aussagekraft einer Auswahlmethode. Je besser damit der künftige Erfolg im Beruf vorhergesagt werden kann, umso höher ist die Validität einer Methode. Der Zusammenhang zwischen Methode und der zukünftig zu erwartenden Leistung wird hierbei durch Koeffizienten ausgedrückt. Diese können zwischen $r = +1{,}0$ und $r = -1{,}0$ schwanken. $r = +1{,}0$ würde bedeuten, dass mit dieser Methode eine hundertprozentige Aussage bezüglich der später zu erwartenden Leistung des Mitarbeiters möglich wäre. Die Mehrheit der bekannten Auswahlverfahren bewegt sich im Bereich von r = 0,10 und r = 0,50. Koeffizienten zwischen r = 0,30 und r = 0,50 sind als gut einzustufen; alles was darüber hinausgeht kann als sehr gut angesehen werden.

7.1.1 Lebenslaufanalyse

Der Lebenslauf ist die zentrale Komponente jeder Bewerbung. In der *pre-selection* lesen Personalverantwortliche aufgrund der großen Anzahl von vorliegenden Bewerbungen oft zunächst lediglich die Lebensläufe. Nur bei der kleinen Gruppe, die danach als interessant eingestuft wurde, lesen sie dann später auch die übrigen Bewerbungsunterlagen.

Die Lebenslaufanalyse soll auf der Basis vergangener Erfahrungen, Schul- und Ausbildungswegen und unterschiedlichen Lebenssituationen eine Vorhersage auf zukünftiges Arbeitsverhalten liefern. Aufbau, Inhalt und Vollständigkeit eines Lebenslaufes geben bereits vor dem ersten persönlichen Kontakt mit dem Bewerber wichtige Hinweise. Zeitfolgeanalyse, Entwicklungs- bzw. Kontinuitätsanalyse, Firmen- und Branchenanalyse sind die Schwerpunkte. Erste Fragen für das Einstellungsinterview ergeben sich hieraus.

Vorteile:

- geringer Aufwand
- geringe Kompetenz im Vergleich zu anderen Verfahren erforderlich
- leichte synoptische Vergleichbarkeit der Bewerber

Nachteile:

- Lebenslauf kann im Hinblick auf die gewünschte Position geschönt sein
- nur vergangenheitsbezogen
- mit r = 0,15 geringe Validität, selbst bei professioneller Analyse

7.1.2 Schul- und Ausbildungszeugnisse

Sie geben Aufschluss über theoretische und praktische Leistungen anhand eines bekannten Bewertungssystems (Schulnoten). Auch über spezielle Interessen (Leistungskurse) und soziales Engagement können Informationen entnommen werden. Des Weiteren gibt die Entwicklung dieser Leistungen zusätzliche Eindrücke.

Vorteil:

- schulische, während einer Berufsausbildung und dem Studium gezeigte Leistungen enthalten Aussagen über die kognitive Intelligenz und das Leistungsverhalten in dieser Lebensphase

Nachteile:

- Fächerwahl und Berufswahl erfolgen oft nicht nur aufgrund von persönlichem Interesse
- die Bedeutung sinkt mit zunehmendem Alter und Berufserfahrung des Bewerbers
- die Validität liegt unter r = 0,09

7.1.3   Arbeitszeugnisse

Je nach Inhalt, Anlass und Zeitpunkt unterscheidet man verschiedene Zeugnisarten. Das kann zeitlich gesehen z. B. ein Zwischenzeugnis, ein vorläufiges oder ein endgültiges Zeugnis sein. Inhaltlich gesehen ein einfaches oder ein qualifiziertes Zeugnis und als Sonderform z. B. ein Berufsausbildungszeugnis, ein Praktikumszeugnis oder ein Probearbeitszeugnis.

Das einfache Arbeitszeugnis enthält – neben den Angaben über die Person – ausschließlich Angaben über die Art und Dauer einer Beschäftigung.

Das qualifizierte Arbeitszeugnis ist die übliche Form und enthält neben den Angaben über die Art und Dauer der Beschäftigung Angaben über die Leistung und Führung eines Mitarbeiters.

Vorteile:

- wird im allgemeinen vom Bewerber mitgeliefert
- berufliche Entwicklung kann differenziert auf Kontinuität analysiert werden
- reichhaltiger Pool für Fragen im Interview

Nachteile:

- Kompetenz des Zeugnisausstellers ist meist nicht bekannt
- Rechtsprechung hat die Gepflogenheiten bei der Zeugnisausstellung stark beeinflusst, positiv verzerrte Aussagen sind heute die Regel
- Geheimcodes bezüglich bestimmter Formulierungen
- hohe Kompetenz bei der Auswertung erforderlich
- in vielen Fällen hat der Mitarbeiter das Zeugnis selbst geschrieben
- Validität unbekannt; die Bandbreite dürfte zwischen $r = 0,00$ und $r = 0,5$ liegen. Damit schwanken sie von *nutzlos* bis *gute Aussagekraft*.

7.1.4   Referenzen

Hierbei handelt es sich im klassischen Sinn um eine von einer Vertrauensperson abgegebenen Auskunft, die man bei Bedarf als Empfehlung vorweisen kann. Nicht selten werden von einem Bewerber Personen als Referenzen genannt, die dann persönlich oder telefonisch ihre Stellungnahme abgeben.

Vorteile:

- sie können zur Überprüfung von Angaben dienen
- gezielte Informationen können im Gespräch mit dem Referenzgeber eingeholt werden

Nachteile:

- nur positive Referenzen werden genannt
- Wissen, fachliche und diagnostische Kompetenz des Referenzgebers sind meist unbekannt
- auch wenn der Referenzgeber bekannt ist, kann durch die Situation im neuen Unternehmen (s. Abschnitt 4.2) nicht auf Leistungen aus der Vergangenheit geschlossen werden.

- Gefahr des Gefälligkeitsgutachtens
- Validitätsproblematik ähnlich wie in Abschnitt 7.1.3

7.1.5   Arbeitsproben / Fallstudien /Präsentationen

Mit Arbeitsproben und Präsentationen wird versucht, stichprobenartig berufliches Verhalten zu erfassen und daraus Rückschlüsse auf zukünftiges Verhalten bei ähnlichen Situationen zu ziehen. Bestimmte, wichtige Anforderungscharakteristika werden realitätsnah simuliert. Fachkompetenz kann in Verbindung mit den anderen Kompetenzbereichen abgeprüft werden.

Vorteile:

- sehr gutes Verhältnis zwischen Aufwand und zu gewinnenden Erkenntnissen
- die Ernsthaftigkeit der Bewerbung lässt sich vielfach erkennen
- hohe Akzeptanz bei den Bewerbern
- eine Vielzahl von Anforderungskriterien aus allen Kompetenzbereichen kann überprüft werden
- durch gezieltes Nachfragen können Spontaneität und Flexibilität erkannt werden
- Mit einer Korrelation von $r = 0,54$ haben sie eine hohe Validität

Nachteile:

- Erfahrene Bewerber können simulieren
- hohe Kompetenz bei den Interviewern erforderlich
- die Mikro-Aufnahme kann hinsichtlich späterer, komplexer Aufgabenstellungen in die Irre führen

7.1.6   Psychologische Tests / Graphologische Gutachten

Wegen der geringen prognostischen Validität soll auf diese Verfahren nicht näher eingegangen werden. Psychologische Tests gehören im Arbeitsleben zu den umstrittensten und für viele zugleich faszinierendsten Testverfahren im Rahmen der Eignungsdiagnostik. Elemente dieser Verfahren – mit Ausnahme der Graphologie – fließen in die nachstehend beschriebenen Assessment-Center ein. Nur in diesem Kontext haben sie Praxisrelevanz. Graphologische Gutachten werden im seriösen Kontext nicht mehr eingesetzt und haben ihre umstrittene Bedeutung in der Praxis gänzlich verloren.

7.1.7   Assessment-Center

Unter Assessment-Center (AC) versteht man eine multiple Verfahrenstechnik zur Erfassung und Beurteilung einer großen Anzahl von fachlichen, methodischen, personalen und sozialen Kompetenzen in Bezug auf ein spezielles Anforderungsprofil. Diese Fähigkeiten werden durch standardisierte Tests erhoben oder von mehreren Personen in unterschiedlichen Übungen beobachtet und bewertet. Als Einzel- oder Gruppenassessment findet dieses Verfahren nicht nur bei der Personalauswahl sondern auch bei der internen Personalbeurteilung, Karriereplanung, Potentialanalyse und Trainingsbedarfsanalyse Anwendung.

Häufig eingesetzte Bausteine der ein- oder auch mehrtägigen Assessment-Center sind Intelligenztests, Leistungstests, Persönlichkeitstests, Rollenspiele, Einzel- und Gruppenpräsentationen. Unter Berücksichtigung von vorher beschriebenen Anforderungskriterien erhalten die AC ihr spezielles Design. Der oder die Assessoren erstellen in der Regel einen ausführlichen Report hinsichtlich der Übereinstimmung zwischen dem Anforderungsprofil und dem persönlichen Qualifikationsprofil des Bewerbers.

AC sind im Allgemeinen nur unter zu Hilfenahme externer Kompetenzen zu realisieren. Dem zweifellos zu erbringenden methodischen Aufwand und der erforderlichen hohen Kompetenz der Assessoren steht die erstklassige Validität des Verfahrens entgegen: Unter der Voraussetzung einer professionellen Durchführung kann die prognostische Validität bis zu $r = 0,75$ betragen. Der Minimalwert beträgt $r = 0,45$ und schlägt selbst damit, außer dem strukturierten Interview, alle anderen Verfahren.

Die kurze Zusammenfassung zeigt stichpunktartig die wesentlichen Vor- und Nachteile.

Vorteile:

- sehr hohe Validität
- das gesamte Spektrum des für ein bestimmtes Unternehmen positionsrelevanten Leistungspotentials wird intensiv beurteilt
- subjektive Wahrnehmungstendenzen werden durch professionelle Assessoren ausgeblendet
- gute AC finden hohe Akzeptanz bei den Teilnehmern
- durch gezieltes Feedback erhalten die Teilnehmer wertvolle Hinweise für ihre fachliche und persönliche Entwicklung
- vielfältige Einsatzmöglichkeit von der Personalauswahl bis zur Ermittlung von Entwicklungsbedarf

Nachteile:

- hoher Aufwand bei interner Durchführung
- relativ kostenintensiv
- Billiganbieter: auf dem Anbietermarkt für AC gibt es viele Angebote mit schlechter Qualität
- Literatur zum Thema für Bewerber (Testknacker) und Erfahrungen können zu verfälschten Ergebnissen führen.

7.1.8   Selbsteinschätzung

Der Bewerber und auch der Mitarbeiter kennen sich selbst am Besten. Daher ist ihre Expertenmeinung bei der Ermittlung des persönlichen Qualifikationsprofils wichtig. Unabhängig davon, ob die Selbsteinschätzung objektiv *richtig* ist, bestimmt sie auf jeden Fall die Handlungen und das Verhalten einer Person. Auch dieser Grund spricht für die Aufforderung an Bewerber oder Mitarbeiter, eine differenzierte Selbsteinschätzung abzugeben. Kritisch zu würdigen ist natürlich die Tatsache, dass die Preisgabe persönlicher Stärken immer auch Teil der Selbstdarstellung ist. Das Eingestehen persönlicher Schwächen wird hingegen oft von Selbstverbergungstendenzen überlagert. Ohne kritisches Hinterfragen und ohne Einbindung der Fremdeinschätzung darf daher die Selbsteinschätzung nie als Fakt hingenommen werden. Auch die bewusste oder unbewusste Tendenz, Schwächen als Stärken zu verkaufen, ist weit verbreitet. Coelius[33] schreibt hierzu:

Als man einer Bewerberin diese Frage (nach den Schwächen) stellte, antwortete sie: „Ich werde leicht ungeduldig, wenn etwas nicht so schnell vorangeht, wie es eigentlich könnte". Hiermit gab sie zwar eine Schwäche zu, gleichzeitig stellte sie sich aber als Kandidatin vor, die motiviert ist, und etwas bewegen und vorantreiben möchte.

Zudem werden Bewerbern in zahlreichen Publikationen für die Darstellung ihrer Schwächen Darstellungs- und Verhaltensmuster empfohlen, die sie dann in den Gesprächen einsetzen. Besteht der Verdacht, dass eine als Schwäche verpackte Stärke aufgetischt wird, muss nachgehakt werden.

Die im Anforderungsprofil detailliert abgefragte Selbsteinschätzung hilft in Verbindung mit der Fremdeinschätzung, die Auswirkungen von Selbstdarstellungs- und Selbstverbergungstendenzen zu vermeiden.

Die Selbsteinschätzung kann nach dem ersten Interview abgefordert werden, indem man dem Bewerber zum Ende des Gespräches das Anforderungsprofil aushändigt und um seine Bewertung bittet. Im Vergleich mit der Fremdeinschätzung durch den oder die Interviewer ergeben sich hierbei wichtige Erkenntnisse: Schätzt sich der Bewerber realistisch ein? Wo, nach unserem ersten Eindruck, zu positiv oder zu negativ? In einem zweiten Gespräch können die Divergenzen gezielt aufgegriffen und zu einem abschließenden Bild geformt werden.

Wie in Abschnitt 9.8.2 ausführlicher beschrieben, empfiehlt es sich, im Rahmen des Mitarbeitergespräches dem Mitarbeiter das AP im Vorfeld auszuhändigen und um die Selbsteinschätzung zu bitten. So lernt der Vorgesetzte vor dem Gespräch das Selbstbild des Mitarbeiters kennen und kann sich damit auseinandersetzen.

7.2 Das Interview im Auswahlverfahren

Zum Thema Personalauswahl gibt es zahlreiche Seminare und Literatur. Daher soll in diesem Buch nur auf die für ein ERM wichtigen Aspekte eingegangen werden. Nach der kurzen Darstellung in Abschnitt 7.1, mit welchen Methoden und Instrumenten Bewerber hinsichtlich der einzelnen Kompetenzbereiche beurteilt werden können, wird nun das profilorientierte strukturelle Interview aufgegriffen. Diesem Thema ist ein eigenes Kapitel gewidmet, weil einem gut geführten, strukturierten Interview im Rahmen der Personalauswahl herausragende Bedeutung zukommt. Zudem bietet das Interview von Bewerbern eine gute erste Möglichkeit zum Aufbau leistungsfördernder Beziehungen.

---

[33] Claus Coelius, Verleger und Autor

Sie werden erkennen, dass professionelle Einstellungsgespräche keine Kunst, sondern ein solides, erlernbares Handwerk sind.

Die eignungsdiagnostische Aussagekraft von Interviews kann in allen Kompetenzbereichen genutzt werden. Allerdings kommen Validitätsstudien übereinstimmend zu dem Schluss, dass unstrukturierte Interviews nur einen unzureichenden Beitrag zur Prognose des künftigen Berufserfolgs liefern können. Die günstigste Vorhersagewahrscheinlichkeit ($r = 0{,}30$) bei unstrukturierten Interviews liegt diesen Studien zu Folge niedriger, als die ungünstigste Korrelation ($r = 0{,}35$) bei strukturierten Interviews, deren Höchstwert immerhin $r = 0{,}63$ aufweist.

Schauen Sie sich noch einmal die Abbildung 6-5 Anforderungsprofil: Schritt 2 an. In vergleichbaren Konstellationen kommt es häufig zu Situationen, wie im Beispiel 7-1 beschrieben.

Beispiel 7-1

Der Produktmanager und der Personalreferent interviewen einen Bewerber für die ausgeschriebene Position des *Key Accounters*. Natürlich möchte der Vertriebsleiter Kullmann die Kandidaten der Endauswahl ebenfalls kennen lernen. 20 Minuten nach Gesprächsbeginn stößt der extrovertierte, charismatische Kullmann zur Gesprächsrunde. Er übernimmt sofort die Initiative. Ob der Bewerber denn auch seinen Studienkollegen Talhammer, Verkaufschef beim derzeitigen Arbeitgeber des Bewerbers, kenne, will er wissen. „Ja, klar", ist die Antwort. Einige Details über Talhammer werden ausgetauscht. Danach beginnt ein gut 20-minütiger Monolog von Kullmann: Gemeinsame Erfolge mit Talhammer, die aktuelle Vertriebssituation im Unternehmen, Erwartungen an den künftigen Stelleninhaber der neu geschaffenen Position *Key Accounter*, das Unternehmens-Leitbild, das Organigramm, die ambitionierten Pläne für die nähere Zukunft, all die Dinge, die er in seiner nunmehr zweijährigen Amtszeit schon erfolgreich verändert hat... Der Redeschwall will kein Ende nehmen. Größtenteils hört der Bewerber das schon zum zweiten Mal in diesem Gespräch. Er lässt es sich aber nicht anmerken, gibt dafür mehrfach durch bewundernde Blicke oder zustimmendes Kopfnicken ein Feedback. Danach verabschiedet sich Kullmann, weil er der Sitzung mit dem Vorstand nicht länger fernbleiben wolle. „Das verstehen Sie doch, oder?" fragt er im Hinausgehen. Sein späteres Urteil über den Bewerber: „Guter Mann. Kann man sich prima mit unterhalten. Sehr kommunikativ. Sehr sympathisch. Der passt gut zu uns. Den sollten wir nehmen!"

Mit der gleichen unprofessionellen Vorgehensweise und Treffsicherheit fallen Bewerber auch durch das Auswahlraster, weil sie sich angeblich nicht eignen.

7.2.1   Strukturierungselemente des Auswahlinterviews

Noch immer werden in Unternehmen Mitarbeiter mit Personalverantwortung in Gesprächstechniken, Fragestellungen und aktivem Zuhören geschult. Solange diese aber nicht gelernt haben, wie wichtig ein strukturiertes Interview ist und welche Strukturierungselemente dazu gehören, sind die genannten Seminare und Trainings nicht erfolgsrelevant.

Als erfolgsentscheidend haben sich in einer Auswertung aller relevanten Studien[34] Strukturierungselemente herausgestellt, die nachfolgend auszugsweise wiedergegeben und aufgrund eigener Erfahrungen ergänzt sind.

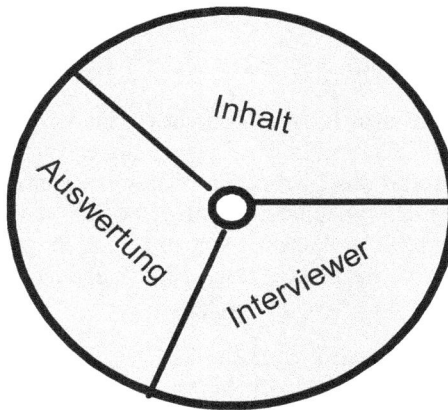

Abb. 7-2 Strukturierungselemente des Interviews

Wie Abbildung 7-2 zeigt, unterscheidet man drei Strukturierungselemente:

Strukturierungselemente, die sich auf den Inhalt des Interviews beziehen

- Anforderungsprofile erstellen
- anforderungsbezogene Fragen entwickeln
- situativ günstige Frageformen und -techniken verwenden
- die Anzahl der Fragen von der Gewichtung in den vier Kompetenzbereichen abhängig machen
- ausreichend Zeit für das Interview einplanen
- belegbare Aussagen des Bewerbers kontrollieren
- die Selbsteinschätzung aller Detailkriterien einfordern

Strukturierungselemente, die sich auf die Interviewer beziehen

- jeder hat das Anforderungsprofil und den vorbereiteten Fragenkatalog
- Interviewer intensiv auf ihre Rolle vorbereiten und trainieren
- die Rollenverteilung im Interview festlegen
- mindestens zwei Interviewer einsetzen
- detaillierte Notizen während des Interviews machen

Strukturierungselemente, die sich auf die Auswertung des Interviews beziehen:

- jeder Interviewer beurteilt individuell anhand der Skala des Anforderungsprofils
- das individuelle Ergebnis wird den anderen Interviewern bekannt gegeben und bei Bedarf erläutert
- Divergenzen werden aufgegriffen und diskutiert

---

[34]   Campion et al., 1997

Die Gefahren im Interview sind bereits aus den Abbildungen 5-7 und 6-2 ersichtlich und werden wegen der Bedeutung des Interviews in den beiden folgenden Abschnitten differenziert aufgegriffen.

7.2.2 Die Durchführung des strukturierten Interviews

Zunächst einmal sei klargestellt, dass Interviews nicht bis ins letzte Detail durchstrukturiert werden können und sollen. Auf den Gesprächsverlauf müssen die Interviewer flexibel reagieren. Oft ist es erforderlich, zur abschließenden Klärung weitere Fragen einzubauen; oft brauchen bestimmte Fragen nicht gestellt zu werden, da die erwünschten Informationen ungefragt gegeben wurden. Auch das Abhaken der einzelnen Fragen in der geplanten Reihenfolge funktioniert nicht: oft ist es sinnvoll, nach einer Frage zur Fachkompetenz eine aus der Methoden- oder auch Sozialkompetenz folgen zu lassen.

Eine ausführliche Darstellung einzelner Fragetechniken und eine umfassende Beispielsammlung für Fragen würden das Thema dieses Buches sprengen und gehören in ein spezielles Fachbuch. Einige Anmerkungen zur Strukturierung und Basisfragen des Interviews seien nachstehend für die einzelnen Kompetenzbereiche aufgeführt. Mit diesen Anregungen sollte es gelingen, in Zusammenarbeit mit anderen Entscheidungsträgern und ein wenig Kreativität, das Interview für ein spezielles Anforderungsprofil aufzubauen.

(a) Fachkompetenz

- Sehen Sie die vorgelegten Unterlagen, Zeugnisse etc. sorgfältig durch. Achten Sie auf Angaben, evtl. auch Widersprüche, die durch gezieltes Nachfassen geklärt werden müssen.
- Was war ausschlaggebend für Ihre Berufs-/Studienwahl?
- Welche Bereiche Ihrer Ausbildung haben Ihnen besondere Freude gemacht? Welche weniger?
- Auf welche fachliche Leistung sind Sie besonders stolz?
- Welche fachliche Leistung fand bisher bei Ihren Vorgesetzten die höchste Anerkennung?
- Wie erfolgreich sind Sie im Vergleich zu Ihren Kollegen?
- Welche markanten Änderungen haben sich in Ihrem Fachbereich in den letzten Jahren ergeben? Gehen welche davon in eine falsche Richtung?
- Welche zukünftigen Veränderungen stehen an?
- Wie halten Sie Ihre Fachkenntnisse aktuell?
- In welchen interdisziplinären Projekten haben Sie bisher gearbeitet? Ihr Part? Erfolge? Misserfolge? Konflikte? Wer hat Konflikte wie gelöst?
- Wie sieht Ihr gewöhnlicher Arbeitstag aus?

(b) Methodenkompetenz

- Günstig ist es, dem Bewerber zwei bis drei Tage vor dem Interview eine kleine Fallstudie oder aktuelle Praxissituation zukommen zu lassen. Im Gespräch soll er seine Antworten, Lösungen präsentieren. Wie geht der Bewerber vor? Welche Hilfsmittel setzt er ein?

- Wie bereiten Sie eine Präsentation vor?
- Sie wollen die Arbeitsabläufe in Ihrer Abteilung optimieren. Wie gehen Sie vor?
- Wie sollte Ihrer Meinung nach die gute Zusammenarbeit mit Abteilung XY organisiert werden?
- Wie behalten Sie den Überblick über unerledigte Aufgaben?
- Welche konkreten Neuerungen haben Sie bei Ihrem letzten Arbeitgeber eingeführt?
- Worauf führen Sie Ihre Erfolge zurück? Wie stellen Sie sicher, dass sie keine Zufallsprodukte sind?
- Wie reagieren Sie in folgender Situation? (Hierfür Szenarien entwickeln)
- Wie würden Sie Ihren ersten Arbeitstag bei uns gestalten?

(c) Personale Kompetenz

- Welches war Ihre bislang schwierigste Entscheidung? War Ihre diesbezügliche Entscheidung letztlich erfolgreich? Wieso?
- Welchen Entscheidungen gehen Sie am liebsten aus dem Weg? Warum?
- Welches war das bisher größte Problem, das Sie zu lösen hatten?
- Schildern Sie uns detailliert, wie Sie bei der Problemlösung vorgegangen sind?
- Wie reagieren Sie in folgender Situation? (Hierfür Szenarien entwickeln)
- Wie kann man Konfliktsituationen vermeiden?
- Was halten Sie am Wichtigsten für eine gute Zusammenarbeit?
- Mit welchen Vorwürfen sind Sie schon einmal konfrontiert worden? Wie haben Sie reagiert?
- Welche Funktion würden Sie gerne in einem Verein übernehmen und warum?
- Was wünschen Sie sich für Ihren neuen Aufgabenbereich? Wie sollten Aufgaben und Zusammenarbeit aussehen, damit Sie zufrieden sind?
- Wie sollten sich Aufgabenstellungen und Umfeld keinesfalls entwickeln? Was würde Sie unzufrieden machen?

(d) Soziale Kompetenz

- Gab es bei Ihren Projektarbeiten schon einmal Verzögerungen? Nein: Warum nicht?; Ja: Warum? Wer oder was war schuld?
- Gab es daraus resultierende Konflikte? Welche? Wie sind Sie mit der Situation umgegangen? Wer hat den Konflikt letztlich gelöst?
- Woran erkennen Sie ein gutes Teamklima?
- Woher wissen Ihre Mitarbeiter, was Sie von ihnen erwarten?
- Wie kontrollieren Sie die Arbeitsergebnisse Ihrer Mitarbeiter?
- Wie beteiligen Sie Ihre Mitarbeiter bei Entscheidungen?
- Schildern Sie eine Situation, in der sich ein Teammitglied destruktiv verhalten hat. Was haben Sie unternommen?
- Bei einem interdisziplinären Projekt verhalten sich zwei Teilnehmer während Ihres Redebeitrages desinteressiert, gelangweilt. Was unternehmen Sie?
- Wie reagieren Sie in folgender Situation? (Hierfür Szenarien entwickeln)
- Sie erfahren, dass Sie unerwartet 4 Tage frei haben. Was tun Sie mit der freien Zeit?
- Wie verbringen Sie Ihre Freizeit / Ihren Urlaub?
- Welchen außerberuflichen Aktivitäten gehen Sie nach?

(e) Sonstiges

- Was wissen Sie über unser Unternehmen?
- Woher haben Sie sich die Informationen über unser Unternehmen beschafft?
- Wie finden Sie unseren Internetauftritt? Was würden Sie verbessern?

Möglicherweise sagen Sie spontan, dass einzelne Fragen nicht in diese sondern in eine andere Kategorie gehören. Gehört die Problemlösungsfrage im Kompetenzbereich *personale Kompetenz* nicht besser zur *Methodenkompetenz?* Verschwenden Sie keine Energie mit der exakten Zuordnung! Erscheint die Frage wichtig, ist es egal, in welchem Kompetenzbereich sie auftaucht. Genauso verhält es sich bei der Auflistung der Einzelkompetenzen im Anforderungsprofil: Wichtig ist das Identifizieren einer Fähigkeit oder Eigenschaft – nicht in welchem Kompetenzbereich sie auftaucht. Zudem wird sich ein erfahrener Interviewer nicht sklavisch an die Reihenfolge der Frage halten, sondern vielmehr situativ die Kompetenzbereiche wechseln.

7.3   Perception-Interpretation – Divergenz

Jede zwischenmenschliche Interaktion, jeder zwischenmenschliche Kontakt geht einher mit wechselseitigen Einschätzungen und Beurteilungen. Hierbei besteht die Gefahr, Wahrnehmungen subjektiv verzerrt oder falsch zu interpretieren, und damit Fehler zu machen. Oft ist diese *perception-interpretation*-Divergenz nicht weiter wichtig. Größte Relevanz für eine möglichst hohe Deckungsgleichheit von Wahrnehmung und ihrer Interpretation besteht jedoch für Führungskräfte im ERM. Leistungsfördernde Beziehungen zu Mitarbeitern, Kollegen und Vorgesetzten können nicht aufgebaut werden, wenn subjektive Wahrnehmungsfehler zu falschen Einschätzungen und Urteilen führen.

Beispiel 7-2

Vor vielen Jahren habe ich ein kleines Experiment kennen gelernt, das ich seither wegen seiner Aussagekraft beim Thema *Perception – Interpretation* gerne einsetze:

An die Teilnehmer ergeht folgende Aufforderung:

Bitte rollen Sie ein DIN-A 4 Blatt zu einer Röhre. Nehmen Sie die Röhre in die linke Hand und schauen Sie mit dem linken Auge hindurch. Das rechte Auge bleibt dabei immer geöffnet. Führen Sie die geöffnete rechte Hand mit der Handfläche zum Gesicht an die Röhre, und zwar max. zehn Zentimeter weg vom Gesicht. Was erkennen Sie?

Bei korrekter Ausführung erkennt man ein Loch, das mitten durch die rechte Hand geht. Grund: Das linke Auge sieht nur das Innere der Röhre, das rechte die flache Hand. Beide Bilder überlagern sich und werden vom Gehirn zu einem dreidimensionalen Bild zusammengefügt.

Die Wahrnehmung *ich habe ein Loch in der Hand* interpretieren wir aufgrund unseres Wissens und unserer Erfahrung als *falsch*.

Lesson learned: Die Interpretation von Wahrnehmungen, und damit die Beurteilung von Situationen und Menschen, wird durch verschiedene Parameter beeinflusst.

Das, was wir wahrnehmen, wird u.a. durch die Physiologie des Auges (oder anderer Sinnes-organe) und des Gehirns beeinflusst. Das Gehirn versucht immer, die aufgenommenen Umweltreize in sinnvolle Muster zu bringen. Hierbei werden die Reize mit vorhandenen Bildern verglichen und dementsprechend eingeordnet. Zusätzlich problematisch wird die Interpretation von Wahrnehmungen, wenn das Gehirn infolge Alkohol, Drogen oder Krankheit nicht „normal" arbeitet.

Die Interpretation von Wahrnehmungen wird geprägt von Lebenserfahrungen und erworbenen Wertvorstellungen. Da diese bei den Menschen naturgemäß verschieden sind, werden dieselben Vorgänge und Begebenheiten unterschiedlich wahrgenommen und bewertet.

Wahrnehmung + eigene Lebenserfahrungen + eigene Wertvorstellungen = Interpretation

Irren ist menschlich. Würden wir nicht an Fehler glauben, so wären wir unglaubwürdig. Aber Glaubwürdigkeit ist die oberste Voraussetzung im ERM. Irrtümer können – nicht nur im ERM – zu tiefliegenden aber vermeidbaren Beziehungsstörungen führen. In Kenntnis dieser Tatsache müssen Menschen im Allgemeinen, im ERM besonders die Führungskräfte, ihren Beitrag leisten, um diese Fehler zu eliminieren, eine Profilaxe zu schaffen. Daher werden im Folgenden einige Arten von häufig zu beobachtenden Beurteilungsfehlern aufgegriffen und Hinweise zur Vermeidung gegeben.

Beispiel 7-3

In zahlreichen Führungstrainings und in Executive-MBA Studiengängen konnte mit folgender Fallstudie die Perception – Interpretation Problematik veranschaulicht werden.

Zunächst wird den Teilnehmern folgendes Szenario präsentiert:

Anja Werner ist Sachbearbeiterin in der Schadensabteilung einer großen Versicherung. Ihre Arbeitsergebnisse sind gut. Meistens kommt sie gegen 9.15 Uhr zur Arbeit und verlässt ihren Arbeitsplatz oft schon um 16.45 Uhr. Die normale Arbeitszeit (keine Gleitzeit) in dieser Abteilung geht von 9.00 Uhr bis 17.00 Uhr. Zusätzlich kommt Frau Werner mindestens einmal im Monat auf Ihren Vorgesetzten zu und sagt, dass sie am kommenden Tag vormittags wegen eines wichtigen Termins nicht zur Arbeit kommen könne.

Anschließend werden die folgenden Fragen beantwortet:

Wie beurteilen Sie die Arbeitseinstellung von Frau Werner?

Wie steht es mit der Loyalität von Frau Werner?

Was sollte der Vorgesetzte unternehmen?

Die Mehrheit der Teilnehmer findet, dass Frau Werner keine akzeptable Einstellung hat und sie dem Unternehmen gegenüber eine gering ausgeprägte Loyalität entgegenbringt. Im Hinblick auf die übrigen Mitarbeiter der Abteilung solle der Vorgesetzte sie bei weiteren Verstößen gegen ihre arbeitsvertraglichen Verpflichtungen abmahnen. Würde auch das nicht zum erwünschten Verhalten führen, sei eine Entlassung unvermeidlich.

Danach ein zweites Szenario:

Christine Sprenger arbeitet in der gleichen Abteilung wie Anja Werner. Seit der Trennung von ihrem Mann vor 2 Jahren ist sie allein erziehend. Sie hat zwei Kinder, ihre Tochter besucht den Kindergarten und ihr Sohn die 2. Klasse der Grundschule. Christine nimmt regelmäßig Arbeit mit nach Hause, die sie z.T. auch am Wochenende erledigt

Wie im ersten Fall werden die drei Fragen gestellt:

Wie beurteilen Sie die Arbeitseinstellung von Frau Sprenger?

Wie steht es mit der Loyalität von Frau Sprenger?

Was sollte der Vorgesetzte unternehmen?

Die Mehrheit der Teilnehmer lobt die ausgezeichnete Arbeitseinstellung von Frau Sprenger. Einige finden sie überengagiert und befürchten ein baldiges burn out. Ihr Vorgesetzter sollte versuchen, die Arbeitsbelastung zu reduzieren.

Danach wird erklärt, dass beide Szenarien ein und dieselbe Person beschreiben – nur jeweils aus einer anderen Perspektive. Die weitere Diskussion verdeutlicht, dass wir Gefahr laufen, aufgrund fehlender Informationen wahrgenommenes Verhalten in einer Weise zu interpretieren, die aus der Perspektive des Mitarbeiters als ungerecht, demotivierend empfunden wird.

Man findet in der Literatur zahlreiche gute und wissenschaftlich untermauerte Arbeiten zum Thema[35]. In diesem Buch sollen daher nur die im Hinblick auf das ERM in der Praxis häufig beobachteten Wahrnehmungstäuschungen betrachtet werden.

7.3.1   Der erste Eindruck

Sie kennen das: innerhalb weniger Sekunden wird oft eine Einschätzung über den Grad der Sympathie oder Antipathie des Gegenübers getroffen. Möglicherweise sogar schon beim Betrachten des Bewerberfotos. Viele Experimente haben gezeigt, dass Fotos von Gesichtern von sehr geringer Aussagekraft über die Person selbst sind. Dennoch wird bei Bewerbungen in Deutschland fast immer ein Bewerbungsfoto verlangt.

Im Verlauf der Begegnung, nachfolgender Interaktionen und der weiteren Kommunikation wirkt dieser erste Eindruck nach. Wir sind ständig auf der Suche nach Signalen und Hinweisen, die unser Urteil bestätigen. Eine kritische Haltung ist weitgehend ausgeblendet. Menschen, die uns eher sympathisch sind, treten wir freundlicher entgegen, wobei diese Freundlichkeit dann meist auch *gespiegelt* wird. So kann der erste Eindruck schnell zu einer sich selbst erfüllenden Prophezeiung werden. Finden sich dann auch noch Gemeinsamkeiten (z.B. gleiches Studium, gleiche Universität, gleiche regionale Herkunft, gleiche Freizeitaktivitäten) erhalten diese Menschen einen weiteren Sympathiebonus.

---

[35]   z.B. Sabach/Pullig (1992), Klimecki/Gmür (1998)

7.3.2 Der Halo-Effekt

Der Halo-Effekt (auch Hof-Effekt von griech. hálos Lichthof, engl. halo effect) wurde erstmals von Edward Lee Thorndike beschrieben.

Er besagt, dass einzelne Eigenschaften einer Person einen Gesamteindruck erzeugen, der die weitere Wahrnehmung der Person, ihrer Leistungen und ihres Verhaltens überstrahlt. Ein typisches Beispiel für einen Halo-Effekt wäre, wenn ein Vorgesetzter sich von der Kleidung, dem selbstsicheren Auftreten oder der Wortgewandtheit eines Bewerbers blenden lässt und daraus schließt, dass dieser Bewerber auch gute Leistungen erbringt. Auch die Einschätzung von Übergewichtigen als gutmütig und Brillenträgern als klug sind Folgen des Halo-Effekts.

Im Rahmen der Personalbeurteilung kann es auch eine Einzelleistung sein, die derartig herausragte, dass sie den Beurteiler bei der Einschätzung der Gesamtleistung blendet. Besonders Einzelleistungen, die sich innerhalb der Organisation weit herumgesprochen haben oder gar durch die Presse gingen, überstrahlen die Gesamtleistung. Der Halo-Effekt als Multi-Momentaufnahme funktioniert natürlich auch im negativen.

7.3.3 Der Nähe-Effekt.

Der Begriff entwickelte sich aus der Beobachtung heraus, dass Beurteilungen im Personalbereich häufig durch die persönliche Nähe zwischen Beurteiler und Beurteiltem verzerrt werden. Ist die Zusammenarbeit zwischen beiden sehr eng, dann fällt die Beurteilung meist besser aus. Ist die Zusammenarbeit hingegen nur locker, dann fällt die Beurteilung bei gleicher Leistung eher schlechter aus. Der Beurteilende scheut Konflikte mit engen Mitarbeitern.

Doch hat der Nähe-Effekt auch einen realistischen Hintergrund, da der Beurteilte sich bei enger Zusammenarbeit besser auf die Erwartungen des Beurteilers einstellen kann. Es ist leichter, mit Schwächen und Stärken des anderen umzugehen, wenn man sich gut kennt.

Eine Verstärkung dieses Effektes tritt auf, wenn der beurteilte Mitarbeiter durch den Beurteilenden selbst eingestellt wurde. Dann stellt jede Beurteilung auch zugleich eine Überprüfung der eigenen Einstellungsentscheidung dar. Der Beurteilende beurteilt sich demnach indirekt auch selbst. Dies kann die Tendenz zu einer guten Bewertung noch verstärken.

Der Nähe-Effekt ist in der Praxis weit verbreitet und nur schwer abzustellen. Sein Bruder wäre der *Distanz-Effekt*.

7.3.4 Der Laune-Effekt

Persönliche Stimmungslagen können die Beurteilung beeinflussen und damit verfälschen. Gut gelaunte Menschen erinnern sich vor allem an positive Sachen aus der Vergangenheit – so die Ergebnisse von Gedächtnisexperimenten. Bei guter Laune sieht der Mensch alles durch die rosarote Brille. Er nimmt die Welt so wahr, dass seine gute Laune erhalten bleibt[36].

---

[36] vgl. Kanning 1999, S. 157

Schlechte Laune bewirkt gegenteilige Wahrnehmungsbeeinflussung. Daher sollte man sich der jeweiligen Stimmungslage bewusst sein, wenn im Bewerberinterview oder im Mitarbeitergespräch Beurteilungen anstehen.

7.3.5   Stereotypen

Stereotype bezeichnen eine Überverallgemeinerung tatsächlicher Merkmale, sie reduzieren Komplexität und bieten Identifikationsmöglichkeiten.

> *Dass irgendein Mensch auf Erden ohne Vorurteil sein könne, ist schon das größte Vorurteil. (August von Kotzebue)*

Man könnte sie auch Vorurteile nennen. Psychologen sprechen lieber von Stereotypen als von Vorurteilen: Vor(ver)urteilen ist negativ besetzt.

Stereotypen sind emotional gefärbte Schubladen in unserer Vorstellung, in die wir andere Menschen einordnen. Jeder Mensch besitzt solche Vor-Urteile, die unsere Wahrnehmung und unser Verhalten mitbestimmen, z. B. gegenüber Golfern, Liebhabern der klassischen Musik, Mercedes-Fahrern, FKK-Anhängern etc.

Ein Mensch, der einmal von einem Schäferhund gebissen wurde, wird fortan jeden Schäferhund als gefährlich wahrnehmen, selbst wenn dieser in Wirklichkeit lammfromm ist. Ein Mensch, der einmal besonders gute oder schlechte Erfahrungen mit einem anderen gemacht hat, wird diese Erfahrungen auf Dritte spiegeln, mit denen er in Kontakt kommt, wenn er durch Aussehen, Namen, Stimme oder andere Wahrnehmungen an diese Person erinnert wird.

Für Beurteilungen im Arbeitsleben sind auch die lokalen Stereotypen zwischen den einzelnen Bereichen bedeutsam – die Bürokraten von der Verwaltung, die Illusionisten von der Forschung, die Schwätzer vom Vertrieb usw. Derartige kollektiv gepflegte und vererbte Vorurteile erschweren eine unvoreingenommene Wahrnehmung des Einzelnen.

7.3.6   Der Kontrast-Effekt

Dieser Effekt wird häufig mit folgender Abbildung verdeutlicht:

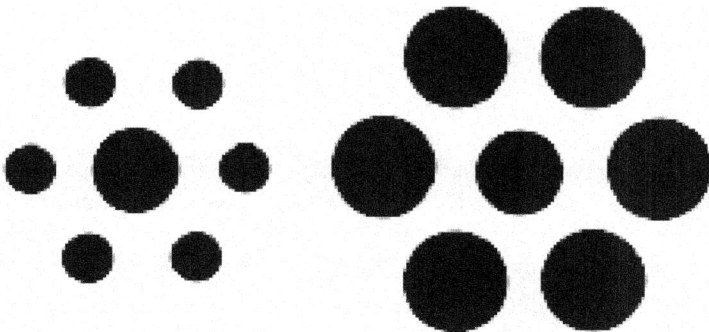

Abb. 7-3 Der Kontrasteffekt

Dem Betrachter wird die Frage gestellt

"Welcher der Innenkreise ist größer ?"

Überwiegend wird der linke Kreis als größer bezeichnet. Woran liegt das?

Im Umfeld der kleinen Kreise wird der linke Mittelkreis als relativ groß erachtet. Der rechte Innenkreis wird aufgrund der umgebenden Kreise als relativ klein angesehen.

Dieser Kontrast-Effekt ist für die Kandidaten- und Mitarbeiterbeurteilung von hoher praktischer Bedeutung. Eine eher schwache Person wird in einem noch schwächeren Umfeld als relativ leistungsstark wahrgenommen. Unter den Blinden ist der Einäugige König.

Ist derselbe Mitarbeiter jedoch von leistungsstärkeren Personen umgeben, wird seine Leistungsschwäche eher überbewertet.

Bei Bewerberinterviews bewirkt der Kontrasteffekt oftmals, dass die Bewertung eines Kandidaten durch das Auftreten des unmittelbar vorher erschienenen Kandidaten beeinflusst wird.

7.3.7   Der Konformitätsdruck

Asch führte 1951 sein ursprüngliches Konformitätsexperiment durch. Dabei saßen eine Reihe von Personen an einem Konferenztisch. Der Versuchsperson, die diesen Raum betrat, wurde gesagt, es handle sich ebenfalls um freiwillige Teilnehmer an dem Experiment. In Wahrheit waren jedoch alle Anwesenden außer der Versuchsperson Vertraute des Versuchsleiters. Auf einem Bildschirm vor dieser Gruppe wurde eine Linie dargeboten. Neben dieser Referenzlinie wurden drei weitere Linien eingeblendet, und es war die Aufgabe der Personen, einzuschätzen, welche dieser drei Vergleichslinien gleich lang wie die Referenzlinie war.

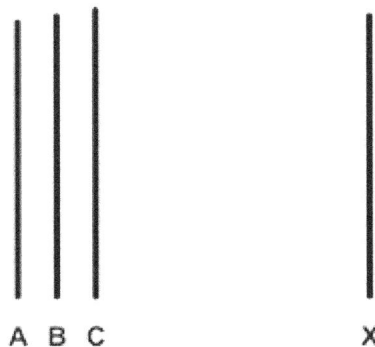

Abb. 7-4 Konformitätsexperiment von Asch

Wichtig ist dabei, dass bei jedem Durchgang eine der Linien deutlich gleichlang wie die Referenzlinie ist. In der Kontrollgruppe sollten die Vertrauten des Versuchsleiters ihre wahre Einschätzung in der Gruppe äußern, welche Linie die gleichlange sei. Erwartungsgemäß macht die Versuchsperson, die mit den heimlichen Vertrauten am Tisch sitzt unter dieser Bedingung kaum Fehler (0,7%). In der Experimentalgruppe fanden jeweils 18 Schätzungen statt. Während sechs dieser Durchgänge waren die heimlichen Vertrauten instruiert, ein richtiges Urteil abzugeben (um glaubhaft zu erscheinen). Während der verbliebenen zwölf Durchgänge (zufällig unter die sechs richtigen gemischt) sollten die Vertrauten einstimmig ein falsches Urteil abgeben. Unter dieser Bedingung begehen die Versuchspersonen 37% Fehler, sie passen sich also in etwa einem Drittel der Fälle der Mehrheit an (trotz offensichtlicher Fehlentscheidung). Dieses Originalexperiment ist später in einer Vielzahl von Varianten repliziert wurden: Je größer die Gruppe, desto mehr Konformität wird erzeugt.

Was besagt uns das für die Praxis der Kandidaten- und Mitarbeiterbeurteilung?

Oft, wenn es um Menschen geht, wird das Bedürfnis geweckt, sich auf das Urteil anderer zu stützen und sich an ihnen zu orientieren. Damit gewinnen wir vermeintliche Sicherheit. Ein Fehlurteil wird es aus unserer Einschätzung bei den anderen nicht geben. Zudem werden wir uns nicht von dieser Gruppe durch eine isolierte Beurteilung entfernen, sondern die gemeinsame Beurteilung wird zu einer Integration führen. Unser natürliches Bedürfnis nach Zugehörigkeit und Anerkennung steigern die Konformität des Denkens und des sozialen Urteils.

Wenn man ein hohes Bedürfnis nach Bestätigung und Gewissheit hat und wenig Selbstwertgefühl, erhöht sich der Konformitätsdruck ebenfalls. Man fühlt sich in einer Gruppe gegenüber anderen stärker und besser. Ein starkes Solidaritätsgefühl, Zugehörigkeit zu einer Randgruppe, eine Rangordnung und hohe Meinungsübereinstimmung erhöhen den Konformitätsdruck. Je mehr dieser Faktoren zutreffen, desto höher ist die Wahrscheinlichkeit einer Anpassung an die Gruppe.

Ein weiterer Effekt, der weniger im Auswahlverfahren, dafür aber später bei der Beurteilung von Mitarbeitern auftritt, soll der Vollständigkeit halber an dieser Stelle erwähnt sein:

7.3.8   Der Nikolaus-Effekt

Sowohl umgangssprachlich wie auch gelegentlich in der psychologischen Fachliteratur wird mit dem Nikolaus-Effekt ein betont erwartungskonformes Verhalten bezeichnet. Damit ist solches Verhalten gemeint, das sich nach den Erwartungen der jeweiligen Situation ausrichtet und nicht nach authentischen persönlichen Motiven. Die Herkunft der Redeweise Nikolaus-Effekt beruht auf der Erkenntnis, „dass vor dem Fest alle Kinder brav sind".

Beispiel 7-4

Sie haben drei Mitarbeiter für die Jahre 2005 und 2006 zu beurteilen. Der Beste kommt für die interne Besetzung einer freigewordenen Stelle in Frage. In dem Beurteilungsformular müssen Sie die erledigte Arbeitsmenge als Kriterium notenmässig bewerten. Hierfür existieren bearbeitete Fallzahlen, die Sie als Vorgesetzter ihrem PC entnehmen:

Bearbeitete Fälle im Beurteilungszeitraum

Bearbeiter	1. Halbjahr 2005	2. Halbjahr 2005	1. Halbjahr 2006	2. Halbjahr 2006
Heilmeier	190	180	165	145
Cordy	155	160	160	205
Landa	145	165	180	190

Wer ist aus ihrer Sicht der beste Mitarbeiter?

Sie plädieren für **Heilmeier**, der seine besten Leistungen zu Beginn des Beurteilungszeitraums gezeigt hat?

Eher ungewöhnliche Einschätzung, für Sie zählt die Vergangenheit. Sie sollten mit diesem Mitarbeiter ein Gespräch über die Gründe für den Leistungsabfall führen und ggf. die Gründe mit berücksichtigen.

Sie plädieren für **Cordy**, der seine besten Leistungen zuletzt erbracht hat?

Sind Sie sich sicher, dass Sie dabei nicht jemanden auf den Leim gegangen sind, der bewusst temporär viel geleistet hat, um den Job zu bekommen?

Sie plädieren für **Landa**, der eine kontinuierliche Leistungsentwicklung aufzeigt?

Durch diese Kontinuität in der Leistungsentwicklung ergibt sich für Sie die beste Zukunftsprognose.

Oder können Sie **keinen der drei** hervorheben, da alle die gleiche Anzahl von Fällen im Beurteilungszeitraum bearbeitet haben?

Die Leitfrage ist zunächst zu beantworten:

Was ist zu beurteilen?

Wollen Sie

- die Leistungen des Mitarbeiters in dem vergangenen Zeitraum,
- oder das zukünftig zu erwartende Potenzial des Mitarbeiters beurteilen?

Der Leistungsaspekt dominiert immer dann, wenn die Beurteilungen herangezogen werden, um ein leistungsbezogenes Entgelt oder eine Bonuszahlung zu berechnen.

Der Potenzialaspekt dominiert beispielsweise dann, wenn die Beurteilungen ein Hilfsmittel sein sollen, um den richtigen Mitarbeiter für eine Beförderung zu finden.

Bei einer Leistungsbeurteilung müssen alle drei die gleiche Note erhalten. Alle haben dieselbe Fallzahl im Beurteilungszeitraum geschafft. Ist dies gängige Praxis, wird auch vermieden, dass Personen ihre Leistungen gegen Ende des Beurteilungszeitraumes deutlich über ihr normales Pensum steigern, um nach der Beurteilung wieder auf *ruhige Kugel* umzuschalten. Das aus egoistischen Überlegungen gezeigte erwartungskonforme Verhalten wird nicht honoriert und sie können sich durch temporäre Leistungssteigerung keinen Vorteil verschaffen.

Die letzten Leistungen sind dem Vorgesetzten im Allgemeinen besser im Gedächtnis präsent. Große Beurteilungszeiträume bergen daher eine Gefahr, weil die letzten Eindrücke besser haften bleiben und bei Beurteilungen mehr zählen. Insofern sind wir immer anfällig dafür, wenn Personen kurz vor dem Beurteilungszeitpunkt ihr Leistungsengagement beträchtlich steigern.

Vor allem bei unstrukturierten Beurteilungen muss man sich davor hüten, die letzten Eindrücke als Maßstab zu nehmen. Am besten kann man sich durch kontinuierliche schriftliche Gedächtnisstützen vor diesem Vergessenseffekt schützen. Auch die Selbsteinschätzung des Mitarbeiters hinsichtlich Leistung und Verhalten kann zur Gedächtnisauffrischung genutzt werden und bietet Ansatzpunkte dafür, ob wir nicht dem Nikolaus-Effekt unterliegen.

Bei einer Potentialbeurteilung könnte Cordy die beste Note erhalten. Er hat in dem letzten Halbjahr gezeigt, was in ihm steckt – 205 bearbeitete Fälle in einem Halbjahr hat sonst niemand aufzuweisen.

Nicht wenige Personen entscheiden sich für Landa, der seine Leistungen allmählich steigert. Hieraus könnte man auf weitere kontinuierliche Leistungssteigerungen schließen. Aber Potentialbeurteilungen sind ein Blick in eine ungewisse Zukunft.

7.3.9   Abschließende Anmerkungen

Menschen beurteilen einander ständig: Beim Sport, beim Einkaufen im Supermarkt, vor dem Fernseher und bei gesellschaftlichen Verpflichtungen beurteilen wir täglich mehrfach, was andere gesagt oder getan haben, wie sie aussehen und wie sie auftreten. Fehlurteile können sowohl im privaten Beurteilungsraum als auch in der Führungsverantwortung eines Unternehmens nachhaltige Schäden hinterlassen. Die beiden vorstehenden Kapitel vermitteln ein Basiswissen für die erfolgreichere Bewältigung dieser *Daueraufgabe*. Vor allem sollen sie eines für die Beurteilung klarstellen:

Gerechte Beurteilung ist eine Sache des Verstandes, nicht des Herzens!

Denn die Beurteilung ist die entscheidende Orientierung für die Mitarbeiterführung. Und mit seiner Führungsleistung schafft der Vorgesetzte das Umfeld und die Motivation zur Entfaltung des Leistungspotentials.

8 Organisation und Aufbau eines ERM

Wesentliche Inhalte des ERM wurden ihrer grundlegenden Bedeutung wegen bereits in separaten Kapiteln beschrieben: Anforderungsprofile nach dem heuristischen Kompetenzmodell in Kapitel 6 und die Verfahren zur Ermittlung des individuellen Qualifikationsprofils in Kapitel 7.

Dieses Kapitel beschäftigt sich darauf aufbauend mit Schritten, die vor der Implementierung eines ERM Berücksichtigung finden müssen, und die Erfolgsaussichten signifikant erhöhen.

Verdeutlichen wir uns zunächst noch einmal die Betrachtungsperspektiven des ERM:

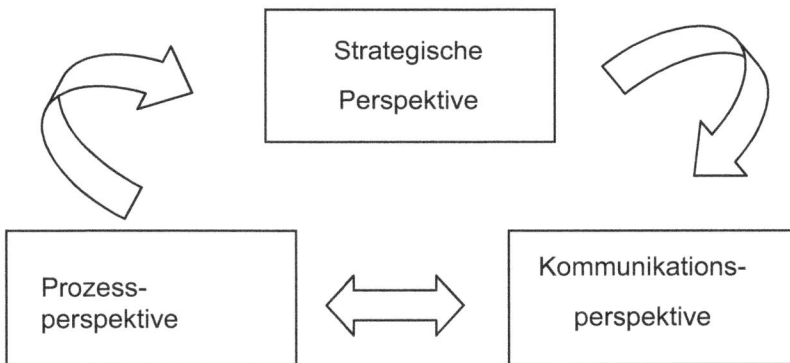

Abb. 8-1 Betrachtungsperspektiven des ERM

Die **Strategische Perspektive** betrachtet den Wandel der Personalarbeit von der Stufe der Bürokratisierung bis hin zum ERM. Die Leistung eines Mitarbeiters ist die Schnittmenge seines Potentials, seiner Motivation und des Kontextes, in dem er seine Arbeit leistet. Der Wert des Human Capital ergibt sich aus der Summe aller individuellen Schnittmengen (s. Abschnitt 4.2). Führung wird verstanden als Aufbau leistungsfördernder Beziehungen (s. Kapitel 5) und hat die Vergrößerung der Schnittmenge zum Ziel. Aktives Beziehungsmanagement wird zur tragenden Säule des ERM. Mitarbeiterloyalität als oberstes Ziel des ERM bedeutet auch höhere Produktivität, u.a. dadurch, dass gute Mitarbeiter länger im Unternehmen bleiben, und die ausbleibende, systematische Integration neuer Mitarbeiter nicht immer wieder zu Produktivitätsverlusten führt. Positive Auswirkungen auf die Kundenzufriedenheit und damit eine Differenzierung vom Wettbewerb sind weitere strategische Elemente des ERM.

Die **Kommunikationsperspektive** zeigt auf, dass der *Leader* unter den verschiedenen Rollen eines Vorgesetzten über die höchste Kompetenz an kommunikativen Fähigkeiten verfügen muss (s. Abschnitt 5.3). Zum Aufbau der leistungsfördernden Beziehungen bleibt ihm als weiteres Instrument noch seine Authentizität. Kommunikation bedingt zwingend den Dialog und damit die intensive Einbindung aller Mitarbeiter. Hiervon deutlich zu unterscheiden ist die Information, als Einbahnstrasse nicht ausreichend geeignet zum Beziehungsmanagement.

Eine ganzheitliche Betrachtung der Arbeitgeber-Arbeitnehmer Beziehungen verlangt die **Prozessperspektive**. Sie zielt darauf ab, die strategiewirksamen Vorteile realisieren zu können. Den internen Kunden soll fortdauernd ein maßgeschneidertes Kompensationssystem angeboten werden, das den Aufbau leistungsfördernder Beziehungen unterstützt. Hierzu muss den HR-Professionals und allen Vorgesetzten bekannt sein, welche Wünsche und Erwartungen die Mitarbeiter haben. Im ERM wird somit der Mitarbeiter zum Auslöser kundenorientierter HR-Aktivitäten, wozu auch Kompensationsmodelle zählen.

Auch hier bietet uns das CRM wertvolle Unterstützung, wie der folgende Abschnitt zeigt.

8.1   Das Peppers & Rogers CRM Modell

Don Peppers und Martha Rogers sind unter den Experten und Autoren im strategischen Marketing weltweit unbestritten die Nr. 1. Sie sind die Gründungspartner der Peppers & Rogers Group, der weltweit führenden CRM-Beratung. Mit ihrer praktischen Arbeit und in ihren Publikationen haben sie Standards im CRM gesetzt. Hierzu gehört auch das Modell, das sie zur Entwicklung von authentischen Kundenbeziehungen entwickelt haben. Dieses Modell beinhaltet vier Schritte:

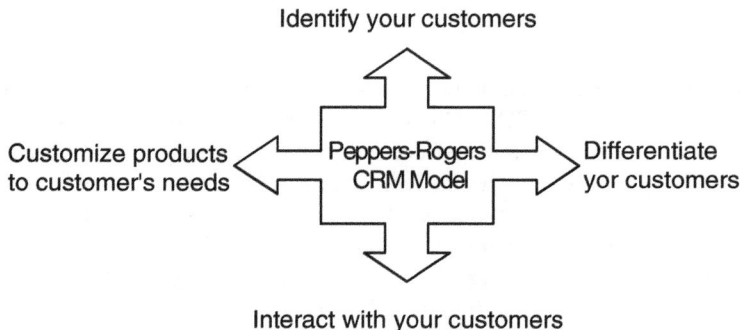

Abb. 8-2 Die 4 Schritte des Peppers &Rogers CRM Models

8.1.1   Identify your coustomers

Zunächst werfen Peppers & Rogers die Frage auf

„With whom do I want to create a relationship?"

Sie halten es für unumgänglich, diese Frage zu beantworten, bevor eine Strategie entwickelt wird.

Heute ist die Entwicklung und Markteinführung von vielen Produkten meist auf Massen-märkte ausgerichtet. Verdrängungswettbewerb und Preiskampf verursachen steigende Kosten und Ertragsdruck. Die erhöhte Angebotsvielfalt und die zunehmende Austauschbarkeit vieler Produkte erschweren es den Unternehmen zusätzlich, sich am Markt zu profilieren. Marketing-Strategen empfehlen daher die Beachtung der 80/20-Regel. Sie besagt, dass 80% des Profits von 20% der Kunden generiert wird.

Es gilt also, genau zu überlegen, wie und wo ich meine „richtigen" Kunden finde. Wie mache ich aus potentiellen Kunden loyale Geschäftspartner? Bereits in dieser ersten Stufe wird darauf hingewiesen, wie wichtig es ist, den Kunden zuzuhören. Viel wichtiger, als ihnen zuzureden.

8.1.2   Differentiate your customers

Aus dem ersten Schritt, der Identifizierung der Kunden, gewinnt man bereits eine Menge an Informationen, um die Kunden differenzierter betrachten zu können. Diese Differenzierung erfolgt im Allgemeinen einerseits nach den Wünschen und Erwartungen der Kunden und andererseits nach ihrem Wert für das Unternehmen.

„To gain a deeper understanding of customers and an appreciation for the fact that different groups of customers want different relationships with companies they deal with, companies that are committed to a relationships view of the world must engage in a relationship segmentation exercise."[37]

Ein neues Qualitätsbewusstsein, der Trend zum Erlebniseinkauf, Design- und Markenorientierung, die demographische Entwicklung, die steigende Anzahl von Single-Haushalten – das und noch vieles mehr führt zu entsprechend hedonistisch begründeten Entscheidungen auf der Nachfrageseite. Individuelle Kundenansprache, kundenspezifische Produkte und Leistungserstellung tragen der *Entmassung* Rechnung und sind unerlässliche Erfolgsfaktoren. Flexibilität und Innovationsfähigkeit führen zu Wettbewerbsvorteilen, nicht Produktivitätssteigerungen durch standardisierte Produkte und Dienstleistungen. Zahlreiche empirische Beispiele zeigen, dass viele Unternehmen mit hybriden Wettbewerbsstrategien, also mit einer Synthese aus Kosten- und Differenzierungsstrategien, besondere Erfolge erzielen. Als *Mass Customization*[38] hat diese hybride Strategie Ende der achtziger Jahre Einzug in das

---

[37]   James G. Barnes, 2001, Secrets of Customer Relationship Management
[38]   Davis, 1987

Marketing gefunden. Virtuelle Läden im Internet unterstützen diese Strategie. Das klassische Ladenregal und der Verkäufer werden durch einen Online-Konfigurator ersetzt, mit dem der Kunde zu Hause und unbedrängt seine individuelle Kaufentscheidung aus modularisierten Produkten trifft. Kaum ein Unternehmen der Automobilbranche verzichtet heute auf dieses Tool.

Im CRM ist es heute eine Binsenweisheit, dass der voraussichtliche Nettowert der Kundenbeziehung der Schlüssel zum Erfolg ist. Nicht die Kosten, die der Kunde verursacht. Die Klassifizierung der Kunden hinsichtlich des zu erwartenden Profits erfolgt in drei Gruppen:

- Most Valuable Customers (MVC)
- Most Growable Customers (MGC)
- Below Zero Customers (BZC)

Auch hier zählt das Pareto-Prinzip[39], nach dem mit 20% der Kunden 80% des Gewinns erzielt werden. Daraus wurde dann das picket-fence-concept entwickelt. Es besagt, dass die MVC, die sich in dieser *Einzäunung* befinden, eine bevorzugte Betreuung und Behandlung erfahren.

8.1.3   Interact with your customers

Hierzu schreibt James G. Barnes:

> *„This is where the company meets the customer in person. At this level, we address the way the service provider interacts with customers, through either a face-to-face encounter or technology-based contact."*

Nicht nur die Produkte, sondern auch die Kundenbeziehungen werden in diesem Schritt differenziert. Die kundenspezifische Qualität der Interaktion steht im Vordergrund und bildet den Grundstein für eine langfristige Kundenbeziehung. Reichheld[40] bezeichnet dies als den Haupttreiber des CRM auf dem Weg zum loyalen Kunden. Die Wertgenerierung erfolgt an dieser Stelle. Während der Leistungskonfiguration vermittelt der Kunde dem Anbieter wertvolle Informationen über sich. Dieses Wissen kann dazu genutzt werden, um weiteren Kundennutzen und damit Wiederholungskäufe zu generieren. Eine Markteintrittsbarriere gegenüber Wettbewerbern, die diese Informationen nicht besitzen oder nicht nutzen, wird aufgebaut.

Peppers & Rogers führen aus, dass laut General Motors ein loyaler Kunde 400.000 $ wert sei[41]. Um dieses Potential ausschöpfen zu können, dürfe es intern kein System geben, dass nur Aktionen belohnt, die auf den Verkauf eines neuen Wagens zielen. Viel wichtiger sind Anstrengungen zur Erhöhung der Kundenbindung.

---

[39]   Die Pareto-Verteilung, ist benannt nach dem italienischen Ingenieur, Soziologen und Ökonomen Vilfredo Pareto (1848-1923), und beschreibt das statistische Phänomen, wenn eine kleine Anzahl von hohen Werten einer Wertemenge mehr zu deren Gesamtwert beiträgt, als die hohe Anzahl der kleinen Werte dieser Menge.

[40]   Reichheld, 1996, S. 257 ff.

[41]   Peppers & Rogers, 1996, S. 56

In der Automobilindustrie und in der Telekommunikationsindustrie gehören Interaktionen wie

- Erfassen und Aktualisieren von Kundendaten und deren Entscheidungsparameter
- Erfassen und Aktualisieren von soziodemographischen Informationen
- Regelmäßige Kundenkontakte über persönliche Ansprache, Briefe, Emails, Fax oder SMS
- Spontane Kundenkontakte über unterschiedliche Medien
- Regelmäßige Erhebung und Analyse der Kundenzufriedenheit
- Kunden- und Segmentsanalysen (Profilings)

zum unverzichtbaren Bestandteil des CRM. Man weiß in vielen Industrien, dass regelmäßiger Kundenkontakt zum loyalen Kunden führen kann, und dass Interaktionen mit dem Ziel, bestehende Kunden zu behalten, deutlich kosteneffizienter sind als die Akquisition von Neukunden.

8.1.4   Customize products to customers needs

Viele Anbieter begegnen der Heterogenisierung der Nachfrage mit einer immer breiteren Modell- und Variantenvielfalt. Hochgradig flexible Fertigungsmethoden (zum Beispiel die innerhalb von wenigen Minuten mögliche Farbumstellung in der Lackiererei eines Automobilherstellers) in Zusammenarbeit mit einer innovativen Produktentwicklung ermöglichen die kundenindividuelle Ausführung innerhalb kürzester Zeit.

Beispiel 8-1

Der amerikanische *Mass Customizer* Reflect.com[42] geht bei seinen Kundeninteraktionen so weit, dass er seinen überwiegend weiblichen Endverbrauchern eine interaktive und hochgradig personalisierte Online-Kosmetik- und Schönheitsberatung bietet. Aufbauend auf den Profilinformationen der einzelnen Kundin wird für diese eine individuelle Web-Site erstellt, die eine personalisierte Produktlinie von Haar- und Hautpflegeprodukten enthält. Somit erfüllen sie Träume vieler Frauen: Die individuelle Kosmetiklinie trägt den Namen der Kundin, die zudem Duft, Farbe und Verpackung wählen kann. Mehrkosten in der Produktion werden durch ein nahezu lagerloses Produktionssystem, höhere Verkaufserlöse und loyale Kundinnen mehr als ausgeglichen.

Ein hoher Grad an Kundenzufriedenheit und damit Kundenloyalität wird über die individuelle Leistungsplanung und -erstellung erzielt. Zudem wird die Gewinnung von Neukunden effizienter und das Risiko von Flops bei der Einführung neuer Produkte geringer.

Die Abschnitte 8.2 bis 8.5 lehnen sich an das Peppers&Rogers CRM Modell an und übertragen die Erkenntnisse auf das ERM.

---

[42]   Reflect.com ist eine von Procter&Gamble und Institutional Venture Partners gegründete Internet-Firma

8.2   Identifikation der internen Kunden

Target your market – diese Forderung aus dem CRM muss auch in das ERM eingehen.

Die Identifikation der internen Kunden – also der derzeit aktiven, der potentiellen und ehemaligen Mitarbeiter – ist analog zum CRM der erste Schritt bei der Organisation eines ERM.

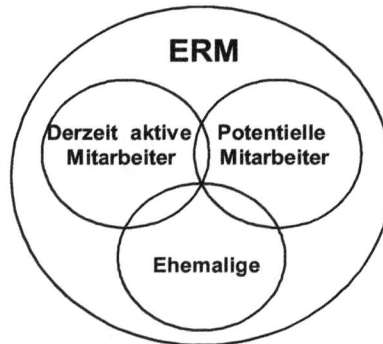

Abb. 8-3 Kunden im ERM

Diese drei Bezugsgruppen finden im ERM als Kunden Beachtung.

Derzeit aktive Mitarbeiter

Die derzeit aktiven Mitarbeiter sind dem Unternehmen bekannt und meist mit den wichtigsten persönlichen Daten in Datenbanken erfasst. Ihnen muss die größte Bedeutung innerhalb der drei Bezugsgruppen zugemessen werden. Sie sind es, die gezielt zu loyalen Mitarbeitern entwickelt werden können und die das eigentliche Human Capital darstellen. Ihr Potential und ihre Motivation gilt es zu erschließen, damit Arbeitsabläufe und Change Management dauerhaft effizient gestaltet werden können. Ihnen gilt bei dem Aufbau von leistungsfördernden Beziehungen das Hauptaugenmerk. Inhalte und Instrumente des ERM werden im Wesentlichen auf die derzeit aktiven Mitarbeiter abgestellt und erzeugen bei dieser Bezugsgruppe eine hohe Schnittmenge von Potential, Motivation und Umfeld. (s. Abschnitt 4.2) Die hieraus resultierende Zufriedenheit der Mitarbeiter ist auch deshalb von herausragender Bedeutung, da der Erfolg aller auf die potentiellen Mitarbeiter ausgerichteten Maßnahmen in hohem Umfang von der innenpolitischen Lage abhängig ist. Beim Aufbau eines Employer Brand (s. Kapitel 10) ist zu beachten, dass das externe Image immer dem internen folgt.

Potentielle Mitarbeiter

Die Ansprache und das Treatment potentieller Mitarbeiter tragen wesentlich zum Image des Unternehmens bei und beeinflussen so die Marke eines Unternehmens als Arbeitgeber. Diesem Employer Brand ist das Kapitel 10 gewidmet. Im weltweiten *war for talents* gilt es, sich als *employer of choice* zu positionieren, um mit vertretbarem Aufwand genügend qualifizierte Mitarbeiter gewinnen zu können. Insbesondere in Branchen und Fachbereichen, in denen trotz relativ hoher Arbeitslosigkeit ein permanenter Mangel an qualifizierten Arbeitskräften herrscht, entscheidet das Image des Unternehmens als Arbeitgeber über seinen Erfolg im Wettbewerb. Wie bereits in Kapitel 3 erwähnt, ist die Marke weitgehend emotional geprägt. Auch potentielle Mitarbeiter werden von der Aussicht auf die Befriedigung emotioneller Bedürfnisse und Erwartungen am Arbeitsplatz angesprochen und eine eigenleitende Wertvorstellung wird durch den Employer Brand aufgebaut. Daher muss der aktive Kontakt zu potentiellen Mitarbeitern gesucht und als integraler Bestandteil eines ERM genutzt werden. Dies kann durch

- die Präsenz bei Job- und Recruiting-Börsen,
- durch gezieltes Fach- und Hochschulmarketing,
- Roadshows,
- Informationsveranstaltungen bei Bildungsträgern,
- kontinuierliche Zusammenarbeit mit Personalvermittlern und der Arbeitsagentur

und viele andere Möglichkeiten erreicht werden. Auch der Aufbau eines Kandidatenpools, der aus erfolgversprechenden Initiativbewerbungen und aus Kandidaten einer Endauswahl, die vorerst nicht bei einer Stellenbesetzung berücksichtigt werden konnten, gespeist wird, ist zu empfehlen.

Noch immer kann beobachtet werden, dass unzählige Unternehmen einerseits kosten- und zeitintensive Versuche zur Stärkung des internen und externen Personalmarketings unternehmen, aber andererseits die internen Arbeitsabläufe nicht an jedem Punkt sicherstellen, dass der Bewerber als interner Kunde betrachtet wird.

Beispiel 8-2

Ein bekanntes Unternehmen sucht (im Frühjahr 2006) den *Hauptabteilungsleiter Marketing,* als Prokurist unmittelbar an die Geschäftsleitung berichtend. Im Zeitungsinserat und auf der Homepage bezeichnet sich das suchende Unternehmen als innovativer, attraktiver Arbeitgeber, bei dem der Mensch im Mittelpunkt steht. Ein ausgewiesener Marketingfachmann, gute Ausbildung, Studienabschluss und nachweisbare berufliche Erfolge, bewirbt sich mit einer exzellent aufbereiteten Bewerbungsmappe. Als erste Reaktion auf seine Bewerbung erhält er nach zehn Tagen ein Schreiben, in dem er aufgefordert wird, den beigefügten Personalfragebogen auszufüllen und unterschrieben zurückzusenden. Für seine Bemühungen wird ihm im Voraus gedankt. Die im Personalfragebogen erbetenen Angaben zur Person, zur Ausbildung und zum beruflichen Werdegang hätten alle seinen Bewerbungsunterlagen entnommen werden können. Dies gilt auch für die Fragen nach Familienstand und Kindern. Hierzu enthielt der Fragebogen noch Zeilen und Spalten für Namen, Vornamen, Geburtsdatum und Beruf der Familienangehörigen. In weiteren Fragen sollte der Grad der Behinderung, Zeitraum des Wehrdienstes, derzeitige Tarifgruppe und das aktuelle Gehalt angegeben werden. Weiterhin war anzukreuzen, ob der Bewerber an einer ansteckenden oder chronischen Krankheit leidet. Die Bewerbung verfolgte er nicht weiter. Seinem marketinglastigen Bekanntenkreis erzählte er von dieser Begebenheit. Auch diese Bekannten werden das erwähnte Unternehmen, falls überhaupt, nur dann als Arbeitgeber in Betracht ziehen, wenn sich keine andere Möglichkeit für sie bietet.

Ein bekanntes, traditionsreiches Unternehmen, das im Sinne des ERM noch einen weiten Weg vor sich hat.

Ein Interessent, der unverhältnismäßig lange auf eine Beantwortung seiner Bewerbung wartet, ein Kandidat, dessen Gesprächspartner im Vorstellungsgespräch noch lange nach der vereinbarten Uhrzeit auf sich warten lassen, der qualifizierte Bewerber, der als Absage ein nichts sagendes Rundschreiben erhält : sie alle werden zu Multiplikatoren, die ihre persönlichen Erfahrungen weitergeben.

Eine glaubwürdige eigene Positionierung als attraktiver Arbeitgeber ist nur dann zu erreichen, wenn extern dargestellte Attraktivität sich auch im Unternehmensalltag widerspiegelt.

Ehemalige Mitarbeiter

Der Philosophie des ERM entspricht es, dass auch ehemalige Mitarbeiter weiterhin zum Kreis der internen Kunden zählen. Auch wenn Pensionärstreffen oft milde belächelt werden, ist deren Beitrag zur Arbeitgebermarke nicht unerheblich – vorausgesetzt, sie werden entsprechend genutzt. In vielen Bereichen kann zudem die Beobachtung gemacht werden, dass zur Bewältigung vorübergehender Arbeitsspitzen oder anderer Engpässe, Pensionäre temporär reaktiviert werden. Deren Bereitschaft und Leistungsmotivation wird durch den Grad ihrer emotionalen Bindung an den Ex-Arbeitgeber erheblich beeinflusst.

Auch gute Mitarbeiter, die aufgrund einer Eigenkündigung ausscheiden, wissen es zu schätzen, wenn ihr ehemaliger Arbeitgeber, auch wenn er ihnen aktuell nicht den angestrebten Karrieresprung ermöglichen konnte, den Kontakt zu ihnen auch nach dem Ausscheiden aufrecht erhält. Auch sie geben ihre Erfahrungen und Eindrücke in den privaten und beruflichen Netzwerken weiter. Ein Angebot, später zu ihrem ehemaligen Arbeitgeber zurückzukehren, werden sie besonders wohlwollend prüfen.

Ähnlich ergeht es Praktikanten, Diplomanden und Auszubildenden, denen nach erfolgreicher Tätigkeit zunächst keine Anschlussbeschäftigung im Unternehmen zur Verfügung steht.

Genauso wenig wie eine externe Kundenbeziehung ewig hält, sieht das beim internen Kunden aus: andere Lebensumstände, neue Lebensphasen, die Suche nach neuen Erfahrungen und Kenntnissen – all das kann dazu führen, dass sich die Wege trennen. Einfache Methoden, den Kontakt zu halten, gibt es genügend: Das Zusenden der Mitarbeiterzeitschrift, der Firmen-Newsletter, die Gratulation zum Geburtstag, die Frage an den ehemaligen *Key-Player*, wie es ihm im neuen Job ergeht.

8.3   Differenzierung der internen Kunden

Zunächst muss eine differenzierte Betrachtung der derzeit aktiven Mitarbeiter erfolgen, bevor anschließend geeignete Interaktionen und Produkte entwickelt werden können.

Wie in Abschnitt 8.1.2 unter *Differentiate your customers* erwähnt, empfiehlt James G. Barnes allen Unternehmen, die sich mit einem CRM beschäftigen: „companies….must engage in a relationship segmentation exercise".

Die in Abschnitt 8.2 beschriebene *Identifizierung der internen Kunden* liefert im Allgemeinen bereits eine Fülle von Daten, die zur Differenzierung aktiver und potentieller Mitarbeiter herangezogen werden können.

Abb. 8-4 Differenzierung der Mitarbeiter

Abbildung 8-4 zeigt die beiden grundsätzlich unterschiedlichen Perspektiven bei der Differenzierung der Mitarbeiter.

Die Differenzierung nach den **Bedürfnissen, Wünschen und Erwartungen** stellt sicher, dass mitarbeiterorientierte Interaktionen und Produkte entwickelt werden können. Hierunter sind Kompensationsmodelle, freiwillige Leistungen und andere loyalitätsbildende Maßnahmen zu verstehen.

Die aus den vorhandenen Datenbanken entnommenen Informationen, Mitarbeitergespräche (s. Abschnitt 9.8.2) und regelmäßige anonyme Mitarbeiterbefragungen (s. Abschnitt 9.8.3) liefern den Verantwortlichen im ERM die Handlungsanleitungen für gruppenspezifische und individuelle Maßnahmen. Näheres hierzu ist in Abschnitt 8.5 beschrieben.

Ein besonderes Augenmerk gilt im ERM der Differenzierung nach dem **Wert des einzelnen Mitarbeiters für das Unternehmen.** Die Unternehmenspraxis ist noch weit entfernt von einer zum CRM analogen Differenzierung der Kunden hinsichtlich des individuellen Beitrages zur Wertschöpfung. Obwohl sich auch die Belegschaft erfahrungsgemäß in *Most Valuable Employees* (MVE), *Most Growable Employees* (MGE) und *Below Zero Employees* (BZE) differenzieren lässt, ist dieser Ansatz im heutigen HRM kaum anzutreffen. Ein *picket-fence-concept* kann es demzufolge nicht geben, das umgekehrte Pareto-Prinzip wird praktiziert: 80 % der Zeit widmen Führungskräfte und HR-Professionals den Mitarbeitern, die nur 20 % zur Wertschöpfung beitragen. Diese *BZE* erfordern überdurchschnittlich viel an Anweisungen, Training und Kontrolle. Ihre Fehlzeiten liegen vergleichsweise hoch, die Qualität ihrer Arbeit und ihr Verhalten führen ständig zu Kritik und Abmahnungen. Somit bleibt den Führungskräften zu wenig Zeit, den *MVE* und auch den *MGE* die notwendige Zuwendung und Anerkennung entgegenzubringen. Wenn dann auch noch durch starre Vergütungssysteme alle Gruppen eine vergleichbare Entlohnung erzielen, kann ein ERM nur sehr eingeschränkt funktionieren.

Abbildung 8-5 macht deutlich, dass *Kundenbindungsprogramme* im ERM primär auf die Bedürfnisse und Erwartungen der MVE abgestellt sein müssen, um eine strategisch relevante Wirkung erzielen zu können.

Gruppe	MVE	MGE	BZE
Ziel	Retention	Trainieren Entwickeln	Effizienz-steigerung Trennung

Abb. 8-5 Mitarbeiterdifferenzierung und deren Ziele

Trainingsangebote und Entwicklungsprogramme hingegen müssen in erster Linie die Defizite der MGE berücksichtigen und beseitigen. Ein möglichst hoher Anteil der MGE kann damit zu MVE entwickelt werden.

BZE, die nicht in einem vertretbaren Zeitrahmen und mit vertretbarem Mitteleinsatz in eine der beiden anderen Gruppen entwickelt werden können oder dies nicht wollen, sind für das Unternehmen wertlos. Eine Trennung von diesen Mitarbeitern eröffnet in Verbindung mit dem Einsatz professioneller Auswahlverfahren (Kapitel 6 und 7) die Chance zur Mehrung des Human Capital. Spätestens hier wird deutlich, dass ERM keiner sozialromantischen Schwärmerei entspringt, sondern der zunehmenden Human Capital Fokussierung Rechnung trägt.

Die Basis für diese unübliche und auf den ersten Blick schwer durchführbare Mitarbeiterdifferenzierung bildet das Anforderungsprofil (Abschnitt 6.2) einer Position. Dem gegenüber gestellt wird das persönliche Qualifikationsprofil (Kapitel 7). Im formalisierten und strukturierten Mitarbeitergespräch (Abschnitt 9.8.2) werden die Kompetenzbereiche detailliert besprochen. Das Ergebnis ist eine klare Aussage, welchem der drei Kompetenzgruppen A (=MVE), B (=MGE) oder C (=BZE) der Mitarbeiter für den Beurteilungszeitraum zugeordnet wird. Zielvereinbarungen greifen bestehende Defizite auf. Im folgenden Gespräch oder bei Bedarf können somit der Grad der Zielerreichung festgestellt und weitere Maßnahmen erörtert werden.

Beispiel 8-3

Aus den neunziger Jahren stammt eine vom Autor inszenierte Studie, wonach im Anschluss an Beurteilungsgespräche die Gesprächspartner zur Einschätzung einer Schulnote gebeten wurden:

Die Beurteiler, welche Schulnote sie im gerade geführten Beurteilungsgespräch dem Beurteilten ausgestellt hätten.

Der Beurteilte, welche Schulnote er im gerade geführten Beurteilungsgespräch erhalten hätte.

Die Analyse zeigte eine klare Tendenz: Beurteilungen, die aus der Sicht des Beurteilers zwischen *sehr gut* und *gut* lagen, wurden vom Beurteilten ähnlich einer Parallelverschiebung als *gut* und *befriedigend* interpretiert. Meinte der Beurteiler, seine Beurteilung sei eine *ausreichend* oder *mangelhaft* gewesen, wurde dies vom Beurteilten als *befriedigend* und *ausreichend* interpretiert.

MVE gingen mit dem Eindruck aus dem Gespräch, ihre Leistungen seien noch steige-rungsfähig und die BZE meinten, dass es noch deutlich schlechtere Mitarbeiter gäbe. Lag die Selbsteinschätzung des MVE über der empfundenen Fremdeinschätzung seiner Leis-tung, führte das sehr positiv gemeinte Beurteilungsgespräch zu Frustrationen in dieser wichtigsten Bezugsgruppe.

Zusätzlich konnte beobachtet werden, dass sich bei den BZE Unverständnis zeigte, wenn sie in zeitlich engem Zusammenhang zum Mitarbeitergespräch mit Abmahnungen und Kündigungsandrohung konfrontiert wurden.

Differenzierung im Sinne des ERM erfordert eine klare finale Aussage zur Werteinschätzung des Mitarbeiters, die keinen Interpretationsspielraum zulässt.

Die MVE erfahren ihren Status, genauso wie die beiden anderen Gruppen. Unsicherheiten bei den MVE werden somit abgebaut, die Anerkennung ihrer Leistung und ihres Verhaltens wirkt sich leistungsfördernd und loyalitätssteigernd aus. Ein *picket-fence-concept* enthält spezielle Maßnahmen für diese Gruppe und dient zur Erhaltung dieser MVE.

Den MGE wird hinsichtlich des Anforderungsprofils aufgezeigt, wo Defizite bestehen und sie erhalten Hilfen zur fachlichen und/ oder personalen Entwicklung.

BZE erkennen, dass zum Fortbestand des Arbeitsverhältnisses eine bessere Leistung und/ oder Verhaltenskorrekturen von ihnen erwartet werden.

Die Differenzierung der Mitarbeiter ist auch in den Abschnitten 9.8.2 und 9.8.4 aufgegriffen.

Hinsichtlich der für alle Differenzierungsinstrumente empfohlenen 5-er Skalierung sei noch auf folgendes hingewiesen:

Die Kritik an dieser Skalierung zielt auf die Tendenz zur Mitte. In der Praxis hilfreich ist der langjährigen Erfahrung folgend ein Hinweis auf die Gaußsche[43] Normalverteilung. Als wich-tiger Typ kontinuierlicher Wahrscheinlichkeitsverteilungen kann sie auch für die Beurtei-lungspraxis Anhaltspunkte geben.

Diese Verteilung der Mitarbeitergruppen findet sich in der Realität oft wieder:

- ca. 5% gehören zu den absoluten Leistungsträgern
- weitere ca. 20% sind gute, loyale Mitarbeiter mit hohem Potential
- ca. 50% der Mitarbeiter leisten durchschnittliche Arbeit, wobei jeweils ca. 25% davon eine Tendenz zu „gut" und „unterdurchschnittlich" aufweisen.
- ca. 20% der Mitarbeiter sind als unterdurchschnittlich zu bezeichnen. Es ist fraglich, ob Entwicklungsmöglichkeiten helfen und sinnvoll sind, um Mitarbeiter aus diesem Kreis zu besseren Mitarbeitern zu machen.
- ca. 5% der Mitarbeiter sind als ungeeignet für ihren derzeitigen Arbeitsplatz einzustufen.

---

[43] nach Carl Friedrich Gauß, Mathematiker, 1777–1855

Häufigkeit

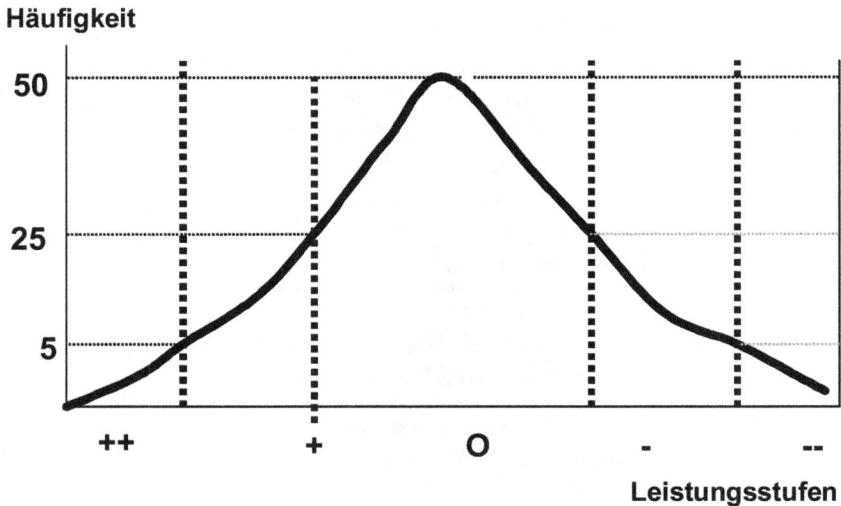

++   +   O   -   --

Leistungsstufen

Abb 8-5 Normalverteilung bei 5er Skalierung

Ein Vergleich mit der Situation im eigenen Team kann Aufschlüsse über das eigene Beurteilungsverhalten liefern. Keinesfalls jedoch darf die in Abbildung 8-5 aufgezeigte Normalverteilung als *forced distribution* angesehen und missbraucht werden.

Der **objektive Beurteiler** gleicht das Anforderungsprofil mit dem persönlichen Qualifikationsprofil des Bewerbers oder Mitarbeiters ab. Er bewertet sachlich und verteilt, wo erforderlich, auch Extremwerte. Seine Beurteilungen entsprechen am ehesten der Gaußschen Normalverteilung.

Der eher auf Harmonie bedachte, **milde Beurteiler**, bewertet tendenziell zu positiv und verschiebt somit bewusst oder unbewusst die Verteilungskurve nach links. Oftmals fehlt das Selbstbewusstsein, schwächere Mitarbeiter auch so zu beurteilen und sie das wissen zu lassen.

Das Gegenteil praktiziert der eher **strenge Beurteiler**: Gute Leistungen werden als selbstverständlich betrachtet und damit als durchschnittlich eingestuft. Als Ergebnis zeigt sich eine Verschiebung der Kurve nach rechts.

Die Tendenz zur Mitte zeigt eigentlich nur der eher **vorsichtige Beurteiler**. Diese Tendenz zeigt sich in der Praxis oft bei Beurteilern, die ihre Aufgabe und Verantwortung nicht mit der erforderlichen Sorgfalt wahrnehmen. Vermeintlicher Zeitdruck führt meist zu einer oberflächlichen Beurteilung. Auch die Schwäche, sich endgültig zu entscheiden, kann Ursache sein.

Hinsichtlich der erwähnten Differenzierung in MVE, MGE und BZE würde die Normalverteilung grob gesehen bedeuten:

- ca 18% der Mitarbeiter können als MVE bezeichnet werden
- ca. 64% der Mitarbeiter als MGE und
- weitere ca. 18% als BZE.

Ein Blick in das eigene Unternehmen wird vielfach diese grobe Einschätzung bestätigen.

8.4 Interaktion mit dem internen Kunden

Ausgehend von der Betrachtung, die Barnes zu diesem Schritt im CRM angestellt hat (Abschnitt 8.1.3) wird die Bedeutung für das ERM deutlich. Die persönliche Interaktion ist unerlässlich für den Aufbau der emotionalen Bindung des Mitarbeiters. Sei es durch *face-to-face* Gespräche oder durch anonymisierte schriftliche oder elektronische Kommunikation, der Qualität dieser Interaktionen kommt im ERM entscheidende Bedeutung zu.

Die Einbindung der Mitarbeiter in für sie wesentliche Planungen und Entscheidungen gehört ebenso zur Interaktion wie die umfassende und offene Information über alle Belange des Unternehmens. Auch die gemeinsame Aufarbeitung von Unternehmenserfolgen und Unternehmensniederlagen fördern emotionale Elemente.

Wie bereits in Abschnitt 8.3 erwähnt, sind Differenzierungsaspekte bei den häufigen täglichen Interaktionen wichtig. Vorgesetzte müssen weiterhin wissen, wo sie ihre Mitarbeiter abholen. Ihre Interaktionen mit den Mitarbeitern werden möglicherweise missverstanden, wenn sie deren momentane Positionierung nicht einnehmen. Jeder Verkäufer weiß, dass man den Kunden dort abholt, wo er sich mental befindet; jeder gute Redner weiß, dass man sich mit seinem Auditorium zunächst dort verbindet, wo sich gemeinsame Bewertungen finden, um dann für seine eigenen Darstellungen zu werben.

Das allgemeine Rollenverständnis zwischen Mitarbeitern und Vorgesetztem kann Interaktionen negativ beeinflussen, wie die folgende kleine Anekdote zeigt:

Ein Mann in einem Heißluftballon hat sich verirrt. Er geht tiefer und sichtet eine Frau am Boden. Er sinkt noch weiter ab und ruft: „Entschuldigung, können Sie mir helfen? Ich habe einem Freund versprochen, ihn vor einer Stunde zu treffen und ich weiß nicht wo ich bin."

Die Frau am Boden antwortet: „Sie sind in einem Heißluftballon in ungefähr 10 m Höhe über Grund. Sie befinden sich zwischen 40 und 41 Grad nördlicher Breite und zwischen 59 und 60 Grad westlicher Länge."

„Sie müssen Ingenieurin sein" sagt der Ballonfahrer.

„Bin ich", antwortet die Frau, „woher wussten Sie das?"

„Nun," sagt der Ballonfahrer, „alles, was Sie mir sagten ist technisch korrekt, aber ich habe keine Ahnung, was ich mit Ihren Informationen anfangen soll und Fakt ist, dass ich immer noch nicht weiß, wo ich bin. Offen gesagt waren Sie keine große Hilfe. Sie haben höchstens meine Reise noch weiter verzögert."

Die Frau antwortet: „Sie müssen im Management tätig sein." „Ja," antwortet der Ballonfahrer, „aber woher wussten sie das?".

„Nun," sagt die Frau, „Sie wissen weder wo Sie sind noch wohin Sie fahren. Sie sind aufgrund einer großen Menge heißer Luft in Ihre jetzige Position gekommen. Sie haben ein Versprechen gemacht, von dem Sie keine Ahnung haben wie Sie es einhalten können und erwarten von den Leuten unter Ihnen, dass sie Ihre Probleme lösen. Tatsache ist, dass Sie in exakt der gleichen Lage sind wie vor unserem Treffen, aber jetzt bin irgendwie ich schuld!"

Sind Manager generell verirrt?

Arbeiten Manager mit heißer Luft?

Versprechen Manager zu viel?

Müssen Mitarbeiter generell auslöffeln, was Führungskräfte eingebrockt haben?

Unser Ballonfahrer weiß, was ein Heißluftballon ist, vermutlich weiß er auch die Höhe über Grund abzuschätzen, und dass es Längen- und Breitengrade gibt, weiß er vermutlich auch. Leider hat er die Position seines Freundes nicht in Koordinaten der Längen- und Breitenangabe im Kopf und damit gelingt ihm auch nicht die aktuelle Zuordnung. *Ich habe keine Ahnung, was ich mit Ihren Informationen anfangen soll,* ist seine Reaktion.

Wer also auf Fragen von anderen antworten soll, wer sich um die Vermittlung von Informationen bemüht, der kommt nicht um die Tatsache herum, dass er die zu vermittelnde Information in den Kontext des Informationsempfängers einbinden muss. Tut er dies nicht, sind zwar die Daten an sich korrekt, aber diese Daten sind keine Informationen für den Empfänger. Daten werden zur Information, wenn sie der Datenleser zuordnen kann.

8.5   Produkte für den internen Kunden

Bereits der Abschnitt 4.3 beschäftigt sich mit der Forderung nach Diversifizierung. In diesem Sinne sind die Produkte, die zur tangiblen Ausgestaltung des ERM entwickelt werden, zwingend nach den Erwartungen der Mitarbeiter zu gestalten. Wie erwähnt, ist hierbei der Gruppe der MVE besondere Beachtung zu schenken.

Beispiel 8-4

In Unternehmen A gab es eine beispielhafte Palette von freiwilligen Leistungen und Maßnahmen für die Belegschaft: Neben einer Gewinnbeteiligung für alle Mitarbeiter zählten ein firmeneigenes Hallenbad mit Fitnessraum, Tennisplatz, Zuwendungen für Kinderbetreuungskosten, Fahrtkostenzuschüsse und regelmäßige Mitarbeiterfeiern (incl. der Angehörigen) dazu. (s. auch Beispiel 2-1) Eine Analyse über die Wertschätzung dieser Produkte führte zu einem unerwarteten Ergebnis: Nach der Auslagerung des Unternehmens auf die *grüne Wiese* stand das großzügige Freizeitangebot zur Verfügung. Die Medien berichteten über diese vorbildlichen Leistungen des Unternehmens, die Mitarbeiter waren stolz auf ihren Arbeitgeber. Dies änderte sich im Verlauf von nur zwei Jahren: Die Frequenz von Hallenbad und Fitnessraum sank gegen null. Dies galt auch für den Besuch der regelmäßigen Mitarbeiterveranstaltungen. Trotz der enormen Kosten fehlte die Resonanz bei der Belegschaft. Im Gegenteil: Kritiken wurden laut, weil diese hohen Kosten auch die individuelle Gewinnbeteiligung verrringerten, aber nur einige Wenige die Einrichtungen wirklich nutzten. Mitarbeiterbefragungen führten zu dem Ergebnis, dass die gesamte Palette der freiwilligen Leistungen neu strukturiert wurde: Freizeiteinrichtungen wurden zum Teil ganz geschlossen (Hallenbad, Fitness) oder auf eine Weise betrieben, dass sie das Unternehmensergebnis nicht mehr beeinflussten (Tennisplätze). Mitarbeiterfeiern fanden nur noch einmal im Jahr statt. Fahrtkostenzuschüsse und Kinderbetreuungskosten gab es keine mehr. Dafür entstand ein Angebot zur Übernahme bzw. Bezuschussung von Fortbildungsmaßnahmen (EDV, Sprachen). Der Bezug von Produkten des Arbeitgebers zu besonders günstigen Konditionen stand auf der Wunschliste der Mitarbeiter ganz oben und wurde realisiert. Die Sozialbilanz wies in den Folgejahren deutlich niedrigere Aufwendungen aus. Trotzdem zeigte sich die gestiegene Wertschätzung der Maßnahmen in einer höheren Mitarbeiterzufriedenheit.

Die in den Abschnitten 8.2 bis 8.4 beschriebenen Schritte ermöglichen es, die internen Kunden besser kennen zu lernen: Wir wissen jetzt, wer zum Personenkreis gehört, kennen ihre gruppenspezifischen und individuellen Bedürfnisse und Erwartungen. Weiterhin wissen wir, welchen Wertschöpfungsbeitrag einzelne Mitarbeiter leisten. Nun können HR-Leistungen entwickelt werden, die im Sinne der *Mass Customization* die Erwartungen der Mitarbeiter – in erster Linie die Erwartungen der MVE – erfüllen. Die Kernkomponenten hierbei bilden die Führungspraxis in Verbindung mit einem leistungsabhängigen und leistungsfördernden Kompensierungssystem. Dieses System muss die Bemühungen in Richtung einer mitarbeiterorientierten Unternehmenskultur unterstützen und eine eindeutige Botschaft in diese Richtung transportieren.

Leider stehen häufig juristische Barrieren einer individualisierten Produktentwicklung für die Mitarbeiter im Weg. Gleichbehandlungsgrundsatz, gesetzliche und tarifliche Bestimmungen mit normativem Charakter in Verbindung mit den Aktivitäten der Arbeitnehmervertretungen bilden einen Rahmen, der keine Unterstützung einer leistungsorientierten Führung darstellt. Zum Aufbau eines ERM müssen jedoch sämtliche bestehenden Restriktionen auf Gestaltungsmöglichkeiten geprüft werden. Wie in Kapitel 9 näher erläutert wird, können und müssen in den Unternehmen Wege gefunden werden, MVE, MGE und BZE unterschiedlich zu entlohnen und zu behandeln.

Ein interessanter Ansatz zur individuellen Produktentwicklung ist das in Abschnitt 9.8.6 beschriebene Cafeteria-System.

Auch die Analyse von Fehlzeiten und Fluktuation liefern wertvolle Hinweise für die Entwicklung bedürfnisorientierter Produkte. Flexible Arbeitszeitmodelle, die Möglichkeit zur Teilzeitarbeit, Sabbaticals, *deferred compensation* etc. sind aus einem ERM schwer wegzudenken.

Nachstehend noch ein aktuelles Beispiel aus der Unternehmenspraxis. Bei RWE, wie übrigens auch in anderen Großunternehmen, ist man von der Notwendigkeit einer individuellen Produktgestaltung offensichtlich überzeugt:

Beispiel 8-5

Wenn Sie gut sind, zahlt sich das aus. Deshalb heißt es ja auch Vergütung.

Know-how und Engagement machen sich natürlich auch monetär bemerkbar.

Zu einem attraktiven Grundgehalt können variable Vergütungsanteile kommen, die auf Basis konkret vereinbarter Ziele errechnet werden.

Unsere leistungsgerechten Entgeltsysteme fußen auf einem Zielvereinbarungssystem, das nachhaltig das Prinzip Delegation von Verantwortung unterstützt und jedem außertariflichen Mitarbeiter einen Anreiz zur Übernahme von persönlicher Verantwortung gibt. Im Führungsdialog vereinbaren Vorgesetzte und Mitarbeiter Leistungs- und Verhaltensziele, die die gesamte Unternehmenszielsetzung unterstützen.

Wir möchten, dass Sie sich wohl fühlen. Auch später, wenn Sie nicht mehr bei uns sind.

Wir setzen alles daran, Ihnen durch die flexible Gestaltung der Arbeitsorganisation eine ausgewogene Balance zwischen Job und Privatleben zu ermöglichen. Darüber hinaus sorgen wir mit unseren Arbeitsschutzmaßnahmen für einen hohen Grad an Arbeitssicherheit. Mindestens genauso am Herzen liegt uns Ihre Gesundheit. Daher beugen wir durch eine Reihe von präventiven Maßnahmen und Arbeitsplätzen, die genau auf Sie zugeschnitten sind, arbeitsbedingten Erkrankungen vor. Damit Sie auch im Alter noch gerne an uns denken, bieten wir Ihnen interessante betriebliche Altersversorgungen und die Option einer Direktversicherung. Zusätzlich werden Ihnen als Mitarbeiter einmal jährlich RWE-Belegschaftsaktien zum Vorzugspreis angeboten. Dieses Angebot ist eine freiwillige Leistung und hat in unserem Konzern eine langjährige Tradition.

Sie haben viel Arbeit. Und Ihre Kinder jede Menge Spaß.

Familie oder Beruf – Wieso denn „oder"? In unserem Unternehmen lässt sich beides hervorragend miteinander verbinden. Als Mutter oder Vater können Sie sich bei uns ungestört auf Ihre Arbeit konzentrieren. Im Rahmen unserer Familienförderung bieten wir Ihnen eine geeignete und zuverlässige Kinderbetreuung. Dabei arbeiten wir eng mit B.u.K. (www.buk-vffr.de) zusammen. Kostenlose kompetente Beratung zu Fragen der Vereinbarkeit von Familie und Beruf gehört genauso zum Programm wie die Vermittlung qualifizierter Tagesmütter, Kinderfrauen oder Notmütter bei Erkrankung des betreuenden Elternteils. Und in den Schulferien, bei Dienstreisen oder Weiterbildungen organisieren wir eine befristete Kinderbetreuung für Sie.

Lenken Sie Ihre Energie in die richtigen Bahnen. Dann kommen Sie schnell weiter.

In allen Phasen Ihrer Karriere analysieren und entwickeln wir Ihr Potenzial und fördern den Ausbau Ihrer Kompetenzen mit individuellen Maßnahmen. Hinzu kommt ein breit gefächertes Weiterbildungsangebot, dass Sie sowohl technisch als auch fachübergreifend auf den neuesten Wissensstand bringt. Um unseren Anspruch an Sie als Mitarbeiter transparent zu machen, haben wir gezielt die Voraussetzungen definiert, die Sie aus unserer Sicht erfüllen sollten. Dieses konzernweit gültige RWE-Kompetenzmodell (MoC) wird auch für Ihre persönliche Potenzialeinschätzung herangezogen.

RWE Management Campus

In diesem mehrtägigen, jährlich stattfindenden Forum haben junge Nachwuchskräfte in- und ausländischer Konzerngesellschaften die Gelegenheit, an konzernrelevanten Themen zu arbeiten, sich dabei auszutauschen und ihr persönliches Netzwerk zu erweitern.

HR Development Program

Speziell jungen Nachwuchskräften im Personalbereich bieten wir eine Plattform für gesellschaftsübergreifenden Erfahrungsaustausch. Hier werden neue Entwicklungen in der HR-Landschaft vorgestellt, Lösungsansätze zu unterschiedlichsten Themen erarbeitet und natürlich wichtige Kontakte für die berufliche Zukunft geknüpft.

Bei BMW, auch einem Unternehmen, das auf der Liste *Employer of Choice* weit oben steht, heißt es zu diesem Thema:

Beispiel 8-6

Die Mitarbeiter sind das herausragende Unterscheidungsmerkmal zwischen erfolgreichen und weniger erfolgreichen Unternehmen. Damit sehen wir die Mitarbeiter nicht als Kostenfaktor, sondern als den Erfolgsfaktor. Denn auf Dauer wird eine Personalpolitik, die nicht mitarbeiterorientiert ist, immer zu negativen Kostenauswirkungen führen und damit unwirtschaftlich sein.

Als zukunftsorientiertes Unternehmen engagieren wir uns deshalb für eine vorbildliche und kreative mitarbeiterorientierte Personalpolitik und leisten in der Personalarbeit wirksame Beiträge zum Unternehmenserfolg. Die Personalpolitik der BMW Group ist integraler Bestandteil der Unternehmenspolitik sowohl bei strategischen als auch bei operativen Entscheidungen.

9 Inhalte und Implementierung eines ERM

Die Praxisphase zeigt, ob eine Organisation die Philosophie des ERM internalisiert hat. Weiterhin wird deutlich, ob die Führung in der Lage ist, die Philosophie, Strategie und die konkreten Inhalte in die Belegschaft zu transportieren. Die Anwendung der in Kapitel 5 beschriebenen Anforderungen an die Führungskräfte und deren Instrumente entscheiden über Erfolg oder Misserfolg

9.1 Definition der Strategie

„Die zunehmende Lebenserwartung der Menschen, die vorherrschende niedrige Geburtenrate und eine Verlangsamung des Zuzugs nach Deutschland stellen enorme Herausforderungen (...) vor allem für die deutsche Wirtschaft dar",

fasst Axel Börsch-Supan[44] die Problematik zusammen, die sich zunehmend den Personalabteilungen der Unternehmen stellt. Der demographische Wandel führt zu einer Schrumpfung des Arbeitskräftepotenzials bei gleichzeitigem Wandel zu einer wissensbasierten Gesellschaft. Diese Entwicklung schränkt die quantitativen und qualitativen Auswahlmöglichkeiten bei der Einstellung von Mitarbeitern in Deutschland ein, so dass die Identifizierung von *High Potentials* und die Werbung um internationale Fach- und Führungskräfte zunehmende Bedeutung erhalten. Dies gilt auch – wie oben mehrfach erwähnt – für die Bindung von Topmitarbeitern an das Unternehmen.

Hier gilt es bereits heute, entsprechende Strategien auszuarbeiten und zu kommunizieren, um auch zukünftig im Unternehmen zu gewährleisten, dass genügend qualifizierte und motivierte Mitarbeiter bereitstehen. Zunehmend machen die Kompetenzen der Mitarbeiter den Unterschied zwischen Wettbewerbern aus. Daher müssen in enger Zusammenarbeit mit allen relevanten Unternehmensbereichen die für die Zukunft wichtigen Fähigkeiten und Kenntnisse bestimmt, und deren Verfügbarkeit am Arbeitsmarkt eingeschätzt werden. Auch die Frage, mit welchen Fort- und Weiterbildungsmaßnahmen das benötigte Know-how sichergestellt werden kann, erhält eine strategische Dimension.

---

[44] Direktor des Mannheimer Forschungsinstituts Ökonomie und demographischer Wandel

Abb. 9-1 Die Strategieelemente im ERM

Abbildung 9-1 lässt bereits die Schwerpunktverschiebung im Vergleich zu Personalarbeit in früheren Entwicklungsstufen (Kapitel 2) erkennen: Relevanz haben nur noch strategische Elemente. Operationale Inhalte treten in den Hintergrund.

Vier strategisch wirksame Schwerpunkte bestimmen das ERM und führen zu einer Steigerung des Human Capital:

(1) Auswahl von Fach- und Führungskräften

Meist werden Mitarbeiter eingestellt, um Vakanzen zu schließen und den operativen Ablauf zu gewährleisten. Aber zahlreiche Beispiele in der Unternehmenspraxis zeigen, dass viele Experten wohl den aktuellen Anforderungen entsprechen, aber notwendige Innovation und Change Prozesse als Risiko betrachten. In ihrer Arbeit leisten sie dann eher Widerstand, als dass sie die Notwendigkeit für Veränderungen erkennen und als Chance sehen, die das Unternehmen und auch sie selbst weiterbringt.

Kapitel 6 beschreibt das Basismerkmal einer professionellen Auswahl von Fach- und Führungskräften im ERM: Anforderungsprofile mit zukunftsrelevanten Elementen in allen Kompetenzbereichen und der Prozess ihres Entstehens erfüllen strategische Anforderungen. Dies gilt auch für die angeführten Evaluierungsverfahren zur Ermittlung des individuellen Qualifikationsprofils in Kapitel 7: Die Berücksichtigung der Validität einzelner Verfahren, die besondere Bedeutung des strukturierten Interviews und die Kenntnis des eigenen Urteilsverhaltens führen zu Personalentscheidungen, die mehr als kurzfristige operationale Zielsetzungen erfüllen.

(2) Diversity Management und Führungsstil

Die Kapitel 4 und 5 setzen sich ausführlich mit dieser Thematik auseinander. Solange Unternehmen Mitarbeiter nicht differenziert erkennen und behandeln, solange sie nur *Management* praktizieren und fördern und kein *Leadership* kennen, solange Mitarbeiter ausschließlich aufgrund in der Vergangenheit gezeigter Leistungen beurteilt werden, solange bleibt die Personalarbeit in den operativen Kinderschuhen stecken.

Erst wenn wir die Menschen mit ihren individuellen Gegebenheiten wahrnehmen und behandeln, erhält die Mitarbeiterführung die notwendige strategische Dimension.

(3) Leistungsorientierte Kompensationssysteme

Die mehrheitlich vergangenheitsbezogenen und monetär ausgerichteten derzeitigen Kompensationssysteme erfüllen kaum strategische Ansprüche. Dies kann nur durch Systeme erreicht werden, die sowohl in monetärer als auch in symbolischer Hinsicht Engagement und Fähigkeiten belohnen, die langfristige Zielsetzungen unterstützen. Selbst dann, wenn augenblicklich die operativen Ergebnisse nicht zufrieden stellend sind. In vielen Studien hat sich gezeigt, dass nichtmonetäre Anerkennung viel höhere strategische Relevanz hat, als die Höhe des derzeitigen Entgeltes. Dem in Abschnitt 8.1.2 beschriebenen *picket-fence-concept* muss daher entsprechende Bedeutung zugemessen werden. Unter diesen Gesichtspunkten neu konzipierte Kompensationssysteme senden zusätzlich eine Botschaft an alle Mitarbeiter, die verständlicher ist als Leitbilder und *mission statements*.

Weitere Instrumente greift der Abschnitt 8.5 auf.

Rechtliche Barrieren müssen wegen der betriebswirtschaftlichen und volkswirtschaftlichen Auswirkungen beseitigt werden. Ein stärkeres strategisches Engagement der Arbeitgebervertreter in Tarifkommissionen sowie das Ablegen demagogischer Ansichten und Aktivitäten der Gewerkschaften und Betriebsräte können die Entwicklung des ERM unterstützen. Positive Auswirkungen werden sich dann in zukünftigen Gallup-Studien zeigen.

(4) Personalentwicklung / Training

In den sich immer schneller verändernden Rahmenbedingungen sinkt die Halbwertszeit von Wissen, Kenntnissen und Fähigkeiten. Personalentwicklungsmaßnahmen erhalten dann strategische Bedeutung, wenn sie darauf abzielen, den Mitarbeitern Wege aufzuzeigen, wie sie selbst neue Entwicklungen erkennen und den Zugang zu neuem Wissen und Kenntnissen finden. Dann leistet Personalentwicklung einen wichtigen strategischen Beitrag zur Zukunftsentwicklung der Unternehmen. Sie führt damit zur lernenden Organisation und wird über alle Inhalte hinaus zum Frühwarnsystem für sich abzeichnende Veränderungen.

Dies gilt nicht nur für Großbetriebe, sondern in besonderem Maße für die vielen mittelständischen Unternehmen. Prägend ist hier meist das Tagesgeschäft, welches die Ressourcen bindet und Handlungsschwerpunkte determiniert. Daher tun sich gerade mittelständische Untenehmen häufig schwer damit, die für eine strategische Personalentwicklung notwendigen personellen und finanziellen Ressourcen aufzubringen. Es fehlt aber nicht allein an den Ressourcen, sondern oftmals auch am Wissen für die Bedeutung und die Umsetzung einer strategisch sinnvollen Personalentwicklung.

Anforderungsprofile zeigen anschaulich Defizite zwischen notwendigen und vorhandenen Kompetenzen auf. Hieraus ergeben sich individuelle Entwicklungsmaßnahmen. Im ERM bestimmen nicht mehr der Gemischtwarenladen von Entwicklungsmaßnahmen (Wir bieten an, Sie greifen zu…) und *nice-to-have*-Veranstaltungen die Inhalte der Personalentwicklung.

9.2   Situationsanalyse

Spätestens nach der Definition einer Strategie, aber auch als Ausgangspunkt der Strategie-findung bietet sich eine Standortbestimmung der Organisation an. Das gängigste Werkzeug hierzu ist die Stärken-Schwächen-Analyse. Die aus dem amerikanischen Sprachgebrauch stammende SWOT-Analyse ist hierbei hilfreich.

SWOT setzt sich aus dem englischen *Strengths* (Stärken), *Weaknesses* (Schwächen), *Opportunities* (Möglichkeiten) und *Threats* (Bedrohungen, Risiken) zusammen und ist ein vielseitiges Analysetool.

SWOT-Analyse		Externe Analyse	
		Opportunities	Threats
Interne Analyse	Strengths	SO	ST
	Weaknesses	WO	WT

Abb. 9-2 SWOT-Analyse

Stärken und Schwächen sind interne Faktoren der Firma (wo sind wir gut? wo sind wir schlecht?), die Möglichkeiten und Bedrohungen sind externe Faktoren (wie können wir unser Potential am Markt entfalten? welche externen, marktbezogenen Risiken müssen wir einkalkulieren?).

SO – Strategien: Wie können wir unsere eigenen Stärken einsetzen, um die sich extern bietenden Chancen nutzen zu können?

ST – Strategien: Wie können wir unsere Stärken einsetzen, um externe Risiken zu vermeiden oder zu minimieren?

WO – Strategien: Welche Schwächen müssen wir abbauen, wie können wir unsere Schwächen abbauen, um sich extern bietende Chancen nutzen zu können?

WT – Strategien: Welche Schwächen müssen wir abbauen, wie können wir unsere Schwächen abbauen, um externe Risiken zu vermeiden oder zu minimieren?

Gute Erfahrungen konnten in der Vergangenheit vor der Implementierung eines ERM damit gemacht werden, zunächst in interdisziplinären Teams unter Einbindung der Einschätzung ehemaliger und potentieller Mitarbeiter die Stärken und Schwächen zu diskutieren und hierüber ein Einvernehmen herzustellen. Es empfiehlt sich zudem, das Ergebnis zu protokollieren und, falls erforderlich, zu interpretieren. Individuelle Auslegungsmöglichkeiten können so vermieden werden. Die Dokumentation ist auch hilfreich, wenn die weiteren Schritte entwickelt und bewertet werden. Endlosen Diskussionen und schwankender Meinungsbildung ist damit vorgebeugt.

Danach ist eine Plattform geschaffen, um die vorstehend genannten Strategien zu entwickeln.

Die SWOT-Analyse bietet sich übrigens grundsätzlich für *turn-around*-Strategien und Change-Prozesse an.

Ist eine ERM-Strategie definiert, empfiehlt sich als nächster Schritt die Kommunikation und, falls erforderlich, die Interpretation der Strategie im Führungskreis. Danach tragen die Führungskräfte die Strategie als Multiplikatoren in ihre Bereiche und Teams, wo hieraus Bereichs- und Abteilungsstrategien entwickelt werden. Anschließend wird die ERM-Strategie in den einzelnen Unternehmenseinheiten operationalisiert. Alle Aktivitäten und Maßnahmen müssen sich hieran orientieren und messen lassen. Dabei kann die HR-Scorecard als Steuerungs- und Evaluierungsinstrument eingesetzt werden. Näheres hierzu in Abschnitt 12.4.

Die Kommunikation der Strategie ist ein oft unterschätztes Element. Zu einem systematischen Strategieprozess gehört einerseits die Bekanntmachung und Interpretation der Strategie, andererseits leistet eine konsequente Ausrichtung der Folge-Kommunikation an der Unternehmensstrategie einen betriebswirtschaftlich relevanten Beitrag zum Unternehmenserfolg. In der Praxis zeigt sich zudem, dass zu treffende operative Maßnahmen eher verstanden bzw. leichter begründet werden können.

9.3 Vorbereitung der Organisation auf das ERM

Wie in Abschnitt 3.3 für das CRM beschrieben, besteht ebenfalls für ein ERM zunächst die Notwendigkeit der Veränderung interner Strukturen, Systeme und oft auch der Menschen, bevor man im Unternehmen einzelne Maßnahmen umsetzt.

ERM setzt, wie beschrieben, in den Unternehmen eine Philosophie voraus, die den Mitarbeiter ins Zentrum aller Aktivitäten stellt. Nun ist es aber nicht damit getan, eine Philosophie zu definieren und zu kommunizieren. Damit wird ERM noch nicht funktionsfähig. Erst dann, wenn alle Ressourcen darauf eingestellt sind und die Philosophie gelebt wird, können sich nachhaltige Erfolge zeigen.

Wie dargelegt, führt ERM unter anderem zu flachen Hierarchien, flexiblen und effizienten Organisations- und Entscheidungsstrukturen, neuen Formen der Kooperation und Teamarbeit und stärkerer Fokussierung auf *Leadership*. Gerade erfahrene Führungskräfte tun sich hier oft schwer, wenn jahrelang praktiziertes Verhalten plötzlich infrage gestellt wird. Wenn die Aufnahme neuen Wissens häufig noch relativ motiviert erfolgt, führt die angestrebte Korrektur des Führungsstiles und eigener Verhaltensmuster häufig zu Abwehrreaktionen, nicht selten zu totaler Ablehnung.

Ob bei der Einführung von Anforderungsprofilen, der professionellen Ermittlung individueller Qualifikationsprofile, der Präferenz bestimmter Auswahlverfahren wegen deren Validität, der Einführung strukturierter Mitarbeitergespräche, Mitarbeiterzufriedenheitsanalysen oder gar der 360-Grad-Beurteilung: Viele gut gemeinte und erfolgversprechende Innovationen scheitern oft, weil man der Einführungsphase nicht genügend Bedeutung und Zeit zumisst.

Eine Studie der Unternehmensberatungsgruppe Ernst & Young stellte fest, dass die Erfolgsquote von strukturellen Veränderungsprozessen nur 10% beträgt. Gründe für den Misserfolg sind:

▪ falsche Ziele bzw. Strategien (20%)
▪ vernachlässigte Umsetzung (80%)

Als Folge davon berichten viele Firmen von negativen Auswirkungen ihrer Restrukturierungsmaßnahmen. Die aufwändige Suche nach dem oder den Schuldigen führt möglicherweise zu kontraproduktiven personellen Konsequenzen. Fehler und Versäumnisse bei der Implementierung sind dabei oft kaum wieder gutzumachen. Mitarbeiter sind meist nachhaltig demotiviert und verunsichert, Schlüsselmitarbeiter verlassen das Unternehmen. Das Vertrauen zum Top-Management ist dauerhaft gestört. Dabei ist bekannt, dass *Revolutionen* in den jüngeren Entwicklungsstufen der Personalarbeit noch nie zu anhaltenden Verbesserungen geführt haben. Diese stellen sich dann ein, wenn Strategien evolutionär ausgerichtet sind und in mehreren Phasen der Implementierung vorgeschaltet werden.

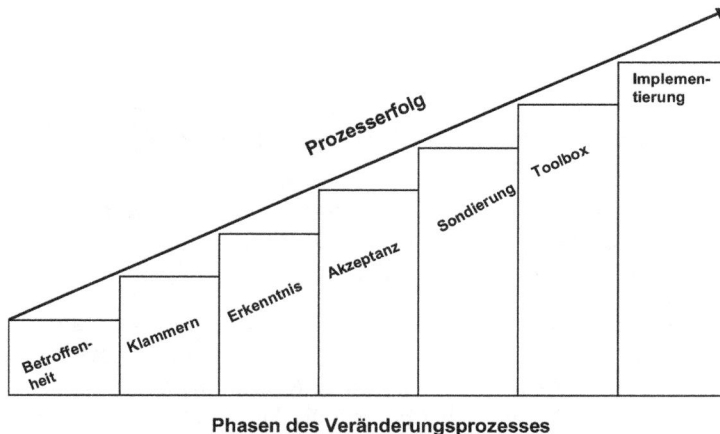

Phasen des Veränderungsprozesses

Abb 9-3 Erfolgreiche Veränderungsprozesse

Wie Abbildung 9-3 zeigt, führt eine gezielte und sorgfältige Vorbereitung der betroffenen Führungskräfte und Mitarbeiter vor der Einführung einzelner Maßnahmen zu hohen Erfolgsaussichten. Zeit, die dafür investiert wird, hat einen sehr hohen ROI: Neben der höheren Akzeptanz wird die Implementierungsphase wesentlich schneller zu den erwarteten Resultaten führen.

Phase 1: Betroffenheit

Anstehende Veränderungen führen häufig zu Unsicherheiten bei den Betroffenen:

- Wie werden sich Inhalte meines Arbeitsgebietes verändern?
- Welche Auswirkungen haben die Veränderungen auf soziale Strukturen im Unternehmen?
- Werden Gewohnheiten und lieb gewonnene Annehmlichkeiten betroffen sein?
- Kann ich den zukünftigen Anforderungen entsprechen?

Diese und mehr Fragen beschäftigen Mitarbeiter und Führungskräfte. Gerüchte entstehen, Stimmung und Zufriedenheit sinken und beeinträchtigen die Arbeitsleistung.

Rechtzeitige und umfassende Information und Kommunikation sind in dieser Phase gefordert, damit werden Antworten auf offen gelegte und latente Fragen gegeben.

Phase 2: Klammern

Gewohnte, bekannte Strukturen vermitteln ein Sicherheitsgefühl. Das kann zu vorschnellen Abwehrreaktionen und zum Verteidigen des Ist-Zustandes führen. In dieser Phase zeigt sich, inwieweit Phase 1 erfolgreich aufgearbeitet wurde und wo gegebenenfalls noch Kommunikationsbedarf ist. Die Rolle des Coaches (Abschnitt 5.1) ist in dieser und in der folgenden Phase gefragt und von besonderer Bedeutung.

Phase 3: Erkenntnis

Die Einsicht in die Notwendigkeit der angestrebten Veränderungen und die Beantwortung der Fragen aus Phase 1 bauen Unsicherheiten ab. Die Erkenntnis, dass ablehnendes Verhalten unternehmerische und persönliche Ziele gefährden kann, führt zum Abbau von Widerständen und zu einer positiven Grundeinstellung für die beabsichtigten Veränderungen.

Phase 4: Akzeptanz

Ist diese Phase erreicht, kann davon ausgegangen werden, dass auch die Philosophie des ERM verstanden ist und die Führungskräfte ihrerseits nun Motor der Implementierung werden möchten. Hinsichtlich der in Kapitel 5 beschriebenen situativen Führung, kann die Unternehmensleitung ihre Rolle im Implementierungsprozess ändern: Die Rolle des *Managers* tritt wieder zunehmend in den Hintergrund, *Leadership*, also *participating* und *delegating*, hingegen ist mehr gefragt.

In dieser Phase entsteht auch die wichtige Bereitschaft, zu *entlernen*. Führungskräfte sind bereit, altes Wissen über Bord zu werfen, eigenes Verhalten auf den Prüfstand zu stellen und neue Erkenntnisse anzuwenden.

Phase 5: Sondierungsphase

Ein wichtiges Element dieser Phase: Führungskräfte müssen die Gelegenheit haben, unter Wahrung ihres Gesichtes neues Wissen anzuwenden und neue Verhaltensweisen zu entwickeln, man kann durchaus sagen: zu einem neuen Ich zu finden.

„Warum müssen eigentlich so viele ihr Gesicht wahren, obwohl es gar nicht so schön ist?" (Linus Carl Pauling)

Der Versuch, die erforderlichen neuen Wege zu beschreiten, wird nicht nur auf Beifall der Mitarbeiter stoßen und Erfolge bringen. Misserfolge und Frustrationen bleiben ständiger Begleiter (s. Beispiel 5-1). Die Sondierungsphase dient als Probephase zur Findung des eigenen neuen Weges und Ausbildung eigenen neuen Verhaltens zum Aufbau leistungsfördernder Beziehungen zum Umfeld. Coaches, die Führungskräfte in dieser Phase begleiten, können wichtige Dienste leisten.

Phase 6: Toolbox

In dieser Phase lernen Führungskräfte neue Methoden, Instrumente und Werkzeuge kennen, die sie auf dem zukünftigen Weg unterstützen. Diese sind in Abschnitt 9.8 beschrieben. Phase 5 und Phase 6 überschneiden sich in der Praxis. Durch *trial and error* in Verbindung mit systematischen kollektiven und individuellen Trainings wird die Toolbox entwickelt: Erfolgversprechende Maßnahmen und Instrumente bleiben Bestandteil, andere werden ausgesondert. Der Einsatz zusätzlicher Technologie zur Implementierung des ERM wird kritisch analysiert und entschieden. Hierzu gehört auch die Beantwortung der Frage: *Was können wir ab morgen in Richtung ERM bewegen, ohne einen Euro in neue Technologie zu investieren?*

9.4   Trainings für Führungskräfte

Der Bedeutung wegen sei dieses Thema besonders herausgestellt. Hauptsächlich in der Anfangsphase ist ERM trainingsintensiv. Es setzt somit die Fähigkeit und den Willen der Beteiligten voraus, Potential zu entwickeln und auf die Handlungsebene umzusetzen. Im Sport ist es nichts besonderes: Für Leistungssportler ist tägliches Training als Vorbereitung auf den Wettbewerb eine Selbstverständlichkeit. Sind aber die Führungskräfte nicht auch Leistungssportler im immer härter werdenden globalen Wettbewerb? Wer diese Frage mit *Ja* beantwortet, muss sich auch für systematisches regelmäßiges Training aussprechen. Der Leistungssportler weiß, dass punktuelle, intensive Trainings vor wichtigen Wettbewerben sich nicht leistungsfördernd auswirken: Muskelkater und Verletzungen sind oftmals die Folge.

Obwohl Fachleute seit Jahren darauf hinweisen, dass bei punktuellen Trainings zwei Drittel der Ausgaben nutzlos verpuffen, ändert sich das Trainingsverhalten in den Unternehmen nur unwesentlich. Viel zu umfangreiche und intensive Trainingsinhalte in zu großen Zeitabständen bestimmen das Bild. Vielleicht auch deshalb, weil den PE-Verantwortlichen und externen Trainern Flexibilität und Kreativität fehlen, angemessene Trainingseinheiten zu entwickeln und durchzuführen. Trainingseinheiten, die in den Alltag von Führungskräften zu integrieren sind. Dies gilt im Übrigen auch für fach- und persönlichkeitsbildende Trainings auf allen betrieblichen Ebenen. Motivierte Sportler, selbst im Amateurbereich, haben wirkungsvolle Konzepte und Inhalte entwickelt, die der regelmäßigen Vorbereitung auf den Wettbewerb dienen und als unverzichtbarer Bestandteil zum Tagesablauf gehören. Mit entsprechenden Konzepten bei der Entwicklung des Human Capital, *dem* erfolgsrelevanten Faktor im globalen Wettbewerb, tut man sich vergleichsweise schwer. Dabei stehen für ein

ERM die Inhalte bereits fest: Sie sind in den Kapiteln 2 bis 7 beschrieben. Es gilt, geeignete Trainingseinheiten und -methoden mit Sachverstand und Kreativität zu finden und zu implementieren.

9.5   Institutionelle Relations-Manager

Sowohl im CRM als insbesondere auch hinsichtlich der Beziehungen zur Öffentlichkeit besteht in vielen Unternehmen kein Zweifel: Eine CRM-Abteilung ist vielfach installiert und Motor auf dem Weg, loyale Kunden zu schaffen und an das Unternehmen zu binden. Die PR-Abteilung ist nicht wegzudenken, um sich in einer immer sensibler reagierenden Öffentlichkeit zu positionieren. So steht heute das Marktverhalten eines jeden Unternehmens zunehmend kritisch und argwöhnisch unter den Blicken der Presse und anderer Bezugsgruppen, die sich von den Unternehmensaktivitäten mitbetroffen fühlen: Umweltschutz- und Konsumentenorganisationen, Bürgerinitiativen und politische Parteien, um nur einige zu nennen. Hinsichtlich der PR weiß man, dass die öffentliche Meinung als urteilende bzw. verurteilende Instanz eine entscheidende Bedeutung hat. Die PR-Profis wissen auch, wie hoch die emotionalen Elemente beim Aufbau der Beziehungen zur Öffentlichkeit zu bewerten sind.

Die Bedeutung und die Rolle der Mitarbeiter sind in den bisherigen Kapiteln ausführlich dargelegt und beschrieben. Zahlreiche Geschäftsberichte und betriebliche Publikationen zeichnen ein ähnliches Bild. Aber gibt es ein einziges Unternehmen, das eine dem CRM oder der PR entsprechende Funktion im Hinblick auf das hochkomplexe ERM in entsprechender Hierarchiestufe institutionalisiert hat? Hier wird sich bereits in naher Zukunft ein umfangreiches Aufgabenspektrum für Personalverantwortliche auftun. Sie können als *Relations-Manager* die Implementierung eines ERM maßgeblich inspirieren, koordinieren und unterstützen. Von der Organisation des ERM über die Unterstützung der Fachbereiche in der Vorbereitungs- und Implementierungsphase, das Identifizieren von individuellem und kollektivem Trainingsbedarf, bis hin zur Evaluierung der ERM-Aktivitäten werden Aufgaben zu übernehmen sein, die sinngemäß dem CRM und den PR-Abteilungen entsprechen. Eine Restrukturierung der internen HR-Arbeit kann ermöglichen, dass diese wichtigen Aufgaben ohne nennenswerte zusätzliche Personalkosten realisiert werden.

Auf zwei Gefahren bei der Schaffung institutioneller ERM-Funktionen sei abschließend noch hingewiesen:

- Wenn für das ERM eine eigene Funktion besteht, kann leicht ein *your job-my job*-Denken entstehen. Während bei den eher extern orientierten Disziplinen CRM und PR der *Endverbraucher* die Zielgruppe darstellt, müssen ERM-Funktionen die Personalverantwortlichen (HR-Professionals und Linienvorgesetzte) unterstützen, ihnen zuarbeiten und deren Aktivitäten koordinieren. Ansonsten mutiert das ERM zur *one- department-show* und wird als solche bestenfalls geduldet.
- Zur Aufgabe des oder der ER-Manager wird auch gehören, dass er Personalverantwortlichen falls erforderlich *den Spiegel vorhält*. Der Hinweis auf Defizite, besonders im

Verhaltensbereich, muss sensibel und mit starker Ausprägung der Rolle des Coaches erfolgen. Hierzu ist neben einer entsprechenden Ausbildung der ER-Manager auch die angemessene innerbetriebliche Positionierung der Funktion erforderlich.

9.6 Zusammenstellung und Aufbereitung von Mitarbeiterdaten

Auch in den historisch vorgelagerten Stufen der Personalarbeit ist die sorgfältige, umfassende und vollständige Erfassung der Mitarbeiterdaten eine Basis-Anforderung. Die Praxis zeigt
allerdings, dass in vielen Unternehmen die interne Organisation und die internen Arbeitsabläufe unzureichend sind, um die relevanten Mitarbeiterdaten dort, wo erforderlich, vollständig und aktuell bereitstellen zu können.

Beispiel 9-1

Bis in die jüngste Vergangenheit wurden sowohl in Unternehmen **D** als auch in Unternehmen **E** Umgruppierungen und Höhergruppierungen infolge von Beförderungen wohl
vom Lohnbüro umgesetzt, entsprechende Schreiben oder Vermerke gingen jedoch nicht
in die Personalakten ein. Dies galt auch für Umsetzungen und Versetzungen. Das hierfür
erforderliche Formular wurde bestenfalls vom Lohnbüro abgeheftet. Im Verlaufe der Jahre entstand eine *Aktenlage,* der niemand mehr den Werdegang und die Entwicklung eines
Mitarbeiters korrekt und zuverlässig entnehmen konnte. Zutreffende Zeugniserstellun-
gen waren ebenso unmöglich, wie die umfassende, vollständige Beurteilung der Fähigkeiten, Kenntnisse und Erfahrungen der Mitarbeiter. Dies wurde noch dadurch verstärkt,
dass Zeugnisse und Zertifikate über betriebliche und private Fort- und Weiterbildungsmaßnahmen ebenfalls nicht den Weg in die Personalakte fanden: Teils heftete der aktuelle
Vorgesetzte sie in einem eigenen Ordner ab, teils blieben sie im Lohnbüro hängen.

In beiden Unternehmen waren Mitarbeiter von Pfändungs- und Überweisungsbeschlüssen
betroffen. Gingen diese per Post ein, wurden sie direkt an das Lohnbüro durchgereicht;
dies galt ebenso für vom Gerichtsvollzieher überbrachte Titel. Auch diese Vorgänge waren aus der Personalakte nicht ersichtlich. Vorschusszahlungen wurden vom Lohnbüro an
den Mitarbeiter auf Wunsch gewährt und bei der nächsten Abrechnung oder in Raten
wieder einbehalten, ohne dass der direkte Vorgesetzte oder die Personalabteilung hiervon
Kenntnis erhielt.

In beiden Unternehmen gab es Stammdatenkennzeichen, aus denen die zentrale Personalabteilung bei Bedarf *Verteilerkreise* generierte. Mangelnde Pflege durch die Betriebe
führte dazu, dass Informationen und Einladungen einerseits Mitarbeiter erreichten, die
nicht mehr zu den Adressaten zählten, andererseits Mitarbeiter nicht erreichten, die zwischenzeitlich zum betroffenen Kreis gehörten. Vorgesetzte, die sowohl in dem einen als
auch in dem anderen Fall trotz Kenntnis davon nichts unternahmen oder auf Anfragen der
Mitarbeiter mit Achselzucken reagierten, sorgten zusätzlich für Unverständnis und Verär-
gerung.

In vielen anderen Unternehmen ist es leider wie vorstehend beschrieben. Für die im ERM erforderliche zuverlässige, umfassende Bereitstellung und Aufbereitung der Mitarbeiterdaten ist kein technologisches Aufrüsten erforderlich. Überschaubare Führungsspannen und vollständige, aktuelle Mitarbeiterdaten bilden das Fundament zum Aufbau leistungsfördernder Beziehungen zwischen dem Vorgesetzten und seinen Mitarbeitern.

9.7 Mehr Technologie bedeutet nicht bereits besseres ERM

In Abschnitt 3.3 wurden bereits Fehlentwicklungen im CRM beschrieben, die in einer zu starken Technologie-Fokussierung begründet sind. Trotz dieser negativen Erfahrungen deuten viele Anzeichen darauf hin, dass sich diese Fehler auch im Human Resources Management wiederholen. Daher erscheinen grundlegende Überlegungen zur Technologie im ERM an dieser Stelle notwendig, um einer dem CRM entsprechenden immensen Geld- und Ressourcenverschwendung vorzubeugen. Wie im CRM gilt auch hier: Erfolgreiche Modelle wird es in allen Technologiestufen geben, aber Technologie ist nicht erfolgsentscheidend für ERM. Entwicklungen wie in Beispiel 3-1 müssen erkannt und abgestellt werden. Erst dann lohnt es sich, über IT-Lösungen nachzudenken, die zur weiteren Unterstützung des ERM hilfreich sind.

Die vorstehenden Kapitel zeigen, dass im Prinzip keine zusätzliche Technologie erforderlich ist, um ein erfolgreiches ERM zu implementieren. In der Praxis wird jedoch zunehmend über E-Human Resources und digitales Personalmanagement berichtet. In vielen Unternehmen werden komplexe Softwarelösungen eingekauft und dann ohne Rücksicht auf Verluste implementiert. Das investierte Geld soll sich ja rechnen, denn mit der Anschaffung von Hardware und dem Kauf oder der Entwicklung von Software geht immer das Erzielen von Einsparungseffekten einher.

Firmen, die erste Projekte im weiten Feld des Electronic Human Resource Management umsetzten, stießen schnell an Grenzen: angefangen von hohen Anfangsinvestitionen, die geplante Spareffekte schrumpfen ließen, über die Einwände der Betriebsräte und Datenschützer bis hin zu mangelnder Akzeptanz der Mitarbeiter und der Personalabteilung, die um ihre Arbeitsplätze fürchtete.

Beispiel 9-2

Wieviel Kosten sich letztlich reduzieren lassen, ist immer eine Frage der Masse, wie das Beispiel Personalauswahl bei Siemens zeigt. Obwohl dort eine elektronische Plattform den Prozess beschleunigt, beschäftigte das Unternehmen im Jahr 2003 allein in Deutschland 80 hauptamtliche Internet-Recruiter. Sie bearbeiteten die rund 10.000 Bewerbungen, die Monat für Monat eingingen. Bei durchschnittlich 20 Arbeitstagen im Monat bearbeitete einer dieser Mitarbeiter rechnerisch also gut sechs Bewerbungen täglich.

Beispiel 9-3

Die Berater von Pricewaterhouse-Coopers, Cap Gemini und Pecaso, die mit der Post eine Business-to-Employee-Plattform planten, mussten bald einsehen, dass E-HR nicht für alle 300.000 Beschäftigten realisierbar ist – zumal nur zwölf Prozent von ihnen über einen PC erreichbar sind und ein elektronisches Szenario mit Newsgroup, Reisekostenabrechnung, Zeiterfassung und Training akzeptieren würden.

Beispiel 9-4

Ein großer deutscher Konsumgüterhersteller führte auf SAP-Basis ein globales HR-System ein, das die Daten für Gehälter, Qualifikation und Entwicklung der über 5.000 Führungskräfte enthält. Auch das zweijährliche Performance-Management sollte über das Intranet abgewickelt werden. Nach den Gesprächen mit ihren Mitarbeitern sollten die Führungskräfte die Beurteilungen und Vorschläge für Entwicklungsmaßnahmen selbst in das System eintragen. Dass dieses Projekt nicht über die Pilotphase hinauskam, lag an der Technik: 40% der Manager klagten über erhebliche Schwierigkeiten, weil sie auf ihrem PC nicht die Version des „Internet Explorers" installiert hatten, für den das Tool programmiert war.

Akzeptanz ist die wesentliche Voraussetzung für den Erfolg von E-HR, zu dieser Einsicht sind zwischenzeitlich zahlreiche Konzerne gelangt. Die bisher eingesetzten Gelder und Ressourcen können vielfach als *Lehrgeld* abgeschrieben werden. Einen Beitrag im Sinne eines ERM leisteten diese Versuche nicht. Viele angestrebte und zum Teil auch eingeführten technischen Lösungen mussten nach zähen, langwierigen Verhandlungen mit den Arbeitnehmervertretern wieder ad acta gelegt werden. Juristische Auseinandersetzungen inbegriffen. Auf dem Weg zu einem ERM sind das Rückschläge, die nur schwer und langwierig wieder aufzuarbeiten sind, da Konflikte und Auseinandersetzungen entstehen, die Sieger und Verlierer schaffen.

Lösungen, die nicht die Akzeptanz der Mitarbeiter und deren Vertretungen haben, sind zum Scheitern verurteilt. Auch hier gilt, dass *der Wurm dem Fisch schmecken muss und nicht dem Angler*.

Es ist keinesfalls akzeptabel, dass Unternehmen ERM nicht angehen, weil dafür kein Geld vorhanden ist. Unternehmensleitungen, die auf professionelles CRM oder PR verzichten würden, weil angeblich dafür keine Mittel bereitstehen, würden aus Sicht der Aufsichtsräte oder anderer übergeordneter Gremien ihren Aufgaben nicht gerecht werden. Diese Betrachtungsweise muss auch für das ERM greifen.

9.8   Basis-Elemente und deren Anwendung

Für das ERM gibt es weder Patentrezepte noch eine komplette Toolbox, deren Anwendung bereits Garant zum Erfolg wäre. Zur Umsetzung der ERM-Philosophie bedarf es jedoch einiger Basis-Instrumente, die in Abbildung 9-4 zusammengefasst und im Folgenden beschrieben sind. Sie dienen dazu, die in Kapitel 8 beschriebene Organisation und den Aufbau des ERM praktisch umzusetzen.

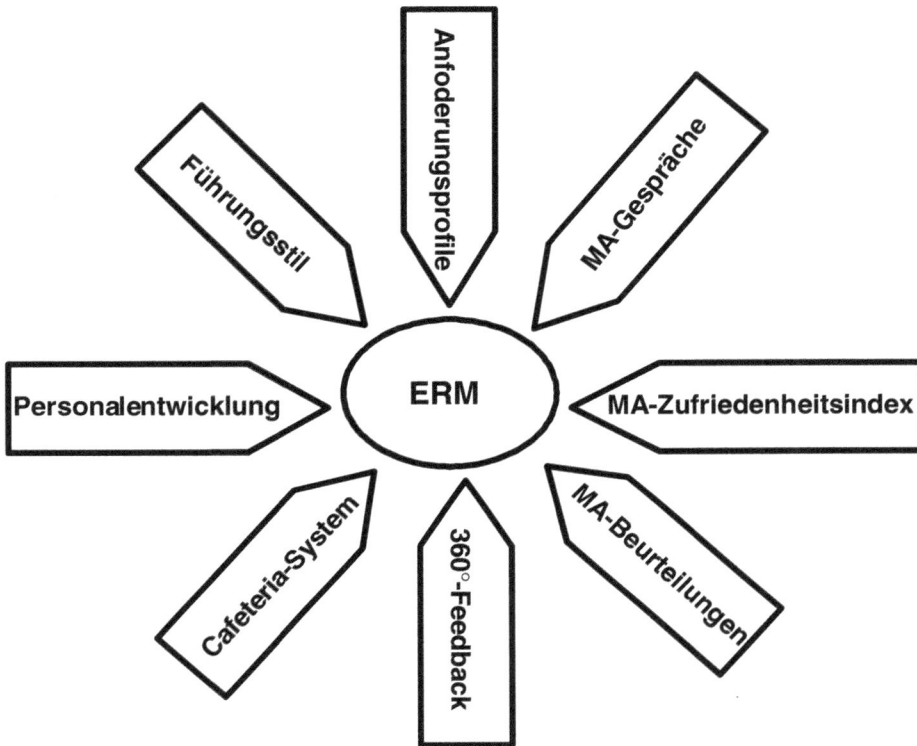

Abb. 9-4 Instrumente des Employee Relationship Managements

9.8.1 Anforderungsprofile

Als Basis der gesamten Interaktion mit dem einzelnen Mitarbeiter wurde dieses im ERM unabdingbare Element detailliert in Kapitel 6 beschrieben. Von der Personalauswahl bis hin zum regelmäßigen strukturierten Mitarbeitergespräch bildet das Anforderungsprofil das Zentrum und den Maßstab für personelle Entscheidungen und Maßnahmen, die damit professionell und mitarbeiterorientiert ablaufen. Subjektive Einflüsse der Führungskraft bleiben weitgehend außen vor.

9.8.2 Mitarbeitergespräche

Ein weiteres im ERM unverzichtbares Element zum Aufbau leistungsfördernder Beziehungen ist das Mitarbeitergespräch. Als wichtigstes Verständigungsmittel ist das Gespräch Grundlage und Voraussetzung für eine zufriedene, effiziente Zusammenarbeit. Das regelmäßige Mitarbeitergespräch fördert Offenheit und gegenseitiges Verständnis. Gespräche erfüllen emotionale Bedürfnisse, bilden Brücken zwischen den Menschen, schaffen Sicherheit und Vertrauen. In diesem Abschnitt wird *Mitarbeitergespräch* im engeren Sinne verstanden. D.h., damit ist das in festem Turnus für alle Mitarbeiter durchgeführte, strukturierte und protokollierte Gespräch gemeint.

Wie bereits in Abschnitt 5.3 aufgezeigt, ist die Kommunikation eines von zwei Instrumenten, mit denen Vorgesetzte ihre Führungsaufgabe erfüllen können. Neben den alltäglichen Gesprächen, die aus vielfältigen Anlässen oder aktuellen Gegebenheiten zustande kommen, wächst insbesondere dem geplanten und strukturierten 4-Augen-Gespräch zwischen dem Vorgesetzten und seinen Mitarbeitern eine besondere Rolle zu. Als strukturiert kann ein Gespräch dann bezeichnet werden, wenn es zumindest einen bestimmten, über das Tagesgeschäft hinausgehenden Sachinhalt und eine für beide Teile erkennbare Zielsetzung hat.

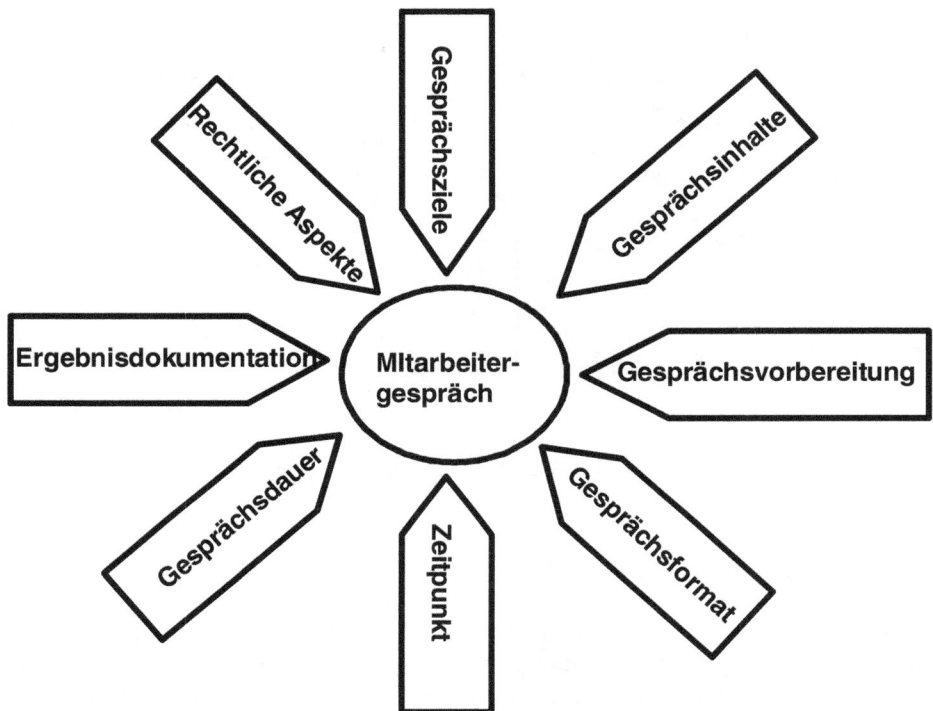

Abb. 9-5 Aspekte des Mitarbeitergesprächs

Dieses Buch enthält eine Kurzdarstellung der wesentlichen Aspekte des Mitarbeitergespräches. Das breite Spektrum der anlassabhängigen Gesprächsarten, die Gesprächsführung und der Zielvereinbarungsprozess sind in der diesbezüglichen Fachliteratur hinreichend beschrieben.

(1) Gesprächsziele

Das strukturierte Mitarbeitergespräch im ERM als Kernelement der Interaktion zwischen Vorgesetztem und Mitarbeiter unterscheidet sich auch in seiner Zielsetzung von reinen Beurteilungsgesprächen, Zielvereinbarungsgesprächen und Fördergesprächen. Es dient weder der Überwachung oder Disziplinierung noch der Kontrolle der Mitarbeiter. Im Vordergrund steht eindeutig die Beziehung zwischen den Gesprächspartnern. Im offenen, vertrauensvollen Dialog werden die Gesprächsinhalte gemeinsam erarbeitet. Die wechselseitigen Perspektiven werden dargelegt und ein Verständnis für die jeweilige Sichtweise des Gesprächspartners entwickelt. Im Falle von Defiziten, Problemen und Konflikten haben zukunftsorientierte Lösungsansätze Vorrang vor der Ursachenanalyse.

Ein Vorgesetzter kann diese Ziele nur dann erreichen, wenn er über ein hohes Maß an kommunikativen Fähigkeiten, wie in Abschnitt 5.3.1 näher beschrieben, verfügt.

(2) Gesprächsinhalte

Die folgende Abbildung zeigt eine schematische Darstellung der Gesprächsinhalte mit speziellem Fokus auf das ERM:

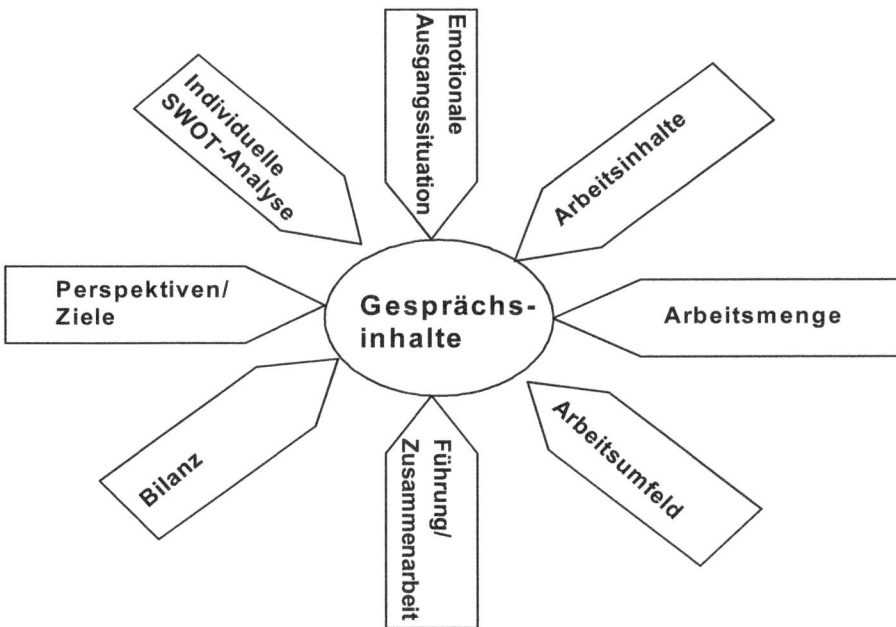

Abb. 9-6 Inhalte des strukturierten Mitarbeitergesprächs

(a) Emotionale Ausgangssituation

Für den zufriedenstellenden und effizienten Gesprächsverlauf ist es für den Vorgesetzten erforderlich, zu wissen, wie die aktuelle emotionale Situation seines Mitarbeiters aussieht:

- Ist die Zielsetzung des Gespräches klar? Besteht Interpretationsbedarf?
- Hat der Mitarbeiter den Gesprächstermin rechtzeitig erfahren?
- Hatte er ausreichend Zeit, sich mit den Gesprächsinhalten und dem Format vertraut zu machen?
- Hatte er ausreichend Zeit, das Anforderungsprofil kennen zu lernen, es auf Korrektheit und Vollständigkeit zu prüfen?
- Hatte er ausreichend Zeit, die Selbsteinschätzung vorzunehmen?
- Besteht auf Grund einer besonderen beruflichen oder privaten Situation der Wunsch, das Gespräch auf einen späteren Zeitpunkt zu verschieben?
- Wie fühlt er sich generell vor dem Gespräch?

Mit diesen Fragen kann schnell und treffend geklärt werden, ob die Ausgangssituation für das beabsichtigte Gespräch erfolgversprechend ist. Falls sich Zweifel ergeben, sollte das Gespräch besser vertagt werden, um die Zielsetzung nicht zu gefährden. Dies gilt auch für den Fall, dass es zum Gesprächszeitpunkt Spannungen im persönlichen Verhältnis der Gesprächspartner gibt.

(b) Arbeitsinhalte

- Haben sich Änderungen im Anforderungsprofil ergeben?
- Gibt es Tendenzen, die eine Adaption des Anforderungsprofils erfordern?
- In welchen Teilbereichen fühlt sich der Mitarbeiter unter- bzw. überfordert?
- Ist die aktuelle Abgrenzung zu anderen Funktionen sinnvoll und befriedigend geregelt?
- Welche Gedanken zur Optimierung im jetzigen Arbeitsbereich sind vorhanden?
- Wie bewertet der Mitarbeiter ganz generell seine Leistung?
- Welche persönlichen Ziele hinsichtlich seiner Arbeit möchte der Mitarbeiter zukünftig intensiver verfolgen?

Diese Beispielfragen bringen dem Vorgesetzten wichtige Informationen und Anhaltspunkte für den weiteren Gesprächsverlauf. Des Weiteren können sich zusätzliche Hinweise auf die tatsächliche emotionale Ausgangslage ergeben.

(c) Arbeitsmenge

- Ist das Verhältnis zwischen Arbeitsanforderungen und Arbeitszeit in Ordnung?
- Lässt die Arbeitsmenge die geforderte Qualität zu?
- Was möchte der Mitarbeiter verändern?
- Sind die Arbeitsanforderungen innerhalb des Teams gerecht verteilt?
- Zeichnen sich bestimmte Entwicklungen ab? Wird sich die Arbeitsmenge ändern?

Wie bei allen Gesprächsinhalten gilt auch hinsichtlich der Arbeitsmenge, dass der Vorgesetzte seine eigene Beurteilung mit der Einschätzung des Mitarbeiters abgleichen kann. Dies ist für sein abschließendes Urteil wichtig.

(d) Arbeitsumfeld

- Erhält der Mitarbeiter rechtzeitig alle zur Aufgabenerfüllung erforderlichen Informationen?
- Wie funktioniert die Zusammenarbeit mit den Kollegen?

- Wie mit den anderen Abteilungen?
- Wie erfährt der Mitarbeiter notwendige Hilfestellungen oder Unterstützung?
- Gibt es Konflikte oder sich wiederholende konfliktträchtige Situationen am Arbeitsplatz / mit anderen Abteilungen?
- Sind die Arbeitsmittel bezüglich Quantität und Qualität ausreichend?
- Gibt es erkennbare Veränderungen? Welche hält der Mitarbeiter für besonders wichtig?

Dieser Gesprächsteil gibt dem Mitarbeiter Raum und Gelegenheit für die Darstellung persönlicher Eindrücke, Belange und Mitteilungen.

(e) Führung / Zusammenarbeit mit dem Vorgesetzten

- Welche Erwartungen hat der Mitarbeiter in Bezug auf Personalführung?
- Inwieweit werden diese Erwartungen derzeit erfüllt?
- Wie erlebt der Mitarbeiter die Führung durch seinen Vorgesetzten?
- Wie erfährt der Mitarbeiter Anerkennung?
- Wie erfährt der Mitarbeiter Kritik?
- Wie beurteilt der Mitarbeiter die Kritikfähigkeit seines Vorgesetzten?
- Wie beurteilt der Mitarbeiter die Loyalität seines Vorgesetzten?
- Wie erfährt der Mitarbeiter Unterstützung durch seinen Vorgesetzten?
- Möchte der Mitarbeiter eigenverantwortlicher arbeiten?
- Braucht er mehr Vorgaben?
- Wie geht mein Vorgesetzter mit Konflikten um?
- Was sollte an der Zusammenarbeit verändert werden?

Wie auch bei den anderen Gesprächsinhalten sollen beide Gesprächspartner sinngemäß diese Fragen beantworten, damit der andere den eigenen Standpunkt kennen lernt. Dieser Gesprächsteil ist der emotionalste und damit der sensibelste des gesamten Gespräches. Aber auch der für den Aufbau leistungsfördernder Beziehungen wichtigste Teil.

(f) Bilanz

- Wie wird beidseits die geleistete Arbeit im Rückblick eingeschätzt?
- Welche Aktiva sind aufzuführen? Was wird positiv bewertet?
- Welche Passiva sind aufzuführen? Was ist nicht gut gelaufen?
- Gibt es besondere Vorkommnisse (positiv oder negativ) im abgelaufenen Zeitraum?

Nicht nur die Sichtweise des Mitarbeiters wird erörtert. Er erhält auch Rückmeldung seitens des Vorgesetzen. Auch aus diesem Gesprächsteil können Zielvereinbarungen abgeleitet werden.

(g) Perspektiven / Ziele

- Welche Defizite gilt es auszugleichen?
- Wie können diese ausgeglichen werden?
- Wie können Stärken weiterentwickelt werden?
- Wie kann sich abzeichnenden Veränderungen des Anforderungsprofils begegnet werden?
- Welche Unterstützung kann der Vorgesetzte bieten?
- Muss es Veränderungen in den Informations- und Kommunikationsstrukturen geben?

- Welche konkreten Ziele sollen erreicht werden?
- Wie wirkt sich die Zielerreichung auf die weitere persönliche und fachliche Entwicklung aus?
- Welche kurz- mittel- und langfristigen Perspektiven bestehen innerhalb des Unternehmens?

Über den Austausch von Zielvorstellungen müssen realistische, operationalisierte Ziele vereinbart werden. Im allgemeinen sind fünf bis sieben konkrete Ziele völlig ausreichend. Zur Zielvereinbarung gehört auch, dass derjenige sich unverzüglich mit dem anderen in Verbindung setzt, der erkennt, dass ein Ziel nicht wie vereinbart realisiert werden kann. Ausschlaggebend können sowohl zeitliche als auch inhaltliche Aspekte sein. Dies gilt sinngemäß sowohl für Ziele, die eher erreicht sind als auch für Ziele, deren Erreichung sich verzögert.

(h) Individuelle SWOT-Analyse

Die in Abschnitt 9.2 beschriebene SWOT-Analyse eignet sich auch zur Identifizierung persönlicher und fachlicher Stärken und Schwächen. Die Chancen-Risiko-Abwägung führt zu einer klaren Sicht der Gegebenheiten und zeigt Handlungsbedarf auf. Beste Erfahrungen konnten in der Vergangenheit mit der individuellen SWOT-Analyse gemacht werden, wenn Mitarbeiter für konkrete Beförderungen oder für Führungs-Förderkreise (auch Nachwuchskräfte) vorgesehen waren.

Beispiel 9-5

In Unternehmen E waren zehn Mitarbeiterinnen und Mitarbeiter, die als interne Kandidaten für die Übernahme exponierter Führungsaufgaben geeignet schienen, in einem Führungsförderkreis zusammengefasst. Verschiedene Module bereiteten diesen Personenkreis auf die neuen Aufgaben vor. In einem dieser Module wurden die Teilnehmer mit der SWOT-Analyse bekannt gemacht und aufgefordert, dieses Tool auch für die eigene Situationsanalyse anzuwenden. Es wurde ihnen freigestellt, ihre persönliche SWOT-Analyse anschließend mit dem Leiter des Förderkreises zu besprechen. Im informellen Teil am Abend verabredeten die Teilnehmer die Präsentation aller persönlichen SWOT-Analysen im nächsten Meeting. Ein offenes und ehrliches Feedback seitens des Gruppenleiters und aller Teilnehmer wurde als wertvoll für die eigene Situationsanalyse erkannt und gewünscht.

Nicht nur die bestätigte Selbsteinschätzung sondern auch die kritischen Anmerkungen und Statements der Teilnehmer führten dazu, dass dieses Instrument sich zu dem Teil des Programms entwickelte, der nachwirkend als der wertvollste betrachtet wurde.

---

(3) Gesprächsvorbereitung

Ob Gruppen- oder Einzelgespräche: Effiziente Gespräche zeichnen sich durch eine gute Vorbereitung aller Gesprächspartner aus.

Zur Vorbereitung gehören:

- Rechtzeitige Terminierung und Festlegung des Gesprächsortes
- Rechtzeitige Bereitstellung des Gesprächsformates und des Anforderungsprofils, falls vorhanden auch des Gesprächsleitfadens

- Beide Gesprächspartner bereiten die Fragen aus ihrer Sicht vor. Die in diesem Abschnitt unter *Gesprächsinhalte* aufgeführten Beispielfragen können als Anregung hierfür dienen.
- Beide Gesprächspartner sollten Zeitpuffer einkalkulieren.
- Der Vorgesetzte trägt Sorge, dass keine Störungen oder Unterbrechungen des Gesprächs durch Dritte möglich sind. Telefonate sind während des Mitarbeitergespräches tabu.
- Wenn aktuelle Spannungen das Gespräch belasten könnten, sollte es verschoben werden.

(4) Gesprächsformat

Ein strukturiertes Gespräch erfordert ein einheitliches Format im gesamten Anwendungsbereich. Hierbei stellen die unter *Gesprächsinhalte* aufgeführten Punkte die erforderliche Struktur dar, und die Fragen können in ein firmenspezifisches Format übertragen werden. Ergänzt durch das Anforderungsprofil (ohne Anforderungsprofil bleiben Fremd- und Selbsteinschätzung ohne erkennbaren Maßstab und sind daher wertlos) ergibt sich damit ein praxisnahes, leicht zu handhabendes Gesprächsformat. Es stellt sicher, dass die vorgesehenen Gesprächsinhalte vollständig und umfassend besprochen und erfasst werden.

(5) Gesprächszeitpunkt

Vielfach wird das Mitarbeitergespräch in den Unternehmen als *Mitarbeiterjahresgespräch* bezeichnet und auch so angewandt. Das steht seiner Diktion und Zielsetzung im ERM entgegen.

Das strukturierte Mitarbeitergespräch muss in regelmäßigen Zeitabständen von maximal einem Jahr stattfinden. Bei Bedarf, aus Sicht des Vorgesetzten aber auch aus Sicht des Mitarbeiters, findet es mehrfach statt. Dieser Bedarf kann sich beispielsweise aus Sicht des Vorgesetzten ergeben, wenn ein Mitarbeiter nach dem letzten Gespräch markante positive oder negative Veränderungen in seiner Leistung und/oder seinem Verhalten zeigt. Auch der Mitarbeiter, der zum Beispiel der Meinung ist, Defizite oder kritische Punkte aus dem vergangenen Gespräch deutlich vor dem nächsten turnusmäßigen Gespräch ausgeglichen bzw. beseitigt zu haben, kann seinerseits einen vorgezogenen Termin initiieren. Das gilt auch für unvorhergesehene Veränderungen des Anforderungsprofils.

Für neu eingestellte Mitarbeiter empfiehlt sich ein erstes offizielles und dokumentiertes Mitarbeitergespräch zum Ende der Probezeit. Auch beim Wechsel des Vorgesetzten kann es nach ca. drei Monaten sinnvoll sein.

Das unter *Gesprächsvorbereitung* zu *Störungen* und *aktueller emotionaler Belastung* Erwähnte muss besondere Beachtung finden. So sollte keiner der Gesprächspartner zögern, eine Verlegung des Termins aus diesen Gründen anzustreben. Es empfiehlt sich, dass der Vorgesetzte seinen Mitarbeiter vor oder zu Beginn des Gesprächstermins auf diese Möglichkeit hinweist.

(6) Gesprächsdauer

Beispiel 9-6

Nach der Einführung des strukturierten Mitarbeitergespräches in der ersten Gesellschaft des Unternehmens E zeigten sich alle Beteiligten mit dem Gesprächsverlauf und dem Gesprächsergebnis sehr zufrieden. Diese Auffassung wurde auch von der Arbeitnehmervertretung geteilt, welche die Pilotphase eher skeptisch begleitet hatte. Der einzige von Vorgesetzten geäußerte Kritikpunkt war: *„Die Gespräche haben unerwartet lange gedauert".* Aus Sicht der Mitarbeiter und deren Vertreter wurde dies eher als positiv wahrgenommen. Sie begrüßten die Tatsache, dass ihr Vorgesetzter sich endlich einmal Zeit für ein intensives Gespräch genommen hatte.

Mitarbeitergespräche im ERM benötigen Zeit. Im Allgemeinen ist die Gesprächsdauer nach gründlicher Vorbereitung mit 1,5 bis 2 Stunden anzusetzen. Die Erfahrung zeigt, dass sich diese Investition in mehrfacher Hinsicht lohnt: Gut geführte Gespräche ohne den sonst immer vorherrschenden Zeitdruck werden als wohltuend empfunden und können die Zufriedenheit der Gesprächspartner deutlich steigern. Somit leisten sie einerseits einen grundlegenden Beitrag zur Mitarbeiterzufriedenheit. Andererseits zeigt sich deutlich, dass an anderer Stelle Zeit in einem Maße eingespart werden kann, das die eigentliche Gesprächsdauer übersteigt. Die Aussage mancher Vorgesetzten *„Wie soll ich das zeitlich alles unterbringen? Unmöglich!"* entspringt einer kurzfristigen, operativen Denkweise und erkennt nicht die mittel- und langfristige strategische Bedeutung des Gespräches und damit auch nicht die eigene Verantwortung im ERM.

(7) Ergebnisdokumentation

Im strukturierten Mitarbeitergespräch unterstützt das Gesprächsformat bereits die zwingend notwendige Dokumentation.

Die Aufzeichnung des Gesprächsergebnisses und der getroffenen Zielvereinbarungen unterstützen den verbindlichen Charakter des Gesprächs. Die Gesprächspartner bringen mit ihrer Unterschrift zum Ausdruck, dass sie ihre Einschätzung hinsichtlich der Gesprächsinhalte adressiert und gemeinsam Ziele vereinbart haben, die eine noch zufriedenere und effizientere Zusammenarbeit fördern. Missverständnisse und unterschiedliche Gesprächsinterpretationen können somit vermieden werden. Weiterhin stellt die Gesprächsdokumentation die Ausgangsbasis für das nächste Gespräch dar.

Wenn derzeit unüberbrückbare unterschiedliche Auffassungen auch nach dem Gespräch bestehen bleiben, wird das ebenfalls dokumentiert und unterschrieben. In diesem Fall empfiehlt es sich, einen neuen, im angemessenen Abstand gelegenen nächsten Termin einvernehmlich festzulegen.

Beide Gesprächspartner erhalten je eine Ausfertigung der Dokumentation.

(8) Implementierungsbeispiel

Nachstehend sind die Schritte zur Implementierung des Mitarbeitergespräches in Unternehmen E dargestellt und kurz erklärt.

1. Schritt: Definition des strategischen Ansatzes

Die in Kapitel 4 näher beschriebenen Gedanken zur Leistung wurden als strategischer Ansatz gewählt. Die Leistung als Schnittmenge von Potential, Motivation und Umfeld wurde verdeutlicht und die Schnittmengenvergrößerung als zentrale Führungsaufgabe des Vorgesetzten in den Mittelpunkt gestellt. Damit erhielt das strukturierte, regelmäßige Mitarbeitergespräch die Bedeutung einer unverzichtbaren Säule der Mitarbeiterloyalität.

2. Schritt: Thesensammlung zur Mitarbeiterbeurteilung im Unternehmen

Die folgenden Thesen wurden im Kreise der Personalverantwortlichen aufgestellt und waren Bestandteil der Präsentationen in den Schritten 6 und 7. Sie bildeten sozusagen die Philosophie des MAG:

- jeder urteilt und beurteilt die Leistung, das Verhalten etc. anderer ständig
- annähernd jede personelle Entscheidung beruht auf einer Leistungs-, Verhaltens-, oder Potentialeinschätzung
- ein strukturiertes und dokumentiertes MAG sorgt für ein Höchstmaß an Transparenz und Verlässlichkeit, schafft Vertrauen
- Mitarbeiter müssen wissen, wie ihr Vorgesetzter sie beurteilt, welche Aussagen er über sie gegenüber anderen macht, wenn sie sich z.B. intern auf eine andere Position bewerben
- Mitarbeiter müssen Gelegenheit haben, Einschätzungen des Vorgesetzten durch eine Selbsteinschätzung zu ergänzen und zu korrigieren, wenn sie sich falsch gesehen fühlen
- zwingende Voraussetzung hierfür ist die offene, deutliche und dokumentierte Mitteilung dieser Beurteilung / Einschätzung
- das Mitarbeitergespräch will über Kommunikation die Beziehung zwischen Mitarbeiter und Führungskraft positiv gestalten
- ohne Anforderungsprofil bleiben Fremdeinschätzung und Selbsteinschätzung ohne Maßstab und damit sinnlos
- MAG incl. Beurteilung / Selbsteinschätzung bilden die Grundlage für Personalentwicklung
- ein dokumentiertes MAG stellt eine Art Zwischenzeugnis dar
- die Dokumentation und Behandlung als Bestandteil der Personalakte führt zu einem sorgfältigeren Umgang mit dem Instrument MAG

Diese Thesen wurden aufgrund der speziellen Ausgangssituation im Unternehmen, sowie der Befindlichkeiten von Arbeitnehmervertretung und Führungskräften aufgestellt und in der Folge näher erläutert und diskutiert.

3. Schritt: Definition / Klarstellung der Zielsetzungen des HRM im Unternehmen

Abgeleitet aus den Thesen und dem Unternehmensleitbild wurden zur künftigen Orientierung die nachstehenden Grundsätze für die Personalarbeit entwickelt und festgeschrieben:

- Förderung des Führungsverständnisses im Sinne des strategischen Ansatzes
- enge Anbindung an das Unternehmensleitbild
- Anwendung des aktuellen Erkenntnisstandes von Theorie und Praxis
- Schaffung eines inspirierenden, motivierenden Umfeldes
- Unterstützung der Führungskräfte in den anstehenden Veränderungsprozessen.

4. Schritt: Definition der Zielsetzung des formalen Mitarbeitergespräches (MAG)

Aus den nachstehenden Grundsätzen wurden die Ziele entwickelt und wo immer möglich, messbar formuliert

- einheitliche Gesprächsstruktur im Unternehmen
- Gestaltungsspielräume für spezielle Mitarbeitergruppen im Unternehmen
- Bilanz eines vergangenen Zeitraumes
- Vorschau / Zielvereinbarung für einen bestimmten Zeitraum
- einfaches Handling
- einmal jährlich verpflichtend
- Mehrfachanwendung bei Bedarf möglich

5. Schritt: Darstellung des Nutzens des formalen MAG

Zusammenfassend wurde noch einmal klargestellt, dass dieses Instrument *für* den Mitarbeiter geschaffen wird und nicht *gegen* ihn gerichtet ist.

- offene und nachvollziehbare Beurteilung; denn: unausgesprochen beurteilt wird ständig
- gezielte Förderung und Entwicklung des Mitarbeiters; denn: nur wer seine Stärken und Schwächen kennt, kann daran arbeiten
- optimaler Einsatz des Mitarbeiters; denn: nur wer entsprechend seiner Stärken und Schwächen eingesetzt ist, kann zufrieden eine hohe Leistung erzielen
- klare Zielvereinbarung zwischen Mitarbeiter und Führungskraft; denn: nur wer die Anforderungen und Erwartungen kennt, kann sie zielgerichtet erfüllen
- Motivation der Mitarbeiter; denn: Anerkennung und faire, konstruktive Kritik sind Grundlage für Vertrauen und Spaß an der Arbeit
- höhere qualitative und quantitative Leistung möglich; denn: Nutzen des Mitarbeiterpotentials, zufriedene und motivierte Mitarbeiter in einem inspirierenden Umfeld erhöhen die Schnittmenge aus Potential, Motivation und Umfeld.

6. Schritt: Präsentation des Projektes im Leitungsteam

Eine inhaltliche Präsentation der vorgenannten Schritte erfolgte vor der Geschäftsführung und den Zentralbereichsleitern. Anregungen wurden aufgenommen und die weitere Vorgehensweise einvernehmlich festgelegt.

7. Schritt: Präsentation des Projektes bei der Arbeitnehmervertretung

Bereits in diesem frühen Stadium der Planungsphase wurde die Arbeitnehmervertretung umfassend informiert. Auch in diesem Schritt wurden noch Anregungen und Wünsche für die Ausgestaltung aufgenommen. Nach nur einer weiteren Sitzung hatte man sich auf eine Betriebsvereinbarung geeinigt.

8. Schritt: Zusammenstellung eines Projektteams

Ein aus Personalverantwortlichen und Arbeitnehmervertretern bestehendes Projektteam übernahm zur weiteren Bearbeitung das Projekt. Über Grundsätze und Zielsetzungen bestand Einvernehmen. Auf Wunsch des Projektteams blieb der Personalleiter weiterhin Projektleiter.

9. Schritt: Festlegung des Projektplanes

Das Projektteam legte einen inhaltlichen und zeitlichen Projektplan fest, klärte Verantwortlichkeiten und erarbeitete einen Kommunikationsplan.

10. Schritt: Gesprächsformat

Das Projektteam erarbeitete das Gesprächsformat. Dieser Schritt, oft in der Praxis eine aufreibende und langwierige Angelegenheit, dauerte keine fünf Stunden.

11. Schritt: Implementierung

Analog des Projektplanes und unter Einbindung der Führungskräfte und Arbeitnehmervertretungen in den einzelnen Betriebsstätten wurde das Format besprochen und erläutert. Weiterhin erfolgte die Terminierung der ersten Gespräche. Hierbei galt der Grundsatz: Top-down. Nur derjenige Vorgesetzte, der selbst bereits beurteilt war, darf seine Mitarbeiter beurteilen.

Den zeitlichen Schwerpunkt bildeten klar die Schritte 1 bis 7. Alle weiteren Schritte konnten ohne nennenswerte Konflikte sehr zeitnah und effektiv umgesetzt werden.

Nachstehendes Beispiel zeigt das Vorwort einer Broschüre zum Mitarbeitergespräch in Unternehmen D. Gegenüber dem Originaltext wurde nur der Name des Unternehmens durch *Unternehmen* ersetzt.

Beispiel 9-7

Sehr geehrte Mitarbeiterinnen und Mitarbeiter,

zeitgemäße Mitarbeiterführung spiegelt sich besonders in der Kommunikation, der Information und im Umgang mit Zielfindungsprozessen wider. Nach dem Führungsverständnis bei *Unternehmen* ist der Mitarbeiter dabei heute weniger „Betroffener", sondern viel mehr gleichberechtigter Partner auf dem Weg zum Erfolg des Unternehmens.

Unsere Auffassung vom Umgang miteinander zieht sich wie ein roter Faden durch alles was mit Personalverantwortung zu tun hat: Führung bei *Unternehmen* verstehen wir als Aufbau leistungsfördernder Beziehungen.

Über eine mitarbeiterorientierte Personalpolitik wollen wir ökonomische Werte schaffen und gleichzeitig ein inspirierendes und motivierendes Arbeitsumfeld erhalten. Dazu setzen wir Instrumente und Methoden ein, die *Unternehmen* in zunehmendem Maße als Arbeitgeber attraktiv machen. Neben den zahlreichen Trainingsmaßnahmen zur persönlichen und fachlichen Weiterentwicklung der Mitarbeiter ist sicherlich der „Employee Satisfaction Index (ESI)" hervorzuheben. Für die Unternehmensleitung und die Personalverantwortlichen ist der ESI zwischenzeitlich zu einer unverzichtbaren Orientierung bei der Ausrichtung der Personalarbeit geworden.

Das Mitarbeitergespräch bei *Unternehmen* rundet unser ständiges Bestreben nach dem Aufbau leistungsfördernder Beziehungen ab: Nur durch das offen geführte Gespräch unter vier Augen zwischen denjenigen, die Personalverantwortung tragen und ihren Mitarbeitern, lassen sich diese Beziehungen schaffen. Werte und Einstellungen können erkannt, Konflikte gelöst, Motivation und Identifikation gefördert werden. Hierbei steht für uns die individuelle Analyse der Situation am Arbeitsplatz im Vordergrund, die in einem gleichberechtigten Dialog der Gesprächspartner durchgeführt wird. Dazu gehört selbstverständlich auch, dass der Mitarbeiter seine Arbeits- und Führungssituation reflektiert und auch Aussagen zur Zusammenarbeit mit seiner Führungskraft trifft.

Mit dieser Broschüre wollen wir Ihnen die komplett überarbeitete Form unserer strukturierten Mitarbeitergespräche vorstellen, und Ihnen einen Leitfaden im Umgang mit dem Instrument „Mitarbeitergespräch" an die Hand geben.

Unser Dank gilt an dieser Stelle den Personalverantwortlichen der einzelnen Betriebe und den Mitgliedern des Gesamtbetriebsrates, die zur Neukonzeption einen wertvollen Beitrag geleistet haben.

Zum Abschluss eine Bitte an die Beteiligten des Mitarbeitergespräches: Betrachten Sie das Mitarbeitergespräch nicht als „lästige Pflicht"! Denn dann verkommt es zur Alibiveranstaltung. Nutzen Sie es vielmehr als Chance der Reflexion und Zielvereinbarung, um persönlich zufriedener und fachlich noch erfolgreicher tätig sein zu können.

Wir wünschen Ihnen gute und erfolgreiche Gespräche!

Unterschrift Geschäftsführer   Unterschrift Personaldirektor

9.8.3   Mitarbeiterzufriedenheitsindex

Wie bereits mehrfach zum Ausdruck gebracht, können unzufriedene Mitarbeiter keine engagierten, loyalen Mitarbeiter sein und werden. Ziel des ERM ist daher der zufriedene Mitarbeiter. Zufriedenheit in diesem Sinne darf nicht interpretiert werden als Sattheit, Behäbigkeit oder Trägheit. Zufriedenheit im ERM bedeutet, dass der Mitarbeiter anerkanntermaßen ein betriebliches Umfeld hat, in dem er sich wohl fühlt und bereit und in der Lage ist, sein Potential zu entfalten, sich zu engagieren.

Die im Vorwort erwähnte Gallup-Studie zeigt, dass in Deutschland noch eine weite Strecke mit vielen Hindernissen auf dem Weg zum zufriedenen Mitarbeiter zurückzulegen ist. Die Bestimmung eines Mitarbeiterzufriedenheitsindexes – vor allem aber der Prozess, der zu diesem Index führt – stellt dafür eine unverzichtbare, in seiner Auswirkung nicht hoch genug einzuschätzende Kern-Komponente dar.

Es verwundert auch kaum, dass die Ergebnisse zahlreicher empirischer Studien einen klaren Zusammenhang zwischen der Mitarbeiterzufriedenheit und der Kundenzufriedenheit belegen. Die Mitarbeiterzufriedenheitsforschung leistet somit einen zentralen Beitrag zur Erklärung und Optimierung von Unternehmenseffizienz und -effektivität.

Zunächst einmal gilt es, sich die Einflussgrößen der Mitarbeiterzufriedenheit vor Augen zu führen.

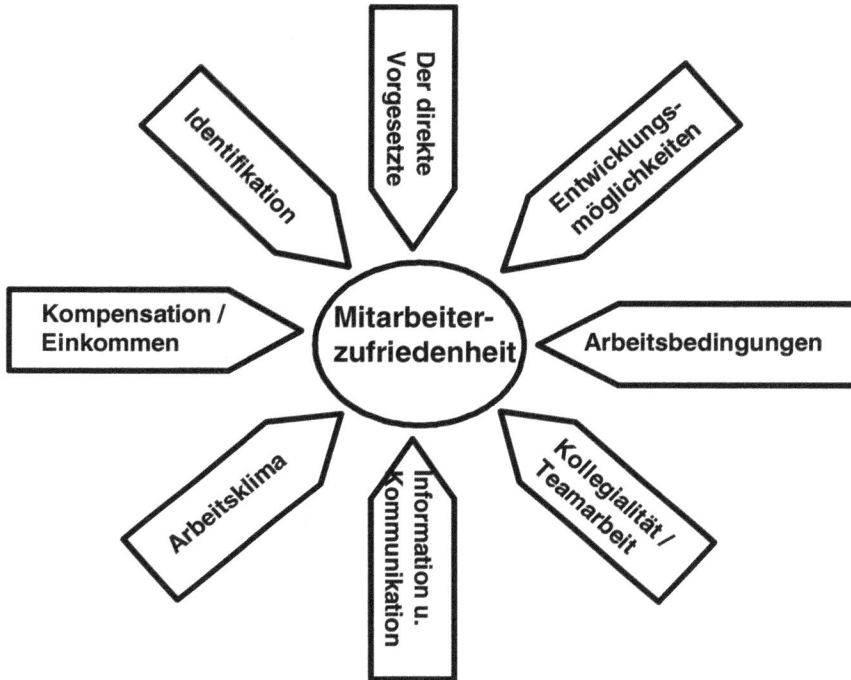

Abb. 9-7 Einflussgrößen der Mitarbeiterzufriedenheit

(1) Der direkte Vorgesetzte

Er ist es, der viele emotionale Bedürfnisse direkt erfüllen kann – oder nicht erfüllt. Viele Mitarbeiter kommen aufgrund eines subjektiven Unternehmensimages zu ihrem neuen Arbeitgeber. Die innerliche oder tatsächliche Kündigung wird aber meist wegen dem direkten Vorgesetzten ausgesprochen.

(2) Entwicklungsmöglichkeiten

Für MVE und MGE ein Faktor, dem sie hohe Wertschätzung entgegenbringen. Die fachliche und persönliche Entwicklung spielt in jedem *lifecycle stage* des Mitarbeiters eine Rolle.

(3) Arbeitsbedingungen

Hiermit ist das gesamte Umfeld, in dem die Leistungserstellung stattfindet, gemeint. Das Spektrum geht von der Ausstattung des Arbeitsplatzes über Arbeitszeitregelung bis hin zur Sinnhaftigkeit der Arbeit.

(4) Kollegialität / Teamarbeit

Auch die Zusammenarbeit mit den Kollegen befriedigt emotionale Bedürfnisse oder lässt diese unerfüllt. Gute Kollegialität in Verbindung mit guter Führung führen zu Teamergebnissen, die höher sind als die Einzelleistungen der Teammitglieder.

(5) Information und Kommunikation

Wie bereits in Abschnitt 5.3.1 erwähnt, darf die Einbahnstraße Information nicht mit Kommunikation verwechselt werden, die erst durch *Gegenverkehr* zustande kommt und davon lebt. Umfassende, rechtzeitige Information erfüllt ebenso bestimmte Mitarbeiterbedürfnisse wie dies bei der Kommunikation der Fall ist.

(6) Arbeitsklima

Wenn sich die gute Zusammenarbeit über den Kollegenkreis hinaus auch auf die Vorgesetzten und die Unternehmensleitung erstreckt, entsteht eine Großwetterlage, in der sich Mitarbeiter wohl fühlen und sich in vielfältiger Weise entfalten können.

(7) Kompensation / Einkommen

Mehr noch als die absolute Höhe des Gehaltes und der Sozialleistungen wirkt sich die als gerecht und leistungsorientiert empfundene Vergütung auf die Zufriedenheit der Mitarbeiter aus.

(8) Identifikation

Die vorstehend genannten Einflussgrößen in Verbindung mit der Reputation des Unternehmens in der Öffentlichkeit führen zu einem Grad an Identifikation mit dem Unternehmen und der eigenen Aufgabe, der Engagement und Leistung stark beeinflusst.

Die vorgenannten Einflussgrößen bestimmen die Mitarbeiterzufriedenheit und lassen sich als Index festschreiben, messen und vergleichen. Zur Erhebung eignet sich die anonyme Mitar-

Abb. 9-8 Steigerung der Mitarbeiterzufriedenheit

beiterbefragung. Mit einem sorgfältig *designten* standardisierten Fragebogen und einer IT-gestützten Auswertung kann mit relativ geringem Aufwand eine sehr differenzierte Ist-Aufnahme der Mitarbeiterzufriedenheit durchgeführt werden.

Die Ist- Aufnahme stellt jedoch nur den ersten Schritt im fortlaufenden Prozess zur Steigerung der Mitarbeiterzufriedenheit dar.

In sorgfältigen **Feedbackgesprächen,** Top-Down durchgeführt bis auf Abteilungsebene oder gar Teamebene, wird das eigene Ergebnis mit dem anderer vergleichbarer Organisationseinheiten verglichen und analysiert. Hieran nehmen alle Mitarbeiter der jeweiligen Organisationseinheit teil und entwickeln gemeinsam **Maßnahmenpläne.** Diese werden inhaltlich und zeitlich wie vereinbart umgesetzt. Wie erfolgreich die Verantwortlichen hierbei waren, zeigt die nächste **Befragung.**

So entsteht über die Jahre ein zuverlässiges Bild über die Entwicklung und den aktuellen Stand der Mitarbeiterzufriedenheit im Unternehmen, den einzelnen Betriebsstätten, Fachbereichen, Abteilungen und falls gewünscht der einzelnen Teams.

Das nachstehende Implementierungsbeispiel stammt aus Unternehmen E und zeigt modellhaft die Einführung der Mitarbeiterzufriedenheitsanalyse im Jahr 2004.

Implementierungsbeispiel

Zunächst erfolgte eine Strukturierung des Projektes.

Projektstruktur:

- Auftraggeber
- Externe Berater
- Projektteam
- Projektleitung
- Projektbeauftragte

Als Auftraggeber trat die Holding des Unternehmens in Erscheinung, um die Bedeutung zu unterstreichen. Als externe Berater wurden Mitarbeiter eines Hochschulinstitutes tätig, die das erforderliche Expertenwissen für Design und Auswertung einbrachten und eine anonyme Auswertung der einzelnen Fragebögen garantierten. Weiterhin unterstützten die externen Berater auch notwendige Trainings hinsichtlich der Feedbackmeetings und Maßnahmenkataloge.

Im Projektteam waren von Anfang an Mitglieder der Konzern-Arbeitnehmervertretung eingebunden. Ferner vertrat einer der Direktoren die Interessen der Betriebe. Außerdem hatten alle Personalverantwortlichen die Möglichkeit an der Entstehung mitzuarbeiten.

Die Aufstellung der Projektkosten und der Vergleich unterschiedlicher externer Leistungsanbieter schaffte Transparenz für die zukünftige Erstellung der Budgets.

Projektkosten:

1. Einmalig:

- Planung, Entwicklung
- Eingabemasken, Auswertungssyntax
- externe Beratung, Präsentationen,
- spez. Analysen

2. Pro Befragung:

- Datenauswertung, Rücklaufkontrolle,
- Dateneingabe
- Auswertungen
- Druck, Versand   (ca.)

Es folgte eine gemeinsame Vereinbarung über die nächsten notwendigen Schritte als Orientierung und Fahrplan für alle Projektbeteiligten.

Die nächsten Schritte:

- endgültige Verabschiedung des Fragebogens
- Entscheidung über Auswertungen: Auswertungseinheiten, Inhalte, Darstellung, Aussagen
- Ablaufplanung der Befragung
- Festlegung des Zeitpunktes der 1. Befragung
- Konzept „Internes Marketing"
- Trainingskonzept „Feedback-Meetings"
- Organisation der Befragung, Logistik
- Briefing der Projektbeauftragten
- Trainings „Feedback-Meetings"
- Durchführung der 1. Befragung
- Auswertung
- Analyse
- Massnahmenkataloge

Die Kern-Komponente des gesamten Projektes stellte der Fragebogen dar. Nachstehend sind die Fragebereiche und jeweils einige Beispielfragen gezeigt. Da es sich in diesem Buch um eine Fragenauswahl handelt, ist die Nummerierung im Gegensatz zum Original nicht fortlaufend.

Zum Einsatz kam auch hier die 5er-Skalierung, wobei

- 1 für *die Aussage trifft völlig zu*
- 2 für *die Aussage trifft eher zu*
- 3 für *die Aussage trifft teilweise zu*
- 4 für *die Aussage trifft eher nicht zu* und
- 5 für *die Aussage trifft gar nicht zu*

stand.

Vor dem eigentlichen Frageteil erfolgten noch einige Hinweise für die Mitarbeiter:

Bearbeitungshinweise

Was ist zu tun?

In diesem Fragebogen geht es um Ihre Meinung. Also darum, wie Sie persönlich Dinge sehen. Ihre Antworten sind dann „richtig", wenn sie Ihre Meinung richtig ausdrücken.

Lesen Sie jede Frage sorgfältig durch und antworten Sie dann zügig. Ihr erster Eindruck ist meist auch der treffende.

Lassen Sie nach Möglichkeit keine Frage aus, es sei denn, Sie haben zu einer Frage wirklich keine Meinung. Wie Vortests gezeigt haben, ist dieser Fall für die meisten Mitarbeiter des Unternehmens aber sehr unwahrscheinlich.

Anonymität

Ihr Fragebogen geht direkt an Dr. xxx der Universität xxx. Dort werden die Fragebögen für die Auswertung eingelesen und anschließend vernichtet.

Dr. xxx bürgt für absolute Vertraulichkeit personenbezogener Daten. Die Ergebnisse der Untersuchung werden nur für **Gruppen** ausgewertet, bei denen mindestens **4 Personen** geantwortet haben. Die Antworten der einzelnen Personen werden dafür **zusammengefasst**. Die Ergebniswerte beschreiben also das Meinungsbild der Gruppe. Ein Rückschluss auf die Antworten einzelner Personen ist **nicht möglich**.

Der direkte Vorgesetzte

Beurteilen Sie im Folgenden bitte Ihren <u>direkten</u> Vorgesetzten.

		Die Aussage trifft ...				
		völlig zu	eher zu	teil- weise zu	eher nicht zu	gar nicht zu
1.	Mein Vorgesetzter plant und organisiert gut.	①	②	③	④	⑤
2.	Ich habe Vertrauen in meinen Vorgesetzten.	①	②	③	④	⑤
3.	Mein Vorgesetzter fördert meine berufliche Entwicklung.	①	②	③	④	⑤
14.	Mein Vorgesetzter tritt für die Belange und Interessen unserer Abteilung ein.	①	②	③	④	⑤
15.	**Wie zufrieden sind Sie insgesamt mit Ihrem Vorgesetzten?** *Kreuzen Sie bitte das zutreffende Gesicht an.*	😊	🙂	😐	🙁	😞
16.	Dass die Führung durch meinen Vorgesetzten gut ist, ist mir sehr wichtig.	①	②	③	④	⑤

Berufliche Entwicklung

Beurteilen Sie im Folgenden bitte Ihre Möglichkeiten zur beruflichen Entwicklung im Unternehmen

		Die Aussage trifft ...				
		völlig zu	eher zu	teil- weise zu	eher nicht zu	gar nicht zu
1.	Das Unternehmen bietet ausreichend Möglichkeiten zur Fort- und Weiterbildung.	①	②	③	④	⑤
2.	In fachlicher Hinsicht werden wir immer auf dem neuesten Stand gehalten.	①	②	③	④	⑤

9.	**Wie zufrieden sind Sie insgesamt mit Ihren Möglichkeiten zur beruflichen Entwicklung im Unternehmen?** *Kreuzen Sie bitte das zutreffende Gesicht an.*	☺ ☺ ☺ ☹ ☹
10.	Dass meine Möglichkeiten zur beruflichen Entwicklung gut sind, ist mir sehr wichtig.	① ② ③ ④ ⑤

Arbeitsbedingungen

6.	Bei uns ist es möglich, Beruf und Familie / Freizeit zu vereinbaren.	①	②	③	④	⑤
7.	Bei uns kommt es oft zu hohem Arbeitstempo, Zeitdruck und Hektik.	①	②	③	④	⑤
8.	Bei uns kommt es oft zu Situationen, die einen körperlich überfordern (z.B. durch schweres Tragen oder Heben).	①	②	③	④	⑤
9.	Meine Entscheidungsbefugnisse sind klar und eindeutig abgegrenzt.	①	②	③	④	⑤

Kollegialität und Teamarbeit

3.	In meiner Abteilung unterstützen sich die Kollegen gegenseitig.	①	②	③	④	⑤
4.	Das Arbeitsklima in unserer Abteilung ist gut.	①	②	③	④	⑤
5.	Die Zusammenarbeit unserer Abteilung mit anderen Abteilungen unseres Betriebes ist gut.	①	②	③	④	⑤

6.   Ich kann bei der Teamarbeit eigene Vorschläge einbringen.   ① ② ③ ④ ⑤

7.   Es kommt oft vor, dass sich Mitarbeiter aus anderen Arbeitsbereichen in unsere Angelegenheiten einmischen.   ① ② ③ ④ ⑤

8.   Vertretungen (z.B. bei Krankheit oder Urlaub) werden bei uns in der Abteilung gut geregelt.   ① ② ③ ④ ⑤

Information und Kommunikation

1.   Über wichtige Entscheidungen, Vorgänge und Entwicklungen im Betrieb werden wir ausreichend informiert.   ① ② ③ ④ ⑤

2.   Wichtige Entscheidungen werden in meiner Abteilung gut kommuniziert.   ① ② ③ ④ ⑤

Arbeitsmotivation

2.   Ich will meine Arbeit möglichst gut machen.   ① ② ③ ④ ⑤

3.   Ich traue mir zu, bei meiner Arbeit gute Ergebnisse erreichen zu können.   ① ② ③ ④ ⑤

4.   Ich habe Lust auf meine Arbeit.   ① ② ③ ④ ⑤

5.   Ich halte meine Arbeit für wichtig.   ① ② ③ ④ ⑤

6.   Ich kann meine Arbeit meist gut bewältigen.   ① ② ③ ④ ⑤

7.   Meine Arbeit macht mir großen Spaß.   ① ② ③ ④ ⑤

8.   Ich habe das nötige Wissen und die Fähigkeiten, um meine Arbeit gut zu bewältigen.   ① ② ③ ④ ⑤

Vergütung

3. Ich fände es erstrebenswert, wenn meine Bezahlung stärker an meiner Leistung orientiert wäre. ① ② ③ ④ ⑤

4. Es wird berücksichtigt, ob ich meine Überstunden bezahlt oder durch Freizeit abgegolten haben möchte. ① ② ③ ④ ⑤

6. **Wie zufrieden sind Sie insgesamt mit Ihrer Vergütung?**
    Kreuzen Sie bitte das zutreffende Gesicht an.

7. Dass meine Vergütung gut ist, ist mir sehr wichtig. ☺ ☺ ☺ ☹ ☹

Identifikation

1. Ich arbeite gerne für das Unternehmen ① ② ③ ④ ⑤

2. Das Unternehmen fühlt sich für das Wohl seiner Mitarbeiter verantwortlich. ① ② ③ ④ ⑤

3. Ich fühle mich mit dem Unternehmen verbunden. ① ② ③ ④ ⑤

4. Das Unternehmen hat bei seinen Mitarbeitern ein hohes Ansehen. ① ② ③ ④ ⑤

5. Das Unternehmen hat in der Öffentlichkeit ein hohes Ansehen. ① ② ③ ④ ⑤

6. Das Unternehmen hat bei seinen Kunden ein hohes Ansehen. ① ② ③ ④ ⑤

7. Wenn ich mich heute noch einmal entscheiden müsste, würde ich wieder zum Unternehmen gehen. ① ② ③ ④ ⑤

Abb. 9-9 Auszug aus Fragebogen Mitarbeiterzufriedenheit

Wie in einem Teil dieser Beispiele ersichtlich, wurde grundsätzlich zum Schluss eines Fragekomplexes um ein Gesamturteil (Smilies) gebeten. Zusätzlich erfolgte eine Gewichtung der individuellen Bedeutung dieses Bereiches.

Durch die Einbindung der Arbeitnehmervertretung bereits im Planungsstadium, konnte einerseits der Fragebogen schnell und reibungslos entwickelt werden. Andererseits sorgte die Konzern-Arbeitnehmervertretung für eine aktive Mitarbeit der Arbeitnehmervertreter vor Ort bei Organisation und Durchführung der Befragung. Die anvisierte hohe Beteiligung der Mitarbeiter konnte so realisiert werden.

Die Auswertung

Die Auswertung ist nachfolgend am Beispiel des Unternehmens D dargestellt. In diese Auswertung kann die Historie einbezogen werden, da dieses Unternehmen den Employee Satisfaction Index (ESI-Index) bereits seit 1999 ermittelt.

Historie Overall ESI Ergebnisse

Stand 4/2003

Hotels	Mitarbeiterbeteiligung				Hotels	Platz 2002	Nov 02	Platz 2001	Nov 01
	Nov 02	Nov 01	Nov 00	Nov 99					
A	87%	93%	97%	0%	A	21	3,92	7	4,19
B	100%	98%	96%	73%	B	9	4,1	8	4,14
C	100%	97%	91%	90%	C	7	4,14	6	4,21
D	94%	95%	79%	52%	D	26	3,75	19	3,82
E	91%	75%	89%	42%	E	15	4	24	3,66
F	91%	100%	81%	76%	F	10	4,09	16	3,94
G	95%	100%	100%	79%	G	1	4,39	1	4,51
H	85%	87%	80%	46%	H	8	4,11	13	3,98

Abb. 9-10 Auswertung Mitarbeiterzufriedenheitsindex (ESI) – Auszug

In der ersten Spalte ist das jeweilige Hotel genannt. Die Mitarbeiterbeteiligung der vergangenen vier Jahre kann den folgenden Spalten entnommen werden. Für die gesamte Gruppe konnte eine Steigerung der Beteiligung von 77% (1999) auf 88% (2002) erzielt werden. In der siebten Spalte ist die Jahresplatzierung des jeweiligen Hotels genannt, der absolute Zufriedenheitsindex (theoretische Bandbreite von 0 (schlechtester Wert) bis 5 (höchster Wert)) ist in der folgenden Spalte aufgeführt. Dieser Auszug enthält noch die Platzierung und den ESI-Index für das vorangegangene Jahr. Die Originalauswertung bezieht insgesamt vier Jahre ein und enthält die jeweiligen Werte der einzelnen Fragekategorien.

Führungsqualität			Verbesserungen			Kommunikation			Anerkennung		
Abw.	Nov 02	Nov 01	Abw.	Nov 02	Nov 01	Abw.	Nov 02	Nov 01	Abw.	Nov 02	Nov 01
-0,35	3,86	4,21	-0,14	3,93	4,07	-0,39	3,75	4,14	-0,39	3,51	3,90
-0,21	4,10	4,31	-0,01	3,99	4,00	-0,13	4,05	4,18	0,03	3,88	3,85
-0,02	4,23	4,25	-0,11	4,04	4,15	-0,18	4,06	4,24	-0,06	3,83	3,89
-0,06	3,66	3,72	-0,02	3,57	3,59	-0,12	3,55	3,67	0,03	3,50	3,47
0,43	4,02	3,59	0,21	3,83	3,62	0,37	3,96	3,59	0,54	3,79	3,25
0,17	4,13	3,96	0,01	3,99	3,98	0,15	4,04	3,89	0,52	3,89	3,37
0,04	4,54	4,50	-0,21	4,31	4,52	-0,12	4,45	4,57	-0,08	4,22	4,30

Abb. 9-11 Auswertung der Fragenkategorien – Auszug

Dieser Auswertungsteil ist die *Verlängerung* der Abb. 9-10 und enthält somit in den einzelnen Zeilen die Werte eines Hotels.

Bereits aus dieser Auswertungsstufe können interessante Schlüsse gezogen werden. Die Entwicklung der Mitarbeiterbeteiligung, der Platz im Vergleich zu den anderen Betrieben, der absolute Wert und die Entwicklung von Gesamtergebnis und einzelner Fragekategorien in den vergangenen Jahren waren Bestandteil der Analyse-Gespräche des jeweiligen Hoteldirektors mit Geschäftsführung und Personaldirektor. Der im jeweiligen Jahr erreichte Wert hatte direkten und nennenswerten Einfluss auf die variablen Gehaltsbestandteile des Hoteldirektors. Der monetäre Unterschied vom besten zum schlechtesten Wert erreichte eine fünf-stellige Euro-Summe.

Für die einzelnen Betriebe gibt es eine differenzierte Auswertung über alle Fragenkategorien und unter Einbeziehung der Historie. Inhalt des zusätzlich graphisch aufbereiteten *Executive Summary* sind folgende Punkte:

- Mitarbeiterbeteiligung
- Gesamtergebnis
- Veränderung des Gesamtergebnisses im Vergleich zur letzten Befragung
- Top-Kategorie
- schwächste Kategorie
- Kategorie mit größter Verbesserung im Vergleich zum Vorjahr
- Kategorie mit größter Verschlechterung im Vergleich zum Vorjahr
- beste Abteilung im Betrieb mit Gesamtergebnis
- schlechteste Abteilung im Betrieb mit Gesamtergebnis

Zusätzlich zum *Executive Summary* gibt es die vorstehende Auswertung und die graphische Darstellung – inklusive der Ergebnisse und Abweichungen aus der Vergangenheit – für jede einzelne Abteilung des Betriebes und für jede Fragenkategorie.

Category	3 rd	2 nd	Last	Survey	Dept
Stolz				**4.31**	
Q1, 2, 3	4.77	4.19	4.36		4.14
Arbeit				**4.05**	
Q4, 5, 6, 7, 8, 9, 10, 11, 12, 13, 14	4.34	4.10	4.21		3.91
Teamwork				**4.35**	
Q15, 16, 17, 18, 19, 20, 21, 22	4.80	4.41	4.47		4.13
How We Treat People				**4.60**	
Q23, 24, 25, 26, 27, 28	4.83	4.52	4.74		4.52
Führungsqualitäten				**4.42**	
Q29, 30, 31, 32, 33, 34, 35, 36	4.76	4.34	4.39		4.31
Laufende Verbesserungen				**4.22**	
Q37, 38, 39, 40, 41, 42	4.66	4.11	4.28		4.13
Kommunikation				**4.30**	
Q43, 44, 45, 46, 47, 48, 49	4.57	4.37	4.29		4.31
Anerkennung				**3.87**	
Q50, 51, 52, 53, 54, 55	4.55	3.93	3.85		3.83
Personalentwicklung				**4.21**	
Q56, 57, 58, 59, 60,	4.41	4.13	4.22		4.28
Overall Average	4.62	4.24	4.33	**4.25**	4.15

Abb. 9-12 Beispiel ESI: Fragenkategorien-Auswertung einer Abteilung

In der ersten Spalte dieser Abteilungsübersicht sind die Fragenkategorien aufgeführt. Die darauf folgenden drei Spalten zeigen die Ergebnisse der vergangenen drei Jahre. Die Spalte *Survey* enthält das Ergebnis des Betriebes in der jeweiligen Fragenkategorie; das Ergebnis der betreffenden Abteilung aus der aktuellen Umfrage ist der Spalte *Dept* (für Department) zu entnehmen. Die folgende Graphik zeigt auf einen Blick, wie zufrieden die Mitarbeiter der betreffenden Abteilung im Vergleich zum Durchschnitt aller anderen Abteilungen sind.

Das vorstehende Beispiel zeigt demzufolge für die betreffende Abteilung einen Employee Satisfaction Index von 4,15 und für den gesamten Betrieb 4,25. Das Abteilungsergebnis ist das schlechteste Ergebnis in vier Jahren. Insgesamt befindet sich die Zufriedenheit der Mitarbeiter in sechs Kategorien auf einem historischen Tiefstand. Sowohl in der gezeigten Abteilung als auch im gesamten Betrieb sind die Mitarbeiter mit der Anerkennung ihrer Leistung und ihres Verhaltens am wenigsten zufrieden. In diesem Zusammenhang sei an das in Abbildung 4-2 zusammengefasste Ergebnis einer Befragung erinnert, wonach Anerkennung aus Sicht der Mitarbeiter den höchsten Stellenwert hat.

Damit ist ausreichend Zahlenmaterial vorhanden für treffende Analysen und zur Entwicklung zufriedenheitsfördernder Maßnahmen.

Zunächst bespricht der Hoteldirektor mit seinen Abteilungsleitern das Hotelergebnis. Darauf folgend der Abteilungsleiter das Hotelergebnis und das Abteilungsergebnis mit seinen Mitarbeitern.

Ab dem dritten Befragungsjahr spielte die Mitarbeiterzufriedenheit auch eine Rolle bei der variablen Bezahlung der Bereichs- und Abteilungsleiter.

9.8.4   Leistungsbeurteilungen

Im ERM stellt das Mitarbeitergespräch ein angemessenes und geeignetes Instrument für die Persönlichkeits- und Potentialbeurteilung eines Mitarbeiters dar. Auch für den dritten Beurteilungsbereich, die Leistungsbeurteilung liefert das strukturierte Mitarbeitergespräch, bei dem bekanntlich das Anforderungsprofil Dreh- und Angelpunkt ist, genügend Aufschluss. Ergänzt werden muss es bestenfalls in den Unternehmen, die ihre Löhne und Gehälter leistungsorientiert variabel gestalten. In diesen Fällen ist eine differenzierte Leistungsbeurteilung notwendig, damit korrekte und faire Entgelte errechnet werden können. Viele Unternehmen sind auf der Suche nach einem geeigneten Verfahren, um die Leistung ihrer Mitarbeiter messen zu können. Wenn diese Unternehmen die Bedeutung des ERM erkannt haben und gleichzeitig ihr Human Capital über diese Philosophie stärken und mehren wollen, dürfen Leistungsbeurteilungen, so sie denn überhaupt erforderlich sind, die Anstrengungen hinsichtlich des ERM nicht konterkarieren. Das bedeutet, dass die Leistungsbeurteilung nicht nur ihren eigentlichen Zweck, die Bemessung des variablen Entgeltes, erfüllen muss. Vielmehr ist darauf zu achten, dass sie nicht für Unzufriedenheit der Mitarbeiter sorgt. Denn sonst kann ein variables Entgeltsystem langfristig betrachtet zu unerwünschten Resultaten führen.

Klassische Leistungsbeurteilungssysteme können einem ERM abträglich sein. Während einerseits die reine, messbare und vergangenheitsorientierte Leistung zählt, geht das ERM einen Schritt weiter. Es baut auf langfristig ausgelegte Beziehungen und auf Loyalität der

Mitarbeiter auf. Im ERM kennt man das psychologische Konstrukt *der momentanen Motiv-konstellation*. Dieses Konstrukt gebietet u.a., zukunftsrelevante Größen und Einflüsse in die Beurteilung eines Mitarbeiters einfließen zu lassen.

In den meisten Sportarten würde bei Athleten und Zuschauern Zweifel an der Objektivität des Wettkampfrichters aufkommen, wenn persönliche Gründe zur Bewertung hinzugezogen würden. Kaum vorstellbar die Reaktionen, wenn der Zweite eines Weitsprungwettbewerbes als Sieger erklärt würde, weil er seit Tagen durch eine leichte Erkältung gehandicapt gewesen wäre. Oder der Dritte eines Marathonlaufes, weil er durch den Verlust eines lieben Menschen unmittelbar vor dem Wettkampf in seiner Leistungsfähigkeit beeinträchtigt war.

Bei der Differenzierung von Mitarbeitern im ERM sind hingegen solche Überlegungen geradezu gefordert. Damit werden höchste Ansprüche an die Beurteiler gestellt.

Nur durch gezielte Trainings der Vorgesetzten und eine enge Begleitung durch die HR-Professionals können Leistungsbeurteilungen so eingesetzt und gesteuert werden, dass die ERM-Aktivitäten nicht darunter leiden. Sollte ein Leistungsbeurteilungssystem unumgänglich erscheinen, empfiehlt es sich, Mitarbeiter oder deren Vertreter in die Entwicklungsphase einzubinden. Eine umfangreiche Kommunikation muss den gesamten Prozess begleiten. Letztlich kann das von den Mitarbeitern verstandene und akzeptierte, unter objektiven Gesichtspunkten aber zweitbeste System, das erfolgreichere sein.

Die Leistungsbeurteilung bedarf auch der Berücksichtigung einiger rechtlicher Aspekte. Schon deshalb ist die frühzeitige Einbindung der Arbeitnehmervertretung, falls vorhanden, angeraten. Der Arbeitgeber ist grundsätzlich frei in seiner Entscheidung, ein Leistungsbeurteilungssystem einzuführen, sofern es nicht bereits tarifvertraglich vorgesehen ist. Ebenfalls kann der Betriebsrat die Einführung nicht verlangen. Wenn sich jedoch der Arbeitgeber für die Einführung entscheidet, hat der Betriebsrat ein Mitbestimmungsrecht bei der Formulierung allgemeiner Beurteilungsgrundsätze (§ 94 (2) BetrVG). Sofern keine Einigung hinsichtlich der inhaltlichen Ausgestaltung zustande kommt, kann der Betriebsrat das gesamte Vorhaben verhindern.

Die Annahme, mit dem Abschluss einer Betriebsvereinbarung auch die Belange eines ERM erfüllt zu haben, kann ein Trugschluss sein.

Des Weiteren kann der Mitarbeiter nach § 82 (2) BetrVG verlangen, dass ihm die Berechnung und Zusammensetzung seines Arbeitsentgeltes erläutert wird. Zudem sind ihm auf Wunsch die Beurteilungen seiner Leistungen sowie die Möglichkeiten seiner beruflichen Entwicklung im Betrieb zu erörtern.

9.8.5   Das 360-Grad-Feedback

Diese Methode wird häufig auch als *Multi-Source-Assessment* oder als *Vorgesetztenbeurteilung* bezeichnet. Gemeint ist in allen Fällen eine Beurteilung von Fach- und Führungskräften durch Bezugspersonen, mit denen sie im Rahmen ihres Aufgabenbereiches interagieren.

Seinen Ursprung hat das 360-Grad-Feedback nicht – wie man vermuten könnte – in der amerikanischen Managementlehre, sondern in der israelischen Armee. Um die Leistung hoher

Militärs zu beurteilen, begann man dort bereits in den siebziger Jahren, die Leistung von Führungskräften ganzheitlich und umfassend durch die Urteile von Vorgesetzten, Kollegen, Mitarbeitern und zuweilen sogar externen Kooperationspartnern zu erfassen. Die Methode ist zwischenzeitlich hinreichend bekannt, wird in der Theorie kontrovers diskutiert und in der Praxis mit sehr unterschiedlichen Resultaten angewandt. Hierbei reicht das Spektrum von hervorragenden bis zu katastrophalen Ergebnissen. Letztere führten in vielen Fällen dazu, dass man sich schnell wieder von der Vorgesetztenbeurteilung verabschiedete.

Bereits vor einiger Zeit stand in der Süddeutschen Zeitung zu lesen:

> *Früher war es relativ einfach, die Karriereleiter hochzufallen, hatte man mal den Vertrag in der Tasche. Da wurde Herr Schmidt vom Personalberater präsentiert, vom Personalchef inspiziert, vom zuständigen Fachvorstand engagiert, und das war's dann schon. Einmal im Jahr ein Beurteilungs- und Fördergespräch mit seinem Vorgesetzten – „...reine Formsache, lieber Schmidt, Sie wissen ja, die Personaler hängen an diesem Wisch, also was schreiben wir denn da...?" –, und den Rest des Jahres konnte er machen, was er wollte, der Herr Schmidt. Also machte er auch einiges, was er nicht sollte, bloß kam das kaum ans Tageslicht. Und so verbreitete sich manch folgenschwerer Führungsfehler virusgleich.*

> *Die Komplett-Ausleuchtung rücke mithin alles ins Licht, übles Bossing ebenso wie die schamlose Ausbeutung von Kollegen oder das rückgratfreie Einknicken gegenüber den höheren Etagen. Und damit, o Jubel, würden Führungskräfte endlich gerecht beurteilt und entlohnt.*

Auch wenn sich zu dieser Methode zwischenzeitlich der ein oder andere Kritiker zu Wort meldete, muss für das ERM konstatiert werden, dass sich ein strukturiertes und professionell vorbereitetes und eingesetztes 360-Grad-Feedback hervorragend zum Abgleich des Selbstbildes mit der Einschätzung relevanter Bezugspersonen eignet. Somit ergibt sich eine umfassende Basis für die Auseinandersetzung mit den eigenen Stärken und Schwächen.

Der gesamte Prozess eines professionellen 360-Grad-Feedbacks ist im folgenden Implementierungsbeispiel aus Unternehmen D dargestellt und erläutert.

Implementierungsbeispiel

Dieses Praxisbeispiel zeigt eine Methode, bei der die gesamte Datenerhebung elektronisch erfolgte. Im ersten Schritt wurden Geschäftsführer und die zweite Ebene in das Verfahren einbezogen. Die Top-Down-Vorgehensweise wurde auch in den Folgejahren beibehalten: Das System ließ die Beurteilung der so genannten *Direct Reports* nur dann zu, wenn der Vorgesetzte zuvor selbst beurteilt war. Neben den direkt unterstellten Mitarbeitern beurteilten die *Peers* und der direkte Vorgesetzte. Zusammen mit der Selbsteinschätzung ergibt sich so das gewünschte umfassende Bild.

Jeder Beurteilte erhält einen 35-seitigen (!) Ergebnisbericht mit sehr differenzierten Betrachtungen. Im ersten Jahr der Durchführung erhielt nur der Beurteilte selbst Einblick in das individuelle Ergebnis. Ab dem zweiten Jahr konnte der jeweilige direkte Vorgesetzte die Ergebnisse seiner Mitarbeiter einsehen. Erst nach dem dritten Jahr wurden die Resultate Bestandteil der Personalakte.

Your Leadership Success Profile Results

Below is a summary of your average ratings for each Competency and Factor.

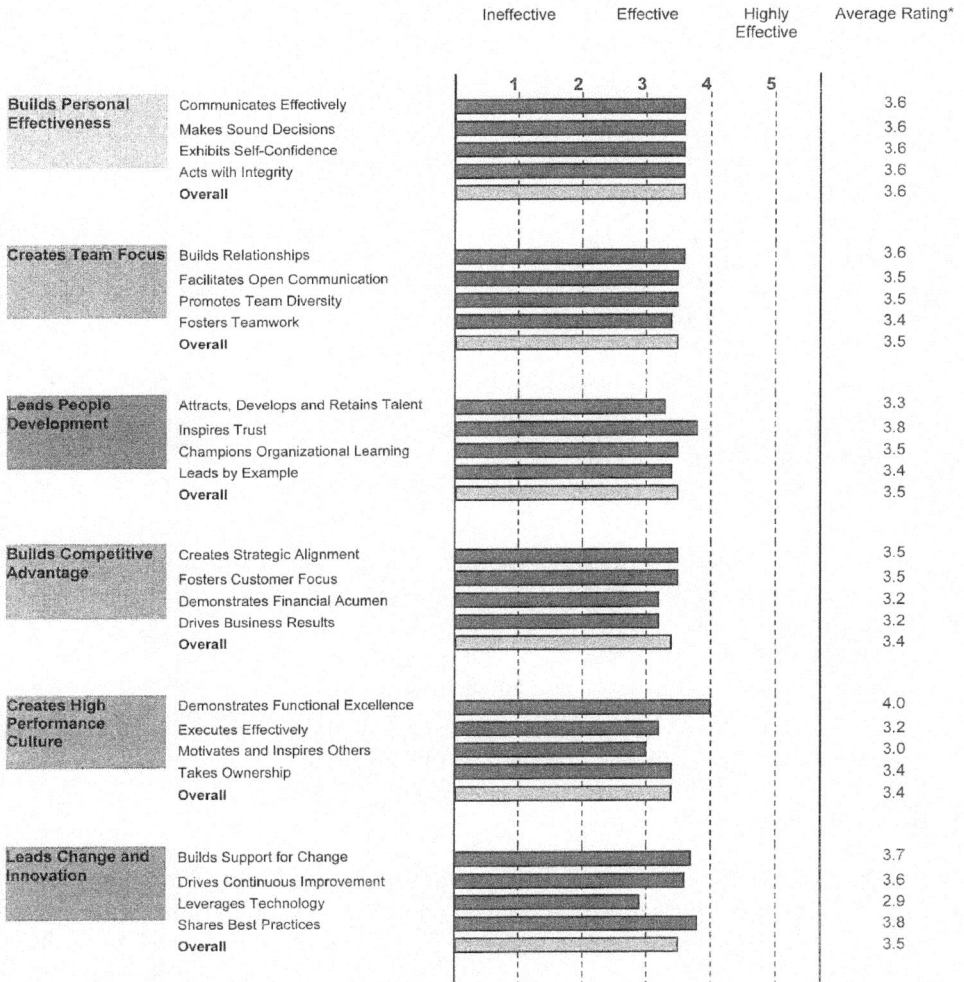

| | Ineffective | Effective | Highly Effective | Average Rating* |

		Average Rating*
Builds Personal Effectiveness	Communicates Effectively	3.6
	Makes Sound Decisions	3.6
	Exhibits Self-Confidence	3.6
	Acts with Integrity	3.6
	Overall	3.6
Creates Team Focus	Builds Relationships	3.6
	Facilitates Open Communication	3.5
	Promotes Team Diversity	3.5
	Fosters Teamwork	3.4
	Overall	3.5
Leads People Development	Attracts, Develops and Retains Talent	3.3
	Inspires Trust	3.8
	Champions Organizational Learning	3.5
	Leads by Example	3.4
	Overall	3.5
Builds Competitive Advantage	Creates Strategic Alignment	3.5
	Fosters Customer Focus	3.5
	Demonstrates Financial Acumen	3.2
	Drives Business Results	3.2
	Overall	3.4
Creates High Performance Culture	Demonstrates Functional Excellence	4.0
	Executes Effectively	3.2
	Motivates and Inspires Others	3.0
	Takes Ownership	3.4
	Overall	3.4
Leads Change and Innovation	Builds Support for Change	3.7
	Drives Continuous Improvement	3.6
	Leverages Technology	2.9
	Shares Best Practices	3.8
	Overall	3.5

Abb. 9-13 Gesamtergebnis 360-Grad-Feedback

Der individuelle Ergebnis-Report stellt dem Beurteilten folgende Informationen zur Verfügung:

- Die *Leadership Success Profile Results* (Abbildung 9-13) als Resümee für jeden einzelnen Kompetenzbereich. Nach dem ersten Jahr wurde hier auch die Historie aufgezeigt.
- Die *Highest and Lowest Rated Competencies* (Abbildung 9-14) zeigen die jeweils fünf Kompetenzbereiche, welche die höchste bzw. niedrigste Bewertung erhielten.

- Analog wird das für die *Highest and Lowest Rated Behaviors* (Abbildung 9-15) ausgewertet.
- Die so genannten *Viewpoint Comparisons* (Abbildung 9-16) illustrieren Übereinstimmungen und Abweichungen zwischen der Selbsteinschätzung und der Beurteilung.
- Das *Individual Development Planning* (Abbildung 9-17) enthält Kompetenz- und Verhaltensbereiche, in denen Entwicklungsmaßnahmen empfehlenswert erscheinen.
- Die *Written Comments* geben dem Beurteiler die Möglichkeit, das numerische Rating ergänzend zu kommentieren.
- Mit insgesamt 25 Seiten nimmt der *Appendix* mit den *Statement Details* breiten Raum ein: Hier werden die detaillierten Resultate aller Beurteiler, inklusive der Selbsteinschätzung, für alle Kompetenz- und Verhaltensbereiche aufgeführt. Als Beispiel sind zwei der Auswertungsseiten in Abbildungen 9-18 und 9-19 gezeigt.

Beispiele für die entsprechenden Formate und deren Inhalte sind in den folgenden Abbildungen dargestellt. Die darin bewertete Führungskraft hatte sich im Vorfeld des Prozesses als Proband zur Verfügung gestellt. Seine im Vergleich zu Kollegen überdurchschnittlich gute

Highest and Lowest Rated Competencies

Your five highest and lowest rated competencies (and related performance factors) are listed below. The "Average Rating" excludes the self rating.

Your Highest Rated Competencies

Performance Factor	Competency	Avg. Rating
Creates High Performance Culture	Demonstrates Functional Excellence	4.0
Leads Change and Innovation	Shares Best Practices	3.8
Leads People Development	Inspires Trust	3.8
Leads Change and Innovation	Builds Support for Change	3.7
Builds Personal Effectiveness	Makes Sound Decisions	3.6

Your Lowest Rated Competencies

Performance Factor	Competency	Avg. Rating
Leads Change and Innovation	Leverages Technology	2.9
Creates High Performance Culture	Motivates and Inspires Others	3.0
Builds Competitive Advantage	Drives Business Results	3.2
Builds Competitive Advantage	Demonstrates Financial Acumen	3.2
Creates High Performance Culture	Executes Effectively	3.2

Abb. 9-14 Highest and Lowest Rated Competencies

Bewertung konnte er in den Folgejahren gezielt weiter verbessern. Als *Dotted Line Manager* beurteilten in diesem Fall zwei Geschäftsführer, die für seinen Funktionsbereich nicht direkt zuständig waren.

Da es sich beim hier gezeigten Beispiel um die erste 360-Grad-Feedback-Runde handelt, ist bei keinem der Werte eine Historie angegeben. Dies ist erst ab der zweiten Runde machbar und liefert dann Aufschlüsse über individuelle Veränderungen und den Erfolg von Entwicklungsmaßnahmen. Nur die regelmäßige 360-Grad-Evaluierung ermöglicht eine kontinuierliche Personalentwicklung und integriert Feedback-Prozesse in die Unternehmenskultur.

Highest and Lowest Rated Behaviors

Your five highest and lowest rated behaviors (and related competencies) are listed below. The "Average Rating" excludes the self rating.

Your Highest Rated Behaviors

Competency	Behavior	Avg. Rating
Demonstrates Functional Excellence	Continuously develops their functional skills for the future	4.2
Demonstrates Functional Excellence	Demonstrates functional excellence in current job/role for effective performance	4.1
Shares Best Practices	Integrates and transfers best practices into operational processes	4.0
Inspires Trust	Treats all individuals fairly and with respect	4.0
Makes Sound Decisions	Analyzes relevant facts and data to establish core issues or root cause	4.0

Your Lowest Rated Behaviors

Competency	Behavior	Avg. Rating
Leverages Technology	Shares technological knowledge with others	2.7
Attracts, Develops and Retains Talent	Regularly recognizes and rewards good performance	2.7
Leverages Technology	Effectively uses and promotes technology to support productivity, profitability, and change	2.9
Motivates and Inspires Others	Creates enthusiasm, commitment, and a desire to excel	2.9
Motivates and Inspires Others	Recognizes and celebrates significant achievements	2.9

Abb. 9-15 Highest and Lowest Rated Behaviors

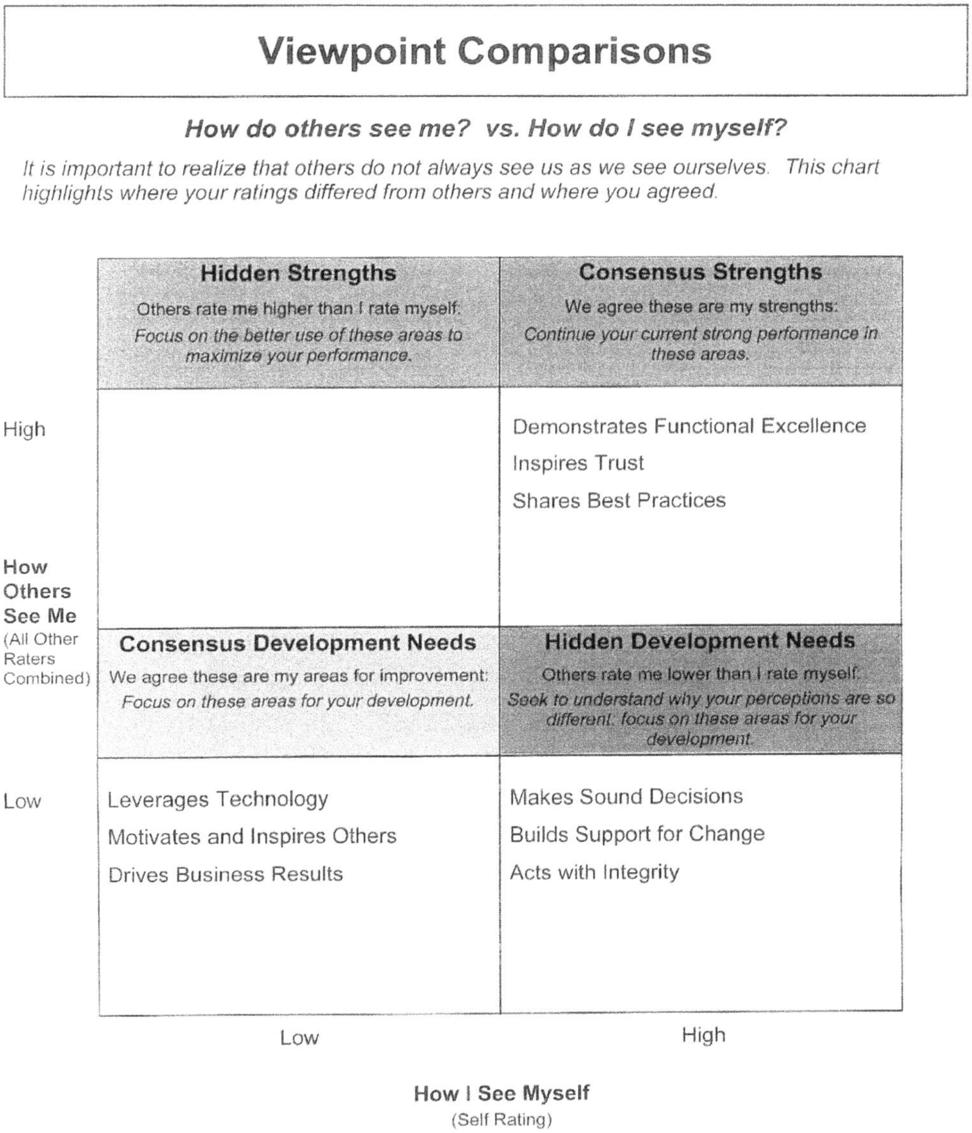

```
┌─────────────────────────────────────────────────────────────┐
│                    Viewpoint Comparisons                      │
└─────────────────────────────────────────────────────────────┘
```

How do others see me? vs. How do I see myself?

It is important to realize that others do not always see us as we see ourselves. This chart highlights where your ratings differed from others and where you agreed.

	Hidden Strengths Others rate me higher than I rate myself. *Focus on the better use of these areas to maximize your performance.*	**Consensus Strengths** We agree these are my strengths. *Continue your current strong performance in these areas.*
High		Demonstrates Functional Excellence Inspires Trust Shares Best Practices
How Others See Me (All Other Raters Combined)	**Consensus Development Needs** We agree these are my areas for improvement. *Focus on these areas for your development.*	**Hidden Development Needs** Others rate me lower than I rate myself. *Seek to understand why your perceptions are so different; focus on these areas for your development.*
Low	Leverages Technology Motivates and Inspires Others Drives Business Results	Makes Sound Decisions Builds Support for Change Acts with Integrity
	Low	High

How I See Myself
(Self Rating)

Abb. 9-16 Viewpoint Comparison

Bereits in dieser Stufe erhält der Feedback-Empfänger eine allgemeine, tendenzielle Standortbestimmung, weil das Selbstbild um Informationen darüber ergänzt wird, wie das eigene Verhalten auf andere Menschen wirkt.

Individual Development Planning

The 360-Degree Feedback Report has been designed to help you easily understand your results and prepare your Individual Development Plan. Follow these steps:

1. **Understand your strengths:**
   - Focus on your highest rated competencies, your five highest rated behaviors, your "Hidden Strengths," and your "Strengths" comments.

2. **Understand your developmental needs:**
   - Review this list below for competencies that were either rated below the effective level, seen as "Hidden Developmental Needs," or are among your lowest rated competencies. These competencies, along with your "Developmental Needs" comments, indicate where to focus your development attention.

Recommended Areas for Development

Performance Factor	Competency	Rating
Leads Change and Innovation	Leverages Technology	2.9
Creates High Performance Culture	Motivates and Inspires Others	3.0
Builds Competitive Advantage	Drives Business Results	3.2
Builds Competitive Advantage	Demonstrates Financial Acumen	3.2
Creates High Performance Culture	Executes Effectively	3.2

3. **For your Individual Development Plan, identify three competencies to focus on that will have the greatest impact on your overall effectiveness.**
   - Consider your current and future business challenges, and competencies that will have the most impact on your future success.
   - Work with your manager, as a partner, to select the competencies that will have the most impact.
   - Work with your manager, using this information to establish your Individual Development Plan (IDP) for next year. Start working on them now.
   - If you need additional assistance, contact your local Human Resources professional.

4. **Commit to your personal development.**
   - Take ownership for leveraging your strengths more effectively and improving your areas of developmental need. Make it a priority. Invest the time and attention you need to build your skills and maximize your performance for even better results.

Abb. 9-17 Individual Development Planning

Da sich das Feedback auf konkrete Verhaltensweisen bezieht, können daraus bereits die Bereiche für zielführende Personalentwicklungsmaßnahmen identifiziert werden. Auf dieser Basis gilt es, konkrete Maßnahmen zu konzipieren und umzusetzen. Erfahrungsgemäß wirken sich die individuellen Entwicklungsmaßnahmen auf allen Ebenen des Unternehmens positiv aus, und bilden so einen wesentlichen Schritt zur Organisationsentwicklung.

Appendix: Behavioral Statement Details

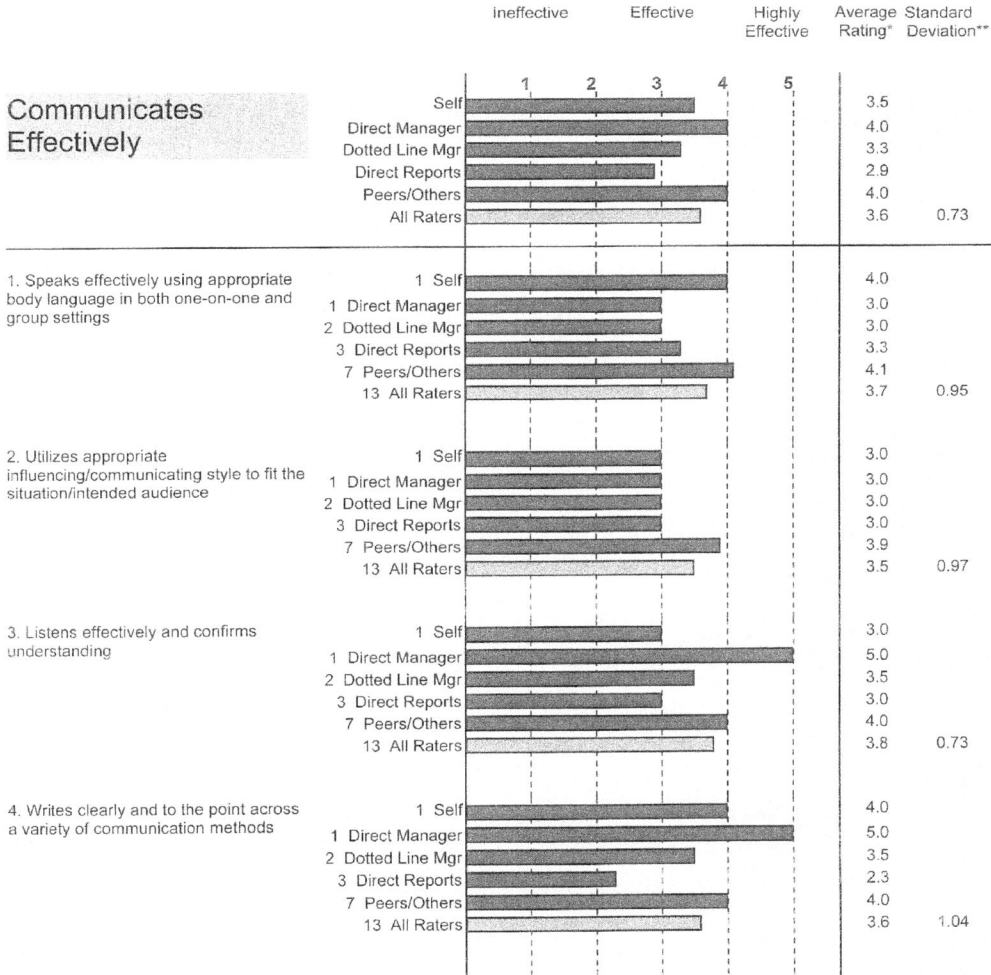

	Ineffective	Effective	Highly Effective	Average Rating*	Standard Deviation**

Communicates Effectively

Scale: 1 2 3 4 5

	Average Rating*	Standard Deviation**
Self	3.5	
Direct Manager	4.0	
Dotted Line Mgr	3.3	
Direct Reports	2.9	
Peers/Others	4.0	
All Raters	3.6	0.73

1. Speaks effectively using appropriate body language in both one-on-one and group settings

	Average Rating*	Standard Deviation**
1 Self	4.0	
1 Direct Manager	3.0	
2 Dotted Line Mgr	3.0	
3 Direct Reports	3.3	
7 Peers/Others	4.1	
13 All Raters	3.7	0.95

2. Utilizes appropriate influencing/communicating style to fit the situation/intended audience

	Average Rating*	Standard Deviation**
1 Self	3.0	
1 Direct Manager	3.0	
2 Dotted Line Mgr	3.0	
3 Direct Reports	3.0	
7 Peers/Others	3.9	
13 All Raters	3.5	0.97

3. Listens effectively and confirms understanding

	Average Rating*	Standard Deviation**
1 Self	3.0	
1 Direct Manager	5.0	
2 Dotted Line Mgr	3.5	
3 Direct Reports	3.0	
7 Peers/Others	4.0	
13 All Raters	3.8	0.73

4. Writes clearly and to the point across a variety of communication methods

	Average Rating*	Standard Deviation**
1 Self	4.0	
1 Direct Manager	5.0	
2 Dotted Line Mgr	3.5	
3 Direct Reports	2.3	
7 Peers/Others	4.0	
13 All Raters	3.6	1.04

* The category "All Raters" excludes the Self rating.

** Standard Deviation is a measure of rater variability: Higher numbers indicate greater rater disagreement; zero indicates perfect agreement.

Abb. 9-18 Appendix Beispiel 1

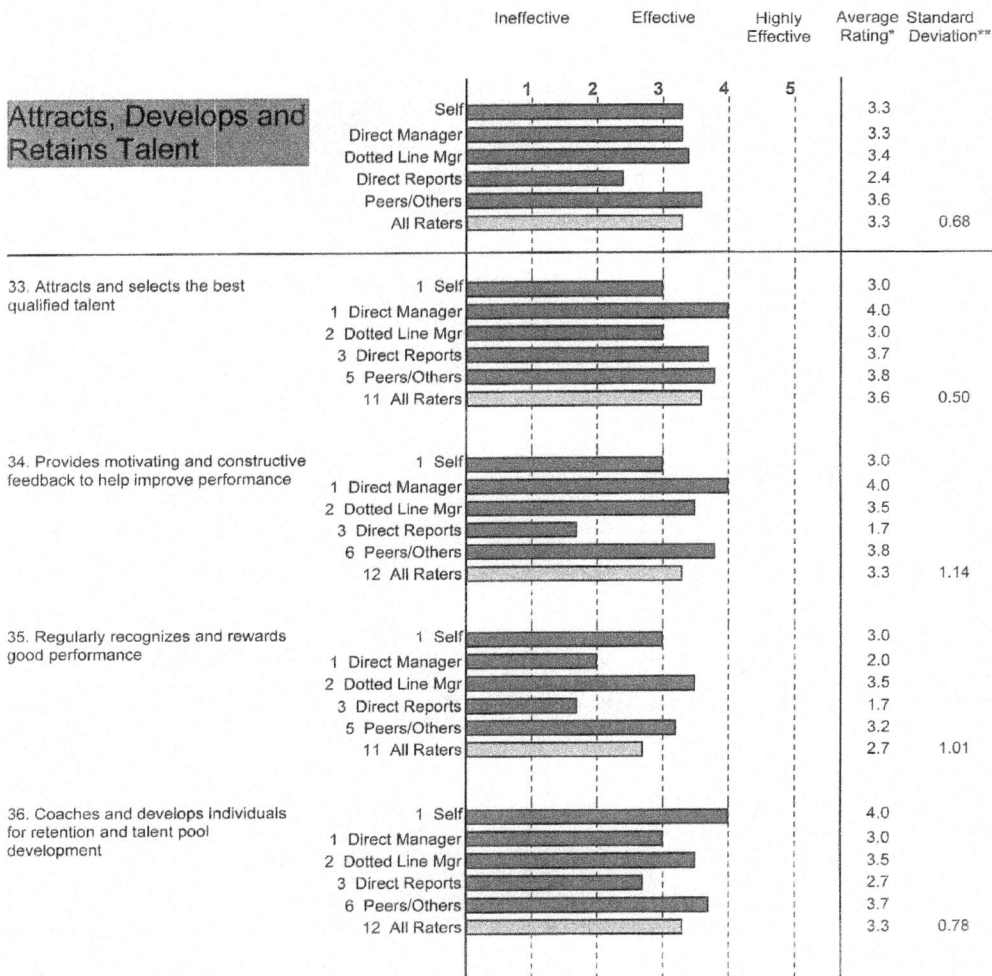

Appendix: Behavioral Statement Details

	Ineffective	Effective	Highly Effective	Average Rating*	Standard Deviation**
	1 2 3 4 5				

Attracts, Develops and Retains Talent

	Average Rating*	Standard Deviation**
Self	3.3	
Direct Manager	3.3	
Dotted Line Mgr	3.4	
Direct Reports	2.4	
Peers/Others	3.6	
All Raters	3.3	0.68

33. Attracts and selects the best qualified talent

	Average Rating*	Standard Deviation**
1 Self	3.0	
1 Direct Manager	4.0	
2 Dotted Line Mgr	3.0	
3 Direct Reports	3.7	
5 Peers/Others	3.8	
11 All Raters	3.6	0.50

34. Provides motivating and constructive feedback to help improve performance

	Average Rating*	Standard Deviation**
1 Self	3.0	
1 Direct Manager	4.0	
2 Dotted Line Mgr	3.5	
3 Direct Reports	1.7	
6 Peers/Others	3.8	
12 All Raters	3.3	1.14

35. Regularly recognizes and rewards good performance

	Average Rating*	Standard Deviation**
1 Self	3.0	
1 Direct Manager	2.0	
2 Dotted Line Mgr	3.5	
3 Direct Reports	1.7	
5 Peers/Others	3.2	
11 All Raters	2.7	1.01

36. Coaches and develops individuals for retention and talent pool development

	Average Rating*	Standard Deviation**
1 Self	4.0	
1 Direct Manager	3.0	
2 Dotted Line Mgr	3.5	
3 Direct Reports	2.7	
6 Peers/Others	3.7	
12 All Raters	3.3	0.78

* The category "All Raters" excludes the Self rating.

** Standard Deviation is a measure of rater variability: Higher numbers indicate greater rater disagreement; zero indicates perfect agreement.

Abb. 9-19 Appendix Beispiel 2

Bei der vorstehenden differenzierten Betrachtung wird ein kritischer Punkt deutlich: Im konkreten Fall hatte der Feedback-Empfänger drei *Direct Reports*. Mit einem dieser Mitarbeiter war er leistungsmäßig unzufrieden und sprach annähernd täglich mit ihm darüber. Die Gespräche hatten zwischenzeitlich eine Qualität angenommen, dass eine Trennung unvermeidbar erschien. Es ist zu vermuten, dass das Ergebnis der drei *Direct Reports* von dieser Situation signifikant negativ beeinflusst wurde. Hieran zeigt sich, dass bei einer geringen Führungsspanne die Einzelbewertung das Ergebnis stark beeinflusst.

Das vorstehend ausführlich beschriebene 360-Grad-Feedback wird seit nunmehr sieben Jahren von einem der Joint-Venture Partner des Unternehmens D eingesetzt und gehört dort zwischenzeitlich zum unverzichtbaren Repertoire.

Schlechte Erfahrungen hingegen machte eine Schweizer Unternehmensgruppe mit über 6.000 Beschäftigten. Hier wurde das 360-Grad-Feddback in einer wirtschaftlich sehr angespannten Situation durch die Initiative eines externen Beraters gestartet. Als Teil der notwendigen Turn-Around-Phase sollte es begleitend wirken und zu einem positiven Führungsklima beitragen. Das Projekt endete im Desaster. Was war geschehen?

Mit Hilfe von externen Beratern wurde ein speziell für die Gruppe konzipiertes 360-Grad-Feedback-Projekt ausgearbeitet.

Ein kleines Team, bestehend aus drei Personen, welche Stabsfunktionen auf Konzernstufe innehatten, wurde beauftragt, mit den Externen den Projektablauf und insbesondere den Fragenkatalog auszuarbeiten.

Zehn Eigenschaften wurden dabei auf Grund der Situation der Gruppe im *Lead the Change*-Prozess als besonders relevant beurteilt und abgefragt. Jede dieser Eigenschaften wurde mit fünf Aussagen charakterisiert und im Folgenden abgefragt:

Der Zukunftsgestalter

- kommuniziert eine klare Vision und zeigt die Richtung an
- hat Weitblick und kümmert sich nicht nur um das Alltägliche
- hält außerhalb seines Unternehmens nach neuen Ideen und Ansätzen Ausschau
- versucht ständig, die Arbeitsabläufe zu optimieren
- wirkt motivierend und inspirierend durch seine positive Sicht der Zukunft

Der Spitzenleister

- setzt langfristige strategische Ziele in konkrete Pläne um
- stellt sicher, dass die Mitarbeiter die Prioritäten kennen und wissen, was von ihnen erwartet wird
- konzentriert sich auf die Ergebnisse in Schlüsselbereichen
- ermutigt die anderen, ihre Leistungen zu messen und zu steuern
- fördert einen starken Sinn für Eigenverantwortung

Der Veränderungsgestalter

- ist ein sicherer und engagierter Leader der Veränderung
- erklärt die Notwendigkeit von Veränderungen klar und überzeugend

- zieht die anderen als Mitgestalter der Veränderung mit ein
- teilt Veränderungen in klar abgetrennte Phasen mit allgemein bekannten Meilensteinen ein
- stellt sicher, dass geplante Veränderungen wirksam umgesetzt werden

Der Organisationsgestalter

- stellt bestehende Strukturen und Prozesse in Frage
- hilft den Mitarbeitern, bessere Arbeitsmethoden zu entwickeln
- zielt darauf ab, die Strukturen, Prozesse und Systeme der Organisation fortwährend zu optimieren
- hilft den Mitarbeitern, ihre Stellung neu zu definieren, um den Mehrwert zu steigern
- fördert die Entscheidungsfindung und die Verantwortlichkeit auf der tiefst möglichen Stufe

Der Innovator

- schafft ein Umfeld, das Innovationen begünstigt
- ermutigt zu kreativem Denken außerhalb des Schemas
- stellt das Bestehende in Frage
- beschafft Mittel und Unterstützung für Innovationen
- fördert ein vernünftiges Maß an Risikofreude

Der Prozessmanager

- stellt sicher, dass jeder die gegenwärtigen Arbeitsprozesse gut versteht
- überwacht die Prozesse, damit die Kundenbedürfnisse befriedigt werden können
- fördert die Anwendung formeller Prozess-Managementmethoden
- unterstützt aktiv Prozessoptimierungen
- schaut wie die Praxis außerhalb der Organisation ist

Die Führungspersönlichkeit

- agiert immer ehrlich und ist integer
- hat einen sicheren und unterstützenden Führungsstil
- ist ein Vorbild
- befähigt andere, damit sie ihr Bestes geben
- versteht und prüft seinen Umgangsstil

Der Moderator

- hilft bei der Beschaffung der nötigen Informationen und Mittel
- hilft, die Wirksamkeit und Produktivität von Sitzungen zu verbessern
- hilft aktiv bei der unmittelbaren Konfliktlösung
- unterstützt und stellt wirksame Teams zusammen
- hilft bei der Problemlösung und Entscheidungsfindung

Der Coach

- ist bereit und fähig, Zeit in die Förderung anderer zu investieren
- ermutigt, aus Fehlern zu lernen, ohne zu tadeln

- gibt Anerkennung für gute Leistungen
- gibt angemessenes Feedback zum richtigen Zeitpunkt, damit sich die anderen entwickeln können
- geht mit den Mitarbeitern ehrlich und verständnisvoll um

Der Kommunikator

- kommuniziert frei und offen
- beschreibt das Gesamtbild so, dass es alle verstehen
- wendet einen Grossteil seiner Zeit für die Kommunikation bezüglich der Zukunft auf
- informiert die Mitarbeiter zum richtigen Zeitpunkt
- ist für Vorschläge von Mitarbeitern offen und handelt entsprechend

Die Teilnehmer des Feedback-Prozesses nahmen nach der Befragung an dem Seminar *Lead the Change* teil und hatten zwei Monate vor Seminarbeginn Personen aus folgenden Bereichen für die Befragung zu ihrer Person zu definieren:

- 1 bis 2 Vorgesetzte (direkter und nächsthöherer)
- 2 bis 3 Kollegen (gleichgestellt)
- 2 bis 3 Mitarbeiter (unterstellt)
- 1 bis 2 Kunden
- 1 bis 2 Bekannte

Dazu kam die Selbsteinschätzung.

In der Einladung zum Seminar wurde erläutert, dass diese Bestandsaufnahme und Analyse der Führungsqualitäten der Erreichung der Seminarziele (Fremd- und Selbsteinschätzung) dienen solle. Die Fragebögen wurden elektronisch ausgefüllt und von einem externen Berater ausgewertet.

Bei Seminarbeginn wurde eine umfassende Theorie über die 360° Feedbackmethode durch den externen Berater dargelegt sowie detaillierte Erläuterungen zum Ergebnisbericht abgegeben.

Der Ergebnisbericht nahm auf neun Seiten ausführlich in graphischer Form zu folgenden Punkten Stellung:

(1) Übersicht Selbsteinschätzung/ Fremdeinschätzung
(2) Stärken/Schwächen
(3) Versteckte Stärken
(4) Versteckte Schwächen (blinde Flecken)
(5) Wichtigkeiten
(6) Fähigkeiten nach Wichtigkeiten
(7) Handlungsbedarf

Der Ergebnisbericht wurde weder vom Berater detailliert besprochen noch war zwingend vorgesehen, dass die Feedbacks durch die Feedbackgeber bzw. den Vorgesetzten besprochen wurden. Die Ergebnisberichte wurden den Teilnehmern in dreifacher Ausführung überlassen.

Somit war es jedem Beurteilten und allen Vorgesetzten selbst überlassen, wie sie mit dem Feedback umgehen wollten.

Zum Ergebnis des Projektes das Zitat eines Managers der Gruppe:

Eine gute Idee, ein wohl überlegtes Projekt mit ca. 2 Mio. CHF Kosten und klaren Zielsetzungen verfehlte das Ziel zu 100% und führte bei vielen Beteiligten zu Frustration und Unverständnis. Fehlendes Leadership im Projektabschluss war der Grund für diesen Misserfolg.

Auch die folgenden Schlussfolgerungen stammen aus dieser Unternehmensgruppe:

Schlussfolgerungen:

1. Die 360° Feedbackmethode steht in unserem Kulturkreis in völligem Widerspruch zu der in der Vergangenheit erfolgten Beurteilung einer Person nach dem top down-Prinzip, sei es bei der elterlichen Erziehung, in der Schule oder weitergehenden Ausbildung.

Dieser neuen Ausgangslage ist derart Rechnung zu tragen, dass einer Einführung in eine solche teilweise „entblößende" und radikale Beurteilungsmethode auf der Zeitachse genügend Zeit (2 bis 3 Jahre) eingeräumt wird.

Eine Turnaroundsituation (to be or not to be) kann nicht oder nur schwerlich noch gleichzeitig ein 360° Feedbackprojekt beinhalten.

2. In der Anfangsphase eines 360° Feedbackprojekts sind die Beteiligten mit einer offenen Feedbackmethode (der Beurteilte weiß, wer welches Feedback gegeben hat) in der Regel überfordert.

Überfordert heißt, dass der Feedbackgeber, insbesondere „nach oben", kein wirkliches Feedback abgeben will oder kann (Angst vor Repressionen).

Ein 360° Feedbackprojekt sollte in einer ersten Phase anonym ablaufen und erst in einer zweiten Phase mit dem Einverständnis der Beteiligten offen erfolgen (Kulturwandel).

3. Die Fragebögen und die Bewertungskriterien sollten sich auf das Wesentliche konzentrieren und möglichst einfach (ungenügend – genügend – gut) aufgebaut sein.

Zu breit abgefasste Fragen und Bewertungskriterien führen zu nichtssagenden durchschnittlichen Aussagen, welche keine Veränderungen beim Beurteilten bewirken.

Zusammenfassung

Zusammenfassend hier noch einmal die wichtigsten Grundsätze für das wertvolle 360-Grad-Feedback, die zu einer erfolgreichen Anwendung beitragen:

- Die Einführung kostet Energie und Zeit. Der geeignete Zeitpunkt muss daher wohlüberlegt sein.
- Eine generell schlechte Stimmungslage im Unternehmen wird das Ergebnis negativ beeinflussen. Andererseits ermöglicht ein schwaches Ergebnis einen höheren Stretch-

Faktor hinsichtlich der Folgeevaluierung. Die momentane Stimmungslage spricht daher weder für noch gegen ein 360-Grad-Feedback.

- Alle Beteiligten müssen umfassend über die Zielsetzung und den Ablauf des Prozesses informiert werden. Ansprechpartner für inhaltliche und technische Fragen helfen in der Anfangsphase. Die Gelegenheit zur Kommunikation verschafft Akzeptanz.

- Die Wahrung der Anonymität der Feedbackgeber ist zumindest in den Anfangsjahren sicherzustellen. Eine Ausnahme stellt der direkte Vorgesetzte dar.

- Die Ergebnisse sollten in den ersten Jahren nur zur korrekten *self-awareness* und *social-awareness* dienen. Der Beurteilte kann mit seinem Feedback eigenverantwortlich und zielorientiert persönliche Entwicklungsmaßnahmen einleiten.

- Das Unternehmen unterstützt und berät Feedbackempfänger im Rahmen der Personalentwicklung.

Damit wird ein unprofessioneller, unreflektierter Einsatz des 360-Grad-Feedbacks vermieden, und es wird integrativer Bestandteil der Organisationsentwicklung sein.

9.8.6 Cafeteria-System

Wie bereits in Abschnitt 8.5 erwähnt, erfordert das ERM eine Produktentwicklung, die sich an den Bedürfnissen der Mitarbeiter, an erster Stelle der MVE, orientiert. Da sich diese Bedürfnisse relativ kurzfristig verändern können, ist auf eine hohe Flexibilität Wert zu legen.

Denis Crowe, der erfahrene Spezialist und Berater für Entlohnungssysteme, schrieb in einem Buchbeitrag[45]:

> *„Many employees will find an attraction in certain status symbols such as the company car, which may actually outweigh the actual cost to the organisation of providing them. Although cash is attractive, one advantage of the cafeteria or total remuneration approach is that it helps to focus attention on the 'value' of providing benefits. It also assists in the design of reward packages which meet the demands of an increasingly diverse workforce which typically include both married and single parents, dual-career families, or individuals who may simply wish to place a different emphasis on the types of reward which they wish to receive..."*

Die aus den USA stammende Vergütungsform Cafeteria-System ist seit Beginn der 1980er Jahre auch in Deutschland bekannt. Bei diesem flexiblen Vergütungssystem kann der Arbeitnehmer im Rahmen eines festgelegten Gesamtvolumens aus einzelnen vom Unternehmen angebotenen Optionen sein individuelles Kompensations-Menue selbst wählen bzw. zusammenstellen. Dadurch können betriebliche Leistungen optimal auf die individuellen Bedürfnisse der Mitarbeiter abgestimmt werden. So schätzt ein junger Single möglicherweise die Option auf einen Firmenwagen höher ein als die Barauszahlung seines Gehaltes oder einer Prämie. Mitarbeiter, die sich in einem anderen *lifecycle stage* befinden, präferieren andere Angebote wie unterschiedliche Möglichkeiten der Altersversorgung oder Kinderbetreuung.

---

[45] Denis Cowe, Strategies for Human Resources Management,

Zwischenzeitlich zeigen auch in Deutschland zahlreiche Praxisbeispiele, dass diese Form der Entlohnung bei den Mitarbeitern hohe Attraktivität besitzt und demzufolge ein ERM entsprechend stark fördert.

Beispiel 9-8

Seit 1999 geht SAP beispielsweise innovative Wege bei seiner Kompensation. Das Unternehmen stellt seinen Mitarbeitern eine Angebotspalette flexibler Leistungen zur Verfügung, aus denen die Beschäftigten nach Wunsch und Lebenssituation wählen können. Tragend ist hierbei das variable Modell der betrieblichen Altersversorgung. Es setzt sich aus einem unternehmensfinanzierten und einem mitarbeiterfinanzierten Teil zusammen. Nach einer Formel wird jedes Jahr die Höhe des Finanzierungsbeitrags der Firma errechnet. Die Mitarbeiter können jährlich individuell entscheiden, ob der Betrag in die Hinterbliebenen- oder Berufsunfähigkeitsversicherung oder in die Altersvorsorge gehen soll. Für den mitarbeiterfinanzierten Teil können die Angestellten wählen, wie viel ihrer leistungsabhängigen variablen Bezüge ihnen das Unternehmen auszahlen soll und wie viel sie in Versorgungslohn umwandeln möchten. Wen die Altersversorgung weniger anspricht, kann sich auch ein Auto aussuchen. Auch das wird verrechnet. Das Modell kommt an. 70% der Mitarbeiter, die es in Anspruch nehmen können, nutzen die Möglichkeiten.

Zusätzliche positive Nebeneffekte ergeben sich bei der aufgeschobenen Vergütung, auch als *Deferred Compensation* bekannt, die bei vielen Unternehmen auf dem Menüteller der Cafeteria-Modelle liegt. Wenn ein Teil des laufenden Bruttogehalts in den Aufbau einer vom Arbeitnehmer finanzierten Altersversorgung geht, erfolgt die Einkommensteuerberechnung erst bei Auszahlung im Rentenalter. Die Lohnsteuer fällt somit erst zu einem Zeitpunkt an, wenn für den Betreffenden auf Grund seines Rentnerstatus der Steuersatz niedriger ist.

Viele der Deferred Compensation-Angebote werden ausschließlich im Hinblick auf die steuer- und sozialversicherungsrechtlichen Nebeneffekte gemacht. Dies steht jedoch beim ERM nicht im Vordergrund. Unabhängig von möglichen Einsparungen bei den gesetzlichen Abgaben gehören Versorgungsmodelle zum Cafeteria-Angebot.

Gewinnbeteiligungsmodelle, wobei der Mitarbeiter die Verwendung seines Gewinnanteiles selbst bestimmen kann, gibt es in Deutschland schon seit den Siebziger-Jahren. Hierbei reicht die Palette von der Barauszahlung über die Darlehensgebung, der Stillen Beteiligung bis zu Belegschaftsaktien. Die Barauszahlung erfolgt 1:1, die investiven Anlageformen ermöglichen attraktive Renditen. Neben diesen Angeboten, die teilweise auch eine Steuerersparnis bescheren können, gibt es in der Praxis deutscher Betriebe zwischenzeitlich eine Vielfalt von weiteren Offerten:

- Dienstwagen für alle Hierarchiestufen
- Dienstwagen-Sharing
- zusätzliche Urlaubstage
- Stock Options
- besondere Weiterbildungsmaßnahmen, wie z.B. MBA-Studiengänge

- Besuch besonderer Events, wie z.B. VIP-Lounge Allianz Arena
- Kinderbetreuungsservice oder Übernahme von Betreuungskosten
- verbilligter Bezug von Produkten des Unternehmens
- Serviceleistungen, wie z.B. Wäsche- oder Putzservice
- individuelle Gestaltung des Arbeitsplatzes.

Aufgrund bestehender tarif-, steuer- und sozialversicherungsrechtlicher Begleiterscheinungen sind Entgeltsubstituten, und damit der Ausgestaltung von Cafeteria-Systemen, in Deutschland Grenzen gesetzt. So lässt es sich nicht vermeiden, in einem Kernangebot die gesetzlich oder tariflich nicht disponiblen Leistungen bereitzuhalten. Dies sind in der Regel die Barausschüttung des Tariflohnes und die Abführung der Sozialversicherungsanteile.

Alle übertariflichen und außertariflichen Leistungen können dann in *Buffetangeboten* oder *Menüangeboten* als individuelle Optionen zur Verfügung gestellt werden. Beim *Buffetangebot* kann der Mitarbeiter frei aus den bereitgestellten Optionen wählen. Damit ist dieses Angebot das flexibelste und trägt am ehesten der Individualisierung Rechnung. Um die Administration des Cafeteria-Systems zu vereinfachen, werden oft unter Berücksichtigung der *mass customization* Angebotspakete zu *Menüangeboten* geschnürt.

Eine weitere, im Vergleich zu den gesetzlichen Restriktionen eher leichter lösbare Problematik, sei angeschnitten: Die Wertigkeit einzelner Optionen kann aus Sicht der Mitarbeiter und aus Unternehmenssicht diametral sein. Während oft das günstige Leasingangebot für einen Dienstwagen beim Mitarbeiter hohe Begehrlichkeit auslöst, ist diese Option aus Sicht des Unternehmens weniger attraktiv: Als Leasingnehmer geht das Unternehmen gegenüber dem Leasinggeber Verpflichtungen ein, die nur schwer kalkulierbar sind. Was wird beispielsweise in der Restlaufzeit aus dem Fahrzeug mit individueller Sonderausstattung, wenn der Mitarbeiter ausscheidet? Wie erfolgt beim Car-Sharing die Administration? Wie die Abwicklung von Schadensfällen? Wenn der Mitarbeiter sich im Rahmen des Angebotes für zusätzliche Urlaubstage entscheidet, entstehen oft organisatorische Probleme. Auch die gegebenenfalls für bezahlten Zusatz-Urlaub anfallenden Arbeitgeberanteile zur Sozialversicherung verteuern diese Option.

Andererseits gibt es im Cafeteria-System Optionen, die auch für das Unternehmen sehr interessant sein können, beim Mitarbeiter aber weniger hoch im Kurs stehen: Aktienkäufe, Weiterbildungsmaßnahmen, der Bezug von Produkten oder Dienstleistungen des Unternehmens.

Diese Thematik lässt sich mit Hilfe von Äquivalenzziffern lösen. Dabei hat das monetäre Einkommen die Äquivalenzziffer 1; die Offerten im Cafeteria-System erhalten je eine Gewichtung, die sich an der Wertigkeit aus Sicht des Unternehmens orientiert. Für das Unternehmen mit zusätzlichen Kosten oder zusätzlichem Risiko verbundene Optionen erhalten eine Äquivalenzziffer < 0. Optionen, die dem Unternehmen zusätzlichen Nutzen bringen können, erhalten eine Äquivalenzziffer > 0. Konkret könnte das bedeuten:

Der Mitarbeiter hat im betrieblichen Cafeteria-System die Option, Entgeltteile für einen Dienstwagen einzusetzen. Hierfür gilt die Äquivalenzziffer 0,7. Entscheidet sich der Mitarbeiter für einen Dienstwagen, für den das Unternehmen monatlich 500 € zu zahlen hat, muss er dafür 714,28 € monatlich einsetzen:

$0,7 = 500$ €

$1,0 = x$ €

> Berechnung mit Äquivalenzziffer 0,7:   500 € x 1 : 0,7 = **714,28 €**

Wählt er hingegen eine Weiterbildungsmaßnahme, die auch dem Unternehmen Nutzen bringt, und daher mit der Äquivalenzziffer 1,4 bewertet ist, muss er für monatliche Weiterbildungskosten, z.B. für Studiengebühren, in Höhe von 500 € Entgeltbestandteile in Höhe von nur 357,14 € einsetzen:

$1,4 = 500$ €

$1,0 = x$ €

> Berechnung mit Äquivalenzziffer 1,4:   500 € x 1 : 1,4 = **357,14 €**

Im Sinne des ERM ist zu empfehlen, in die Planung und Konzipierung eines Cafeteria-Systems die Mitarbeiter, bzw. deren gesetzliche Interessenvertretung, einzubinden. Dies gilt ebenso für die Frage der Bestimmung von Äquivalenzziffern für die einzelnen Optionen.

Dort, wo ein Betriebsrat im Unternehmen vorhanden ist, hat dieser ein Mitbestimmungsrecht über die Ausgestaltung eines Cafeteria-Systems, und somit auch bei der Festlegung von Äquivalenzziffern. Das Mitbestimmungsrecht des Betriebsrats nach § 87 I Nr. 10 BetrVG bezieht sich ausdrücklich auch auf Fragen der betrieblichen Lohngestaltung, insbesondere der Aufstellung von Entlohnungsgrundsätzen und der Einführung und Anwendung von neuen Entlohnungsmethoden sowie deren Änderungen. Auch hier zeigt die Erfahrung, dass mit sorgfältiger Kommunikation und frühzeitiger Einbindung langwierige, zeitraubende Verhandlungen vermieden werden können. Im Übrigen sollte dies im ERM eine Selbstverständlichkeit sein, denn diese flexible und variable Form der Kompensation wird schließlich für die Mitarbeiter gemacht, und nicht gegen deren Interessen.

Bestandteil der Implementierung eines Cafeteria-Systems muss eine kompetente Beratung der Mitarbeiter sein. Dies gilt insbesondere für Optionen bei der Verwendung von Gewinnanteilen oder dem individuellen Aufbau einer Zusatzversorgung.

Hin und wieder entsteht die Diskussion darüber, ob Cafeteria-Modelle im Kommen oder schon wieder im Gehen sind. Diese Diskussion basiert immer auf der Feststellung, dass mittlerweile bereits eine Vielzahl der steuerlichen Vorteile nicht mehr gegeben sei. Unabhängig davon, ob es immer noch einige Steuerlücken gibt, ist dieses flexible und individuelle Modell eine Vergütungsvariante, die im ERM nicht wegzudenken ist. Ohne ein Cafeteria-System bleibt Diversity Management unvollkommen.

9.8.7   Personalentwicklung

Grundsätzlich losgelöst von den Ausführungen in diesem Abschnitt ist die betriebsspezifisch erforderliche fachliche Anpassungsweiterbildung zu sehen. Der Bedarf hierfür ergibt sich im

Allgemeinen aus dem Einsatz neuer Technologien oder aus der Erweiterung des Produkt- oder Kundenportfolios. Im Folgenden wird speziell auf Personalentwicklung im Sinne des ERM eingegangen.

Wie in den vorstehenden Kapiteln aus unterschiedlichen Perspektiven betrachtet, stellt das ERM in den sich immer schneller verändernden Rahmenbedingungen eine strategische Maßnahme dar, um ein Unternehmen im Wettbewerb zu differenzieren und dauerhaft den Unternehmenserfolg zu sichern. Traditionelle Führungsmuster sind zu überdenken und, wenn erforderlich, über Bord zu werfen. Sie müssen dann Platz machen für Überlegungen und Maßnahmen, die den Mitarbeiter im Zentrum sehen und sich an seinen Bedürfnissen und Erwartungen orientieren.

Das gilt sinngemäß auch für die Mitarbeiterentwicklung: Traditionelle Weiterbildung muss ersetzt werden durch eine systematische Personalentwicklung, welche auf die strategischen Ziele des Unternehmens abgestellt ist. So stellt einerseits das unternehmerische Denken und Handeln der Mitarbeiter einen entscheidenden Faktor für den Unternehmenserfolg dar. Andererseits ist es Aufgabe der Führungskräfte, das zur Potentialentfaltung erforderliche, kreativitäts- und motivationsfördernde Umfeld zu schaffen. Die in Abschnitt 4.2 angesprochene Schnittmengenvergrößerung führt zur Wertsteigerung des Human Capital. Diesen Überlegungen muss strategisch orientierte Personalentwicklung Rechnung tragen. Sie setzt daher wie Abbildung 9-20 zeigt bei zwei unterschiedlichen Aktionskreisen an:

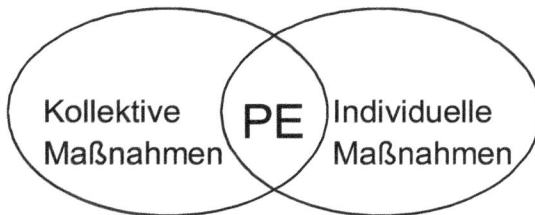

Abb. 9-20 Aktionskreise der Personalentwicklung

Kollektive Personalentwicklungsmaßnahmen im ERM vermitteln hierarchie- und bereichsübergreifend einen ersten Einblick in die Unternehmensstrategie, kurz- und mittelfristige Zielsetzungen und in die Philosophie des ERM. Da die Vorgesetztenfunktionen im ERM eine überragende und entscheidende Rolle spielen, ist diesem Personenkreis die Thematik vertiefend zu vermitteln. Aus den in den Kapiteln 2 bis 7 beschriebenen Inhalten erhalten folgende Punkte besondere Bedeutung:

- Wandel von Inhalten und Trägern der Personalarbeit
- der Mitarbeiter als interner Kunde
- engagierte, zufriedene Mitarbeiter leisten mehr
- die Rollen des Vorgesetzten
- die Instrumente zur Erbringung der Führungsleistung
- Notwendigkeit, Aufbau und Inhalte von Anforderungsprofilen
- geeignete Verfahren zur Evaluierung des individuellen Qualifikationsprofils

- Bedeutung des strukturierten Interviews
- Basisinstrumente des ERM und deren Anwendung
- die Evaluierung des ERM.

Damit wird deutlich, dass traditionelle Führungsseminare größtenteils ausgedient haben. Erst wenn die kollektiven Entwicklungsmaßnahmen durchlaufen sind, kann der Abgleich des individuellen Qualifikationsprofils mit dem Anforderungsprofil des Mitarbeiters Informationen für individuelle Personalentwicklungsmaßnahmen liefern. Die kollektiven Maßnahmen erhalten somit den Charakter von Pflichtveranstaltungen.

Individuelle Personalentwicklungsmaßnahmen leiten sich, wie vorstehend erwähnt, grundsätzlich aus den identifizierten Defiziten beim Abgleich des Anforderungsprofils mit dem individuellen Qualifikationsprofil ab. Nur dann können sie als strategisch wirksam und effizient bezeichnet werden. Idealerweise sind die individuellen Maßnahmen Bestandteil der Zielvereinbarungen im Mitarbeitergespräch.

Auch die Trainingmethodik verlangt nach neuen Wegen: Die Mitarbeit bei interdisziplinären Projekten, die Lösung von Fallstudien in Kleingruppen oder Training on-the-job stellen effiziente Wege dar und lösen althergebrachte Methoden ab. Eine Verlagerung zu den verstärkt praxisorientierten Methoden zeigt zum einen, dass sie hervorragend geeignet sind, um auf der Handlungsebene dauerhaft Verbesserungen zu erzielen. Des Weiteren kosten sie oft nur einen Bruchteil der traditionellen Maßnahmen.

Beispiel 9-9

In Unternehmen D wurden Mitglieder des Führungsnachwuchs-Förderkreises in unterschiedlichen überbetrieblichen und interdisziplinären Projekten eingesetzt. So auch bei der Organisation und Durchführung der jährlichen Veranstaltung CAMP (Create And Manage Progress). Hieran nahmen ca. 180 Mitarbeiter mit Vorgesetztenfunktion aus Holding und Betrieben teil. Von der Budgeterstellung über die Terminplanung, die Auswahl einer geeigneten Location, die Festlegung inhaltlicher Schwerpunkte, die Suche geeigneter interner und externer Beiträge, Konzeption und Organisation des umfangreichen Rahmenprogramms bis hin zur Nachkalkulation arbeiteten zwei der Teilnehmer im insgesamt fünfköpfigen Projektteam voll verantwortlich mit. Einerseits konnten die betreffenden Mitarbeiter wertvolle Erfahrungen sammeln, andererseits ihre methodischen, personalen und sozialen Kompetenzen unter Beweis stellen. Im Ergebnis wurden nach Einschätzung aller Betroffenen uneingeschränkt positive Erfahrungen gemacht.

Zu den althergebrachten Meinungen über Personalentwicklung gehört auch, dass sie viel Geld kostet und der ROI zumindest zweifelhaft bleibt. In vielen Unternehmen trifft das auch zu, wäre aber leicht zu ändern.

Beispiel 9-10

Das Unternehmen D war bekannt für sein großes Angebot an Weiterbildungsmaßnahmen für alle Mitarbeiter. Auf Betreiben des Mehrheitsgesellschafters zentralisierte es seine Seminarangebote weitgehend in einem der alpennahen Hotels in Oberbayern. Ein jährlich in der Zentrale erstelltes Fortbildungsprogramm informierte die einzelnen Betriebe über das umfangreiche Angebot an Fach- und Führungsseminaren, zu denen die Betriebe Mitarbeiter im Rahmen des Pflicht-Budgets für Weiterbildung entsenden mussten.

Um sich einen Eindruck von den Inhalten und den Referenten eines seit Jahren angebotenen Kommunikationsseminares zu verschaffen, gastierte der Personaldirektor an einem der Termine. Das Seminar und die Referenten erhielten traditionell sehr gute Evaluationen seitens der Teilnehmer und waren fester Bestandteil des Bildungsangebotes.

Im Gespräch mit einer aus Hessen für das zweitägige Seminar angereisten Mitarbeiterin stellte sich heraus, dass sie weder das Thema der Veranstaltung noch die Inhalte kannte. Sie war nach eigener Aussage erst einen Tag zuvor von ihrem Vorgesetzten *ausgeguckt* worden, weil die eigentlich vorgesehene Kollegin dienstlich unabkömmlich war. Auf Nachfrage wurde dem Personalleiter zu seinem Erstaunen erklärt, dies sei durchaus gängige Praxis. Bei weiterer Intervention, auch bei den Teilnehmern aus anderen Betrieben, erhärtete sich der Verdacht, dass zu Trainingsmaßnahmen meist diejenigen Mitarbeiter *geschickt* wurden, die am ehesten zu den BZE gerechnet werden konnten. Nicht, um sie weiterzubilden, sondern weil sie im Tagesablauf leichter zu entbehren waren.

Sehr ähnliches wäre auch aus dem Unternehmen E zu berichten. Gespräche mit Personaldirektoren anderer Unternehmen zeigen zudem, dass auch dort diese Praxis nicht ausgeschlossen werden kann. Auch dort werden aufwändige Seminarkonzepte beklagt, die in der Praxis verpuffen und keine Relevanz haben. Es ist also evident, dass Vorgesetzte mit unbeabsichtigter Hilfestellung der Personalentwicklungsabteilungen Unsummen verschleudern können, und alle damit zufrieden sind: Die Teilnehmer, weil sie ein paar abwechslungsreiche Tage hatten, die Vorgesetzten, die ihre Weiterbildungsquoten erfüllen und die Personalentwickler, weil ihre Maßnahmen so gut ankommen. Ein professionell durchgeführtes HR-Audit kann solche Fehlentwicklungen aufdecken und die für Personalentwicklung bereitstehenden Ressourcen strategie- und zielorientiert kanalisieren.

Im ERM sind solche Entwicklungen nahezu ausgeschlossen, da kollektive und individuelle Maßnahmen professionell identifiziert und konzipiert werden. Ähnlich wie bei der Mitarbeiterführung, die sich aus den Personalabteilungen auf die Vorgesetzten verlagert hat, ist es nicht mehr die Aufgabe einer PE-Abteilung, den Bildungsbedarf festzulegen, sondern diese Schlüsselrolle kommt den Vorgesetzten zu. Sie erkennen nämlich am ehesten am Verhalten ihrer Mitarbeiter, bei den Mitarbeitergesprächen und an der Reaktion von Kunden und anderen Bezugspersonen individuelle Defizite und damit individuellen Lernbedarf. Die Vorgesetzten sind es, die mit ihren Mitarbeitern zunehmend Zielvereinbarungen hinsichtlich fachlicher, methodischer oder sozialer Veränderungen treffen müssen. Als Coach begleiten sie deren Entwicklung, regen Lernprozesse an, gestalten und unterstützen diese. Die lernende Organisation entsteht. Arbeit und Lernen verschmelzen, die tägliche Arbeitserfahrung wird zum Lernimpuls. Zu Zeiten, in denen ständige Veränderungen das einzig Vorhersehbare sind, müssen Teams in die Lage versetzt werden, eigenständig diese Veränderungen zu erkennen, besser noch sie zu antizipieren, und eigenständig reagieren zu können.

Die Zeiten, in denen Personalentwicklungsabteilungen Bildungskataloge nach dem Motto *Wir bieten an, Sie greifen zu* verteilen, sind gezählt und gehören hoffentlich bald ganz der Vergangenheit an.

Erst wenn Personalentwicklung als integraler Bestandteil des ERM strategische Relevanz gewinnt, wird sie auch in wirtschaftlich schwierigeren Phasen nicht immer wieder zur Disposition stehen.

9.8.8   Führungsstil

Nicht die ausgefeilten Instrumente oder viel versprechenden IT-Lösungen entscheiden über den Erfolg eines ERM. Auch nicht die hervorragend besetzte HR-Abteilung. Die Vorgesetztenfunktionen sind es, die als Führungskräfte die Schnittmenge von Potential, Motivation und Umfeld beeinflussen. Sie haben somit den entscheidenden Einfluss auf den Wert des Human Capital. Es sei daran erinnert, dass Führung im ERM als *Aufbau leistungsfördernder Beziehungen* definiert wird.

Daher wird der klassische Vorgesetzte, der alles weiß, alles sieht, der die Trennung von Denken und Tun pflegt und alles bestimmt, mehr und mehr zum Auslaufmodell. Die für ein Unternehmen erfolgreiche Führungskraft stößt Problemlösungen an, fördert, fordert und unterstützt ihre Mitarbeiter, lässt ihnen genügend Freiraum und behält ihre Zufriedenheit im Auge. Dies ist in den vorstehenden Kapiteln ausführlich dargelegt.

Aber noch immer gehört die Führungsstil-Problematik zu den am meisten diskutierten Fragen in der Management-Literatur und -praxis. Auf kaum einem anderen Gebiet wurde so viel empirische Forschung betrieben. Führung ist zwangsläufig Bestandteil aller Manager-Seminare und es gibt daher vermutlich keinen Manager, der sich mit diesem Thema nicht bereits auseinandergesetzt hat.

Diese Diskussionen werden nach meiner Einschätzung künstlich hochgehalten und immer wieder unnötig entfacht. Da schreibt einerseits der amerikanische Management Guru Tom Peters:

> *„Hierarchien gehören abgerissen, auseinander gebaut und zerstückelt."*

Das erinnert stark an die Diskussion um antiautoritäre Erziehung in den Sechziger-Jahren, die viele in die Irre leitete.

Andererseits hört man von Fredmund Malik, Titularprofessor der Universität St. Gallen, zum Thema, ob Manager eher autoritär oder kooperativ führen sollen:

> *„Es gibt keine Korrelation zwischen Stil und Ergebnissen. Denn Führungskräfte sollten vor allem eines: Resultate erzielen."*

Die Führungspraxis lässt keine Schwarz-Weiß-Malerei zu. Daher gibt es auch nicht *den* richtigen Führungsstil. Die Vision vom *selbstbestimmten Handeln ohne Druck von oben* oder vom *Chef als Gleichem unter Gleichen* geht nach meiner Auffassung genauso an der Praxis vorbei, wie die ausschließliche Fokussierung auf die Resultate, die nur das *was* beantwortet und das *wie* vernachlässigt. Mag das noch in einem einfach strukturierten Fertigungsbetrieb ausreichend funktionieren, scheitert die reine Resultatorientierung in komplexeren Strukturen, in denen Kreativität und Innovationskraft gefordert sind. Aber auch in den Fabriken werden die Aufgaben komplexer. Steigende Veränderungsdynamik, Flexibilität und Qualitätsansprüche erfordern von jedem einzelnen Mitarbeiter eine andere Einstellung zur eigenen Tätigkeit. Das kann nicht verordnet werden. Der Aufbau leistungsfördernder Beziehungen führt zum Erfolg. Aus gutem Grund beschäftigt man sich seit Jahren selbst in den klassisch autoritär geprägten Bereichen Militär und Polizei mit einem partnerschaftlichen, partizipativen Führungsstil. Ganz ohne Vorgaben, Steuerung und Spielregeln können Unternehmen aber auch in Zukunft nicht funktionieren.

Unumgänglich erscheint für die erfolgreiche Praxis die Einsicht, dass die Vorgesetztenfunktion situativ und flexibel unterschiedliche Rollen erfüllen muss. In Kapitel 5 wurde das ausführlich dargelegt.

Ergänzend sei noch auf eine Umfrage der Personalberatung Spencer Stuart[46] hingewiesen. Obwohl diese aus dem Jahr 2002 ist, hat sie an ihrer Aktualität noch nichts eingebüßt. Hierin heißt es:

> *„Wir befragten 575 US-Führungskräfte nach den 50 besten Managern Amerikas. Diese Stars interviewten wir über ihre Karrieren und Erfolgsrezepte. Heraus kam, dass trotz extrem unterschiedlicher Herkunft und Lebenswege alle eine sehr einheitliche Ansicht über Führung besitzen."*

Der Bericht führt im Folgenden weiter aus, dass sich der Führungsstil der erfolgreichen Manager in folgenden Prinzipien zusammenfassen lässt:

(1) Persönliche Integrität und Führen durch das eigene Vorbild

Gemeint ist damit ein innerer Sinn für richtig und falsch. Ein gutes Beispiel ist Bill Marriott, Eigentümer der gleichnamigen Hotelkette. Marriott ist getrieben von einer Reihe tief empfundener Regeln und Werte. Diese schließen harte Arbeit, exzellenten Service, Ehrlichkeit, Sparsamkeit und eine Verpflichtung gegenüber Gemeinschaft, Kollegen und Gästen ein. Alles, was Bill Marriott macht, jede Rede, die er hält, und jede Entscheidung, die er trifft, stimmen mit diesen Überzeugungen überein. Diese Konsistenz ist das wirklich Entscheidende.

(2) Entwickeln einer „Großen Idee"

Globalisierung und Beschleunigung sind die treibenden Kräfte der Zukunft. Unternehmen brauchen deshalb eine klare Vorstellung von ihrem Wettbewerbsvorteil. In einem unsicheren Umfeld muss ein Top-Manager die Quelle einer überragenden Gewinnstrategie sein. Erfolgreiche Unternehmensführer von heute halten solche „großen Ideen" immer einfach und sind im Stande, ihre Vision in die Wirklichkeit umzusetzen.

---

[46] Yvonne Beiertz in der Süddeutschen Zeitung vom 6. Mai 2002

(3) Aufbau eines exzellenten Management-Teams

Michael Dells Satz „ein Einzelner kann alleine nichts ausrichten" ergänzt Steve Case von America Online: „Es gibt eine Eins-zu-Eins-Korrelation zwischen der Qualität der Projekt-mitarbeiter und der des Projekt-Verantwortlichen." So lange Unternehmen eine Ansammlung von Menschen sind, hängen die Ergebnisse unmittelbar von der Qualifikation des Manage-ment-Teams ab. Eine Führungsregel lautet: setze auf die Stärken der Menschen und vermei-de ihre Schwächen. Außergewöhnliche Manager haben immer ein starkes Team um sich geschart. Könner, nicht Claqueure sind gefragt.

(4) Inspirieren von Mitarbeitern

Charisma hilft natürlich, sein Umfeld zu motivieren. Es ist jedoch keine Voraussetzung, um erfolgreich zu führen. Um aus Mitarbeitern das Beste herauszuholen, reichen oft ganz ein-fache Verhaltensweisen: Kontinuierlich kommunizieren, aufmerksam zuhören, Fehler als Lernprozess tolerieren, auf den Wunsch von Menschen bauen, positiv aufzufallen, einen Beitrag zu leisten und dafür gewürdigt zu werden. Um Menschen zu begeistern, zählen Taten mehr als Worte.

(5) Eine flexible Organisation

Jack Welch hat immer wieder gesagt, dass Organisationen offener und durchlässiger werden, bürokratische und hierarchische Entscheidungsprozesse „der Macht des Informellen" wei-chen müssen. Der Schlüssel zum Erfolg ist es, die richtigen Leute zu haben, um Probleme zu lösen, egal wo sie gerade hierarchisch angesiedelt sind. Viele Top-Manager weisen darauf hin, dass in ihren Firmen komplett dezentrale Strukturen mit kleinen, schlanken Hauptver-waltungen bestehen.

(6) Einführung einer leistungsorientierten Bezahlung

Um eine hohe Effizienz zu erreichen, müssen Vergütung und Leistungsmessung überein-stimmen mit den Werten und Strategien des Unternehmens. Damit hält das Einkommenssys-tem die Organisation zusammen und schafft Kohäsion. Bei der Vergütung spielt nicht nur die absolute Höhe eine Rolle, die Differenzierung ist oft wichtiger. Leistungsabhängige Ein-kommen und langfristige Incentive-Elemente sind damit ein Instrument, um die besten Mit-arbeiter zu binden.

Soweit der Bericht.

Es ist unschwer nachzuvollziehen, dass Führung mit diesen Prinzipien zu guten, dauerhaften Beziehungen zwischen der Unternehmensleitung und den Mitarbeitern führt. Beziehungen stellen ökonomische Werte dar. Wer Beziehungskapital zu Mitarbeitern aufbaut, schafft somit ökonomische Werte.

10 Employer Brand

Nicht nur in den USA spricht man vom *War for Talents*. Auch in Europa zeigen die aktuelle Situation und die demographische Entwicklung eine permanente Knappheit an *High Potentials*. Unabhängig von der Arbeitsmarktsituation in unterschiedlichen Konjunkturzyklen wird der Wettbewerb um qualifizierte Fach- und Führungskräfte dauerhaft zunehmen.

Als Reaktion hierauf ist zu beobachten, dass sich Unternehmen in der Positionierung als attraktiver Arbeitgeber mit externen Personalmarketingaktivitäten überbieten. Diese zeigen jedoch meist zu stark die Muster traditioneller Produktwerbung. Schon beim ersten Kontakt mit dem Unternehmen, beispielsweise bei einer Initiativbewerbung, erhält das werbewirksam aufpolierte Unternehmensbild viele dunkle Flecken.

10.1 Definition

Ausgehend vom Markenverständnis im Konsumgüterbereich kann der Employer Brand wie folgt definiert werden:

> *Der Employer Brand (Arbeitgebermarke) ist das bei den aktuellen, potentiellen und ehemaligen Mitarbeitern fest verankerte, unverwechselbare Vorstellungsbild von einem Unternehmen als Arbeitgeber. Employer Branding ist demzufolge die strategische und operative Führung der Arbeitgebermarke.*

Diese Definition weist auf die subjektive und emotionale Sichtweise hin. Bereits damit wird deutlich, dass nicht aufwändige Events und Rekrutierungsinstrumente entscheidend sind für die Ausprägung der Arbeitgebermarke. Erst die differenzierte, individuelle Interaktion mit den Bezugsgruppen und –personen lässt die positive Marke entstehen.

10.2 Studie: Deutschlands beste Arbeitgeber

2001 erhielt das Great Place to Work® Europe Consortium von der EU-Kommission den Auftrag, die besten Arbeitgeber der EU zu identifizieren. Damit wurde das Ziel verfolgt, die Corporate Social Responsibility (speziell: Lebenslanges Lernen, Gleichheit der Geschlechter und Förderung von Vielfalt) und das Thema Mitarbeiter-Orientierung stärker in das Bewusstsein von Arbeitgebern und der Öffentlichkeit zu rücken.

Als europaweit standardisierte Forschungsinstrumente wurden eine schriftliche Mitarbeiterbefragung sowie ein schriftliches Personal-Kultur-Audit eingesetzt. Die Befragung beinhaltete 59 geschlossene Fragen zu fünf zentralen Dimensionen des Great Place to Work®-Models©, nämlich

- Vertrauen
- Glaubwürdigkeit
- Respekt, Fairness
- Stolz und
- Team-Orientierung

sowie eine offene Frage. Mit dem Personal-Kultur-Audit wurden Konzepte, Programme und Maßnahmen im Personalbereich der Unternehmen erfasst. Teilgenommen haben insgesamt 165 Unternehmen aus Industrie, Handel und Dienstleistung sowie zentralen Einzelbranchen. Unternehmensgrößen der Teilnehmer: 91 Unternehmen mit bis zu 500 Mitarbeitern, 64 Unternehmen mit bis zu 5.000 Beschäftigten und zehn Unternehmen mit mehr als 5.000 Arbeitnehmern.

Die Tatsache, dass man *Deutschlands beste Arbeitgeber* über eine Mitarbeiterbefragung und ein Personal-Kultur-Audit ermittelt, unterstreicht die zunehmende Bedeutung der Mitarbeiter-Orientierung und ermöglicht zielführende Analysen. Andere Rankings, zum Beispiel durch Befragung von Hochschulabsolventen, zeigen als Resultat nur das externe Image bei dieser Bezugsgruppe. Dieses externe Bild, geprägt von interessanten Produkten und werbewirksamen Events an den Hochschulen, spiegelt sich oft in der betrieblichen Realität nicht wider. Neue Mitarbeiter, die sich davon angezogen fühlen und sich für das Unternehmen entscheiden, sind schnell enttäuscht, verlassen das Unternehmen wieder und wirken fortan als negative Multiplikatoren. Wenn der Arbeitsmarkt den Wechsel zu einem anderen Arbeitgeber nicht zulässt, tauchen diese Mitarbeiter schnell bei den 87% der Gallup-Studie auf, die keine hohe emotionale Bindung und damit Loyalität ihrem Arbeitgeber gegenüber empfinden.

Dem Wirtschaftsmagazin Capital[47] sind nachstehende Statements von ausgezeichneten Unternehmen entnommen, die aufgrund der erreichten Ergebnisse als authentisch betrachtet werden dürfen:

> Bestnoten in punkto Fairness vergaben die Mitarbeiter von SAP Deutschland. Neben einem gerechten und transparenten Vergütungssystem setzt SAP-Personalvorstand Prof. Dr. Claus Heinrich insbesondere auf die hauseigene Talentschmiede: „Wir versuchen, unsere Führungsleute aus den eigenen Reihen zu rekrutieren."

> Mit Top-Bewertungen in den Bereichen Respekt, Fairness und Stolz kann W. L. Gore & Associates aufwarten. Das Erfolgsgeheimnis des Managements ist der Respekt gegenüber den Leistungen der Mitarbeiter. Geschäftsführer Rudolf Kleis: „Respekt bedeutet: zuhören, an den Mitarbeiter glauben und ihm für seine Ideen Türen öffnen."

---

[47]   Capital, 1. Februar 2006

Der Gesamtsieger des Wettbewerbs und führend bei den mittelständischen Firmen, Con-Sol* Software, setzt auf eine partnerschaftliche Unternehmensführung. Gründer Ulrich Schwanengel machte seine Mitarbeiter durch ein ausgefeiltes Bonusmodell konsequent zu Mitunternehmern. „Jeder Mitarbeiter sieht am Jahresende an der Ausschüttung, dass sich seine Leistung gelohnt hat," fasst Schwanengel die Vorteile seiner Grundsätze gegenüber Capital zusammen.

Für den stellvertretenden Capital-Chefredakteur Andreas Busch zeigt der diesjährige Wettbewerb wieder einmal, dass „eine gute Unternehmenskultur mit einem hohen Maß an Mitarbeiteridentifikation meist das Ergebnis unkonventioneller Führungsansätze ist."

Ein *Great Place to Work* ist ein Arbeitsplatz, an dem man als Mitarbeiter von denen anerkannt wird, mit denen man arbeitet, stolz auf das ist, was man tut, und die vertrauensvollen, leistungsfördernden Beziehungen schätzt.

10.3   ERM und Employer Brand

Bereits mehrfach wurde in den vorstehenden Kapiteln darauf hingewiesen, dass die Verfügbarkeit fachlich, methodisch, personal und sozial qualifizierter Mitarbeiter in der erforderlichen Anzahl zentraler Erfolgsfaktor für die Erreichung der Unternehmensziele ist.

Bei der Gewinnung und Bindung von qualifizierten und motivierten Mitarbeitern kann langfristiger Erfolg nur erreicht werden, wenn die extern vermittelte Attraktivität auch der internen Realität, dem Unternehmensalltag, entspricht. Gegenwärtige und ehemalige Mitarbeiter wirken dann als Botschafter, die ihre persönlichen Erfahrungen weitergeben. Die aktive Einbindung loyaler Mitarbeiter in externe Personalmarketing-Maßnahmen, wie z.B. bei Jobbörsen, Präsentationen an Hochschulen, Road Shows etc., wirkt dann authentisch und vermittelt ein realistisches Bild nach Außen. Ein zusätzlicher Mehrwert entsteht, wenn die eigenen Mitarbeiter gesellschaftlich in Organisationen eingebunden sind und dort auch eine informelle Multiplikatorenfunktion übernehmen.

Der ökonomische Wert des ERM führt zu unmittelbaren und dauerhaften betriebswirtschaftlichen Vorteilen für ein Unternehmen. Die damit generierten Wettbewerbsvorteile spiegeln sich auch im Employer Brand wider. Quasi als Nebenprodukt eines qualifizierten internen ERM entsteht ein Image als Arbeitgeber, für das andere Unternehmen viel Anstrengungen und Geld investieren müssen. Dabei wird häufig vergessen, dass sich das externe Image tunlichst aus dem internen entwickelt. Nur dann ist es organisch und stabil. Der *output* des ERM wird zum *input* für das Employer Branding.

Employer Branding ist somit keine eigenständige Disziplin, mit der sich eigens dafür engagierte Fachleute beschäftigen müssen. ERM ist Employer Branding. Unabhängig von den originären Produkten, dem Standort oder gar der wirtschaftlichen Situation eines Unternehmens führt umfassendes ERM zu einem stabilen, dauerhaften Image als Arbeitgeber.

Die Aufgabe des Marketing, speziell dem Personalmarketing, besteht dann darin, unterstützend die internen Gegebenheiten und die Unternehmenskultur in geeigneter Form zu den externen Bezugsgruppen zu transportieren.

11 Die Positionierung der Mitarbeitervertretung im ERM

Obwohl die Zusammenarbeit mit dem Betriebsrat eines Unternehmens oft sehr emotional geprägt ist, sei eingangs das Organ der Mitarbeitervertretung eher nüchtern betrachtet. So heißt die weit verbreitete Definition:

> *Der Betriebsrat ist das gesetzliche Organ zur Vertretung der Arbeitnehmerinteressen und zur Wahrung der betrieblichen Mitbestimmung gegenüber dem Arbeitgeber in Betrieben des privaten Rechts. Im Wesentlichen regelt das Betriebsverfassungsgesetz von 1972 (BetrVG) die Rechte des Betriebsrats. Gesetzlich sind ihm bei der Wahrnehmung seiner Aufgaben in sozialen, personellen und wirtschaftlichen Angelegenheiten Mitwirkungs- und Mitbestimmungsrechte eingeräumt.*

Was aber hat die Mitbestimmung seit ihrer Institutionalisierung gebracht? Auch wenn der Betriebsrat formal gesehen kein Organ der Gewerkschaft ist, kann man für die Praxis festhalten, dass Umgang mit dem Betriebsrat auch immer Umgang mit der Gewerkschaft bedeutet. Der Einfluss von Gewerkschaften auf die Betriebsräte ist enorm und führt zu unnötigen Konflikten und wirtschaftlichen Schäden, die letztlich oft die Arbeitnehmer zu tragen haben. Machteinbußen der Arbeitgeber haben eben nicht zu einem Machtgewinn der Arbeitnehmer geführt, sondern zu Machtgewinn bei den Funktionären der Gewerkschaften und den Betriebsräten.

Zwischenzeitlich sind die sozialen, personellen und wirtschaftlichen Beteiligungsrechte des Betriebsrates so weit ausgebaut, dass ein Unternehmen bei vollumfänglicher Anwendung in seiner Handlungsfreiheit stark eingeschränkt wäre und erheblichen Einschränkungen bei der Verfügungsgewalt über sein Vermögen unterliegen würde.

Verpflichtet das Betriebsverfassungsgesetz Arbeitgeber und Arbeitnehmer noch zur *vertrauensvollen Zusammenarbeit zum Wohl der Arbeitnehmer und des Betriebes,* haben die Gewerkschaften andere Ziele. Basierend auf der Gewerkschaftsgeschichte erinnert man sich oft und gerne an die vergangenen Zeiten und will immer noch nicht wahr haben, dass Klassenkampf nicht mehr angesagt ist. Die wirtschaftlichen Rahmenbedingungen erfordern von Arbeitgebern und Arbeitnehmern den engen Schulterschluss. Der ausbeutende Unternehmer gehört weitestgehend der Vergangenheit an. Die machtbesessene Gewerkschaft noch nicht.

Ein aktuelles und prominentes Beispiel ist im Folgenden wiedergegeben.

Aus einer dpa-Mitteilung: **Beispiel 11-1**

Weiterhin kein Betriebsrat bei SAP

Bei Deutschlands führendem Softwarehersteller SAP wird es auch künftig keinen Betriebsrat geben. Auf einer Betriebsversammlung in Walldorf hätten sich lediglich 9% der rund 5100 anwesenden SAP-Beschäftigten für einen Betriebsrat ausgesprochen, sagte ein IG-Metall-Sprecher. Für die Gründung eines Wahlvorstandes wäre die einfache Mehrheit der Anwesenden erforderlich gewesen. Drei SAP-Mitarbeiter hatten die Versammlung zusammen mit der Gewerkschaft initiiert.

Die Gewerkschaft überlege nun, vor das Arbeitsgericht zu ziehen, um doch noch eine Arbeitnehmervertretung in dem Softwarehaus zu installieren, kündigte der Gewerkschafter an. Ein Unternehmenssprecher sagte dagegen, SAP gehe davon aus, dass die Gewerkschaft das eindeutige Votum der Beschäftigten respektiere.

Bislang übernehmen die Arbeitnehmervertreter im Aufsichtsrat die Funktion eines Betriebsrates bei dem Weltmarktführer für Unternehmenssoftware. Der SAP-Mitgründer und langjährige Vorstandschef, Dietmar Hopp, hatte vor der Versammlung starke Vorbehalte gegen den Einfluss einer Gewerkschaft in dem Unternehmen geäußert und sogar den Firmensitz Walldorf infrage gestellt. Das Softwarehaus hat weltweit rund 35.900 Beschäftigte.

Noch Anfang März 2006 hatten 91% der Beschäftigten der Wahl einer Arbeitnehmervertretung bei SAP eine klare Absage erteilt. Daraufhin waren drei Mitarbeiter, die der IG Metall angehören, vor das Arbeitsgericht Mannheim gezogen, um einen Betriebsrat durchzusetzen. Der Unternehmensvorstand lenkte aufgrund der aussichtslosen Rechtssituation ein, und die Betriebsratswahlen fanden im Juni 2006 statt. Drei Mitarbeiter konnten gegen den Willen ihrer Kollegen mit Unterstützung der IG Metall bei Europas führendem Softwarekonzern mit fast 14.000 Mitarbeitern eine Arbeitnehmervertretung durchsetzen.

Ein Kommentar zu diesem Vorgang, der anschaulich das volkswirtschaftlich und betriebswirtschaftlich schädliche Spannungsfeld aufzeigt, erübrigt sich. Stattdessen fühlt man sich an den Soziologen Schelsky[48] erinnert, der schrieb:

> *Ein Volk, das sich im Namen der verkündeten Volksgemeinschaft dem härtesten Parteiregime unterwarf, ist auch vertrauensselig genug, sich mit der Formel Mitbestimmung eine neue Funktionärsherrschaft bescheren zu lassen.*

Zahlreiche Auseinandersetzungen nach dem Muster bei SAP werden nicht der Sache wegen geführt, sondern der Ideologie wegen geschürt. Kaum ein sozial- oder gesellschaftspolitisches Thema, bei dem sich die Gewerkschaften nicht manipulierend oder verführend einschalten. Außer bei dem Thema Schwarzarbeit: Hier halten sie sich auffallend abstinent, obwohl dadurch das soziale Netz in der Hauptsache von der eigenen Klientel gefährdet wird.

---

[48]   Helmut Schelsky, * 1912, + 1984

Noch gut in Erinnerung ist die Betriebsratsaffäre bei VW: Klaus-Joachim Gebauer arbeitete seit 32 Jahren für VW. Als Manager der Personalabteilung war er für die Interessen des Betriebsrates verantwortlich. Im November 2005 werden ihm Spesenbetrug, die Gründung von Scheinfirmen und die Annahme von Schmiergeldern vorgeworfen. Gebauer bestreitet diese Vorwürfe, gibt jedoch zu, Lustreisen für Betriebsräte organisiert zu haben, die bereits den Personalvorstand Peter Hartz seinen Posten kosteten. Er räumte dem mächtigen Betriebsrat seit Jahrzehnten Spesen ohne Grenzen ein und (Lust-)Reisen, wohin und so viele sie wollten.

Für Korruptionsexperten ist dies ein klassischer Fall von Anfüttern. Der Betriebsrat von VW sollte zunächst mit kleinen Ködern gefügig und dann mit größeren abhängig gemacht werden.

Wenn Arbeitnehmervertreter sich vom Unternehmen sogar noch den Bordellbesuch bezahlen lassen, können sie nicht mehr unabhängig agieren, sagt ein rheinischer Korruptionsfahnder.[49]

In einem Artikel der Zeitschrift Stern erklärt Gebauer, dass es hierbei nicht unbedingt um die Käuflichkeit des bei VW sehr mächtigen Betriebsrates geht, sondern vielmehr um die Gunst der Bestochenen bei wichtigen Unternehmensentscheidungen, denen wie bei den meisten großen Konzernen auch der Betriebsrats-Vorsitzende zustimmen muss.[50]

Neben der ethisch-moralischen Dimension birgt auch dieser Skandal eine volkswirtschaftliche: Wer nimmt Reformen wie Hartz IV noch ernst von einem Mann, der in einen solchen Skandal verwickelt ist? Wer kann noch seinem Betriebsrat trauen, wenn dieser für Verständnis bei unpopulären Maßnahmen wirbt? Insbesondere dann, wenn bekannt ist, dass der Ex-VW Betriebsratschef Klaus Volkert sein ohnehin nicht kleinliches Gehalt von rund 300.000 Euro jährlich durch Sonderboni auf 500.000 Euro im Jahr steigern konnte. Diese Sonderzahlungen an Volkert hatte Hartz bereits 1995 heimlich eingeführt.

Der ungeheuerliche Vorfall bei VW wird bald vergessen sein. Er stellt zudem nur die Spitze eines Eisberges dar. Arbeitnehmervertreter, die sich ihre Gunst dem Arbeitgeber gegenüber bezahlen lassen, sind kein Einzelfall.

Beispiel 11-2

In Unternehmen D unterzeichnete der Betriebsratsvorsitzende eine Betriebsvereinbarung, die zur Vermeidung der Auszahlung zuschlagspflichtiger Überstunden eine Flexibilisierung der Arbeitszeit vorsah. Das Unternehmen sparte damit erhebliche Personalkosten ein. Er selbst bestand jedoch auf Auszahlung eigener Überstunden, die ihm monatlich eine nennenswerte Einkommensverbesserung brachten, obwohl niemand den Grund für die geltend gemachten Überstunden verstehen konnte, geschweige denn seine Überstunden in Frage stellte. Der Betriebsratsvorsitzende ließ keine Zweifel daran, dass er dem Unternehmen Schaden zufügen würde, wenn die ihn begünstigende Regelung abgeschafft würde.

---

[49] http://www.sueddeutsche.de/wirtschaft/artikel/514/56458/
[50] Stern Magazin, Heft 40, vom 29.9.2005

Egal wie man zu den Mitbestimmungsrechten des Betriebsrates steht und welche Blüten sie treiben, sie sind und bleiben ein fester und nicht verhandelbarer Bestandteil unserer Rechtsordnung.

Arbeitnehmervertretung durch Betriebsräte kann durchaus den strategischen und operativen Zielen des Unternehmens nutzen. Grundvoraussetzung hierfür ist jedoch ein starker, von gewerkschaftlicher Demagogie distanzierter Betriebsrat. Der Versuch, in Unternehmen mit in der Regel mehr als fünf wahlberechtigten Arbeitnehmern einen Betriebsrat nachhaltig zu verhindern, wird über kurz oder lang scheitern. Selbstbewusste, starke Betriebsräte sollten daher das Ziel der Unternehmensleitungen sein. Diese Betriebsräte gilt es als Partner zu akzeptieren, mit all ihren Rechten und Pflichten.

Das ERM zeigt für die Betriebspartner einen Weg, auf dem sie – trotz möglicher Interessenskonflikte – einer erfolgreichen, zufrieden stellenden Zukunft entgegengehen können. Erfolgreiche Zukunft in diesem Sinne heißt, dass sich Arbeitnehmer und Unternehmer wieder näher stehen als Arbeitnehmer und Gewerkschaften.

Für diesen Weg gibt es vier Grundvoraussetzungen:

(1) Akzeptanz der Institution Betriebsrat:

Viele Auseinandersetzungen mit dem Betriebsrat haben ihren Kern darin, dass dieses Gremium grundsätzlich als Teufelswerk abgelehnt wird und damit die von den Mitarbeitern gewählten Betriebsratsmitglieder zumindest argwöhnisch beäugt werden. Müssen aber die Betriebsratsmitglieder ständig um ihre Anerkennung und um die Beachtung ihrer Rechte kämpfen, führt das oft zu chronischer Konfrontation.

(2) Kenntnis der kritischen Rechtsvorschriften:

Wer aus Unkenntnis der einschlägigen Rechtsvorschriften juristisch gesprochen gegen sie verstößt, riskiert unnötige Konflikte. Der Betriebsrat fühlt sich in seinen Rechten ignoriert, stellt sich dann aus Prinzip quer und blockiert mitbestimmungspflichtige Maßnahmen. Der Stoff, aus dem unüberbrückbare Gräben entstehen können.

(3) Kenntnis der Wünsche und Erwartungen der Mitarbeiter:

Wenn beim Management hinsichtlich der Wünsche und Erwartungen der Mitarbeiter eine Fehleinschätzung besteht wie in Abschnitt 4.2 aufgezeigt, werden die Mitarbeiter unzufrieden bleiben. Sie müssen das nämlich als mangelnde Anerkennung und Ignoranz bewerten. Und zwar zu Recht. Die mangelnde Anerkennung den einzelnen Mitarbeitern gegenüber erzeugt insgesamt ein Vakuum, das diese versuchen durch die Wahl eines Betriebsrates zu beseitigen.

(4) Keine Begünstigung der Betriebsratsmitglieder:

Der Weg des geringsten Widerstandes oder einfach nur die Ohnmacht vor gesetzlich legitimierten aber für die betriebliche Praxis blockierenden Bestimmungen, verleitet zahlreiche Manager zu Zugeständnissen für einzelne oder alle Betriebsratsmitglieder. Unabhängig von der Tatsache, dass es sich hierbei um einen Rechtsverstoß handelt, wird bei Bekanntwerden das Betriebsklima und somit die Anstrengungen des ERM nachhaltig negativ beeinflusst.

Die vorstehend genannten Grundvoraussetzungen stellen sozusagen das kleine Ein-Mal-Eins der Zusammenarbeit mit dem Betriebsrat dar. Mit ihnen können unnötige, zeit- und ressourcenzehrende Konflikte vermieden werden.

Darüber hinaus gibt es die Möglichkeit, den Betriebsrat konstruktiv in das unternehmerische Geschehen und als Promotor für das ERM einzubauen. Nachstehend sind einige Hinweise, Überlegungen und Tipps hierfür aufgezeigt:

* Wenn im Betrieb bekannt ist, dass das Management Betriebsräte generell als Feinde betrachtet, sie zur *persona non grata* abstempelt, darf man sich nicht wundern, wenn sich vernünftige Mitarbeiter, MVEs oder MGEs, gar nicht erst zur Wahl stellen. Die Folge: BZEs, die sich von ihrer Gewerkschaft führen und steuern lassen, bestimmen das Gremium. Jeder Betrieb hat den Betriebsrat, den er verdient.

Beispiel 11-3

In einem Betrieb des Unternehmens D war bekannt, dass der Direktor die Aufgabe hatte, einen Betriebsrat nach Möglichkeit zu verhindern. Die Mitarbeiter ließ er wissen, dass jeder, der sich für so etwas hergäbe, den Betriebsfrieden stören wolle. Für die trotzdem vom Gesamtbetriebsrat und der Gewerkschaft initiierte Betriebsratswahl wollten sich zunächst keine Bewerber finden. Im Endergebnis ergab sich eine Liste, die überwiegend aus Mitarbeitern bestand, die intellektuell als eher unterdurchschnittlich eingestuft werden durften und Hilfsarbeiten ausführten. Folglich gehörten dann dem dreiköpfigen Betriebsrat zwei Mitarbeiter an, die aufgrund ihres fachlichen Könnens und ihres Verhaltens zu den schwächsten zählten. Mit diesen musste sich dann der Direktor die nächsten vier Jahre über alle seinen Betrieb betreffenden wirtschaftlichen, sozialen und personellen Angelegenheiten auseinandersetzen. Das dritte Mitglied, eine langjährig beschäftigte, fachlich und menschlich geschätzte Mitarbeiterin, gab nach sechs Monaten resigniert auf und schied aus dem Gremium aus, weil sie die Zusammenarbeit mit ihren Betriebsratskollegen nicht mehr ertrug.

---

* Wenn das Management sein Verständnis für den Betriebsrat, den Nutzen den dieses Gremium dem Betrieb und seinen Arbeitnehmern bringen kann und die damit zusammenhängende Verantwortung der Betriebsratsmitglieder offen und umfassend mit der Belegschaft kommuniziert, wird damit die Liste der Kandidaten positiv beeinflusst.

Beispiel 11-4

Ausgehend von den zermürbenden Erfahrungen seines Kollegen, ging der Direktor eines anderen Betriebes den entgegengesetzten Weg: Bei den ersten Anzeichen für die Gründung eines Betriebsrates suchte er den Dialog mit der Belegschaft, legte seine Auffassung von Betriebsratsarbeit dar. Er gab seinem Wunsch Ausdruck, dass sich genügend verantwortungsbewusste Mitarbeiter für die Wahl in das Gremium finden würden. Ergebnis: Dem insgesamt sehr qualifizierten Betriebsrat gehörten sein Stellvertreter und zwei Abteilungsleiterinnen an. Trotz intensiver Bemühungen von externer Seite gestaltete sich die Zusammenarbeit erwartungsgemäß konstruktiv.

- Die Mitarbeiter müssen frühzeitig, offen und umfassend über alle sie betreffenden Themen informiert werden. Wenn eine Mitarbeitervertretung besteht, heißt die Reihenfolge: Erst der Betriebsrat, dann die Mitarbeiter. Je nach Thema kann überlegt werden, ob der Betriebsrat aktiv in eine Informationsveranstaltung eingebunden wird – auch wenn diese keine Betriebsversammlung im Sinne des Betriebsverfassungsgesetzes ist.
- Insbesondere für Veränderungsprozesse jeglicher Art gilt: Die Mitarbeitervertretung sollte frühzeitig eingebunden sein. Und zwar grundsätzlich und nicht nur im Rahmen des Betriebsverfassungsgesetzes. Einerseits werden somit die Befindlichkeiten der Mitarbeiter rechtzeitig bekannt und können vor Entscheidungen Berücksichtigung finden. Andererseits wird die Position des Betriebsrates als Informationsträger gestärkt. Das hat sich nach meiner Erfahrung positiv auf das Change-Management und andere Projekte ausgewirkt. Die Beispiele 9-6 und das Implementierungsbeispiel in Abschnitt 9.8.3 seien noch einmal in Erinnerung gerufen.
- Den Betriebsrat so oft wie möglich um seine Meinung zu bestimmten Problemlösungen fragen. Das bringt oft interessante Informationen. Auch einmal die zweitbeste Lösung akzeptieren, wenn die Belegschaft sie favorisiert. Der Betriebsrat wird dann bei der Implementierung in die aktive Verantwortung genommen. Das kann zu erstaunlichen Resultaten führen.
- Keinesfalls die Gunst von Betriebsräten kaufen! Das rächt sich langfristig! Viel sinnvoller ist es, den Betriebsrat über die gesetzlichen Erfordernisse hinaus in das Unternehmensgeschehen einzubinden. Er kann dann ein Verständnis für viele – auch unpopuläre – Maßnahmen entwickeln und der Belegschaft gegenüber argumentieren. Einem starken Betriebsrat glaubt man. Er kann am ehesten vermitteln, dass man die Kuh, die man hin und wieder melken will, auch gesund halten muss.
- Den Betriebsrat um die Entsendung eines Mitgliedes zur Mitarbeit in einem interdisziplinären Projekt bitten. Auch hierdurch werden im positiven Sinne erstaunliche Resultate, direkt und indirekt, erzielt.
- Management und Betriebsrat sollten hin und wieder auch ohne konkreten Anlass zusammenfinden. Sich gegenseitig auf der menschlichen Seite besser kennen zu lernen, führt zu mehr Verständnis und Vertrauen. Warum nicht den Betriebsrat zu Strategiemeetings oder zur Budgetpräsentation einladen?
- Auch der Versuch, generell kooperativ mit dem Betriebsrat zusammenzuarbeiten, wird schon mal an seine Grenzen stoßen. Gibt es mit dem Betriebsrat einfach kein Weiterkommen mehr, sollte man keine Scheu haben, die Auseinandersetzung offen in die Belegschaft zu tragen. Richtig gesteuert, kann das zu einer *win-win*-Situation für alle Beteiligten führen.
- Mitarbeiterorientierter Führungsstil schließt aus, dass proaktives Vorgehen des Betriebsrates von Führungskräften als Angriff auf die eigene Kompetenz oder als Einmischung interpretiert wird. Auch hier gilt: Zuhören, ausreden lassen und sich ernsthaft mit den Anliegen auseinanderzusetzen.

Wenn dies alles Berücksichtigung findet, gibt es in der Belegschaft keine unnötigen Spekulationen oder Gerüchte. Das Arbeitsumfeld wird transparent und berechenbar. Eine zunächst vielleicht befürchtete Verlangsamung der Prozesse und Entscheidungen wird im weiteren Verlauf mehr als wettgemacht.

Die Basis für ERM erhält zusätzliche Verstärkung.

12 Die Evaluierung des ERM

Aus mehreren Perspektiven wurde in diesem Buch dargelegt, dass das Human Capital der entscheidende Wettbewerbsfaktor ist. Das ERM stellt die Philosophie und darüber hinaus eine umfassende Strategie dar, um das Human Capital zu mehren. Aus dieser Strategie können konkrete Ziele abgeleitet werden. Dann gilt es, zielführende Maßnahmen zu managen. Nur dann, wenn einerseits die Aktivitäten und Maßnahmen der Personalarbeit konsequent an der Unternehmensstrategie ausgerichtet werden, und andererseits messbar gemacht werden, kann das ERM seiner Rolle als integraler Bestandteil der Unternehmensführung gerecht werden.

„If you can't measure it, you can't manage it."[51]

Diese, im Original Peter F. Drucker zugesprochene Aussage, trifft zwangsläufig auch auf das ERM zu. Denn professionelles Personalmanagement ist ohne messbare Ziele und betriebswirtschaftlich darstellbarer Ergebnisse nicht mehr denkbar.

„Attaining one's objectives is not a cause for celebration; it is a cause for new thinking"[52]

Bestandteil des konventionellen Rechnungswesens war schon immer die Ermittlung und Zuordnung der Personalkosten. In der Folge ergab sich dann aus einem verstärkten Bewusstsein für den Wert der Arbeitskräfte die Forderung, auch den immateriellen Vermögenswert *Mitarbeiter* durch detaillierte Informationen steuern zu können. Hieraus entstand das Personalcontrolling. Das Rechnungswesen wurde um eine Humanvermögensrechnung erweitert. Bereits Mitte der Siebziger Jahre entstand in den USA das *Human Resources Accounting*[53]. Daraus wiederum entstanden Bewertungsverfahren für das Humanvermögen wie beispielsweise die *Inputorientierten Modelle* und die *Outputorientierten Modelle*.[54]

Leider fanden viele dieser theoretischen Ansätze nicht den Weg aus der akademischen Arena hinaus.

So ging es letztlich auch der Sozialbilanz. Vor allem auf Druck der Gewerkschaften entwickelte sich diese Form der gesellschaftlichen Berichterstattung, wobei das Unternehmen die

---

[51] Peter F. Drucker, (* 19. November 1909 in Wien; † 11. November 2005 in Claremont) war ein US-amerikanischer Ökonom österreichischer Herkunft und gilt als Pionier der modernen Managementlehre

[52] Peter F. Drucker

[53] Flamholtz, 1974

[54] Fischer-Winkelmann, Hohl, 1982

sozialen Kosten und Leistungen ins Verhältnis zu den Mitarbeitern setzte. Schnell war hieraus eine Marketingfunktion geworden: Die Chance zur Selbstdarstellung stand bei den Unternehmen bald im Vordergrund. Für die Aufnahme als offizieller Bestandteil der Rechnungslegung hat sich die deutsche Gesetzgebung nicht entscheiden können.

Neuere Ansätze zur Messung des Humankapitals kommen aus der Praxis: Die schwedische Versicherungsgesellschaft *Skandia* und die *Canadian Imperial Bank of Commerce* riefen die *Intellectual Capital Bewegung* ins Leben. Hierbei wird das Finanzkapital durch das Intellektuelle Kapital ergänzt. Aber auch dieser interessante Ansatz gab zuviel Anlass für Kritik und blieb nach der Anfangseuphorie auf die beiden Unternehmen beschränkt.

In jüngerer Zeit wurden von Sveiby[55] Konzepte zur Humankapital-Thematik präsentiert, die wegen ihrer Überschaubarkeit eher in der Praxis Verbreitung finden könnten.

Speziell im ERM anwendbare Evaluierungsmöglichkeiten der Maßnahmen zur Erhöhung der Mitarbeiterloyalität bieten

- eine differenzierte Betrachtung der Fluktuation
- eine Analyse der Fehlzeiten und
- die Kundenzufriedenheitsanalyse.

12.1 Differenzierte Betrachtung der Fluktuation

Das Thema Fluktuation beschäftigt seit eh und je die Personalabteilungen. Auch die Literatur bietet eine Vielzahl an Publikationen zum Misserfolgsfaktor Fluktuation. Daher darf als bekannt vorausgesetzt werden, dass Fluktuation Ausfall- und Wiederbeschaffungskosten verursacht. Hinzu kommt, dass hohe Fluktuation die Wettbewerbsfähigkeit schwächen kann. Um unternehmensinterne Vergleiche anstellen zu können, und um sich mit Betrieben der gleichen Branche vergleichen zu können, wird eine Fluktuationsrate ermittelt und verglichen. Dies geschieht zwischenzeitlich mehrheitlich nach einer bundesweit einheitlichen Berechnung, der BDA[56]-Formel:

$$\frac{\text{Anzahl Abgänge} \times 100}{\text{durchschnittl. Pers.-Bestand}}$$

Den durchschnittlichen Personalbestand ermittelt man, indem zu dem Anfangsbestand eines Ermittlungszeitraumes der Endbestand addiert und diese Summe durch zwei geteilt wird. Letztlich setzt also die BDA-Formel zwei statistische Größen, nämlich die Abgänge und den durchschnittlichen Personalbestand ins Verhältnis. Bei den Anwendern herrscht nach wie vor

---

[55]   Karl-Erik Sveiby, http://www.sveiby.com, November 2006
[56]   Bundesvereinigung der Deutschen Arbeitgeberverbände e.V., Berlin

keine eindeutige Klarheit darüber, ob es sich bei den Abgängen um alle ausgeschiedenen Mitarbeiter handelt, oder nur um die freiwillig ausgeschiedenen Mitarbeiter.

Eine andere Berechnung ergibt sich aus der ebenfalls in der Praxis anzutreffenden und nach ihrem Begründer benannten Schlüter-Formel:

$$\frac{\text{Abgänge} \times 100}{\text{Pers.-Bestand Beginn} + \text{Zugänge}}$$

Diese Formel gibt letztlich den prozentualen Anteil der Abgänge an der Gesamtzahl der Arbeitnehmer wieder.

So kommen beide Berechnungen zwangsläufig zu unterschiedlichen Ergebnissen.

In der Personalwirtschaftslehre wird den Studenten meist beigebracht, dass nachstehende Ereignisse nicht zur Fluktuation gehören:

- Kündigungen durch den Arbeitgeber oder Aufhebungsverträge, die ausschließlich der Vermeidung einer Arbeitgeberkündigung dienen
- Austritte infolge Ablaufes befristeter Verträge
- Auszubildende, die nicht übernommen werden, und
- vorübergehendes Ruhen von Arbeitsverhältnissen

Für die Praxis liefert die zusätzliche Unterteilung in die Austrittsgründe Hinweise auf eventuellen Handlungsbedarf. So ist die folgende Fluktuationsanalyse dem Bericht eines großen deutschen Unternehmens entnommen:

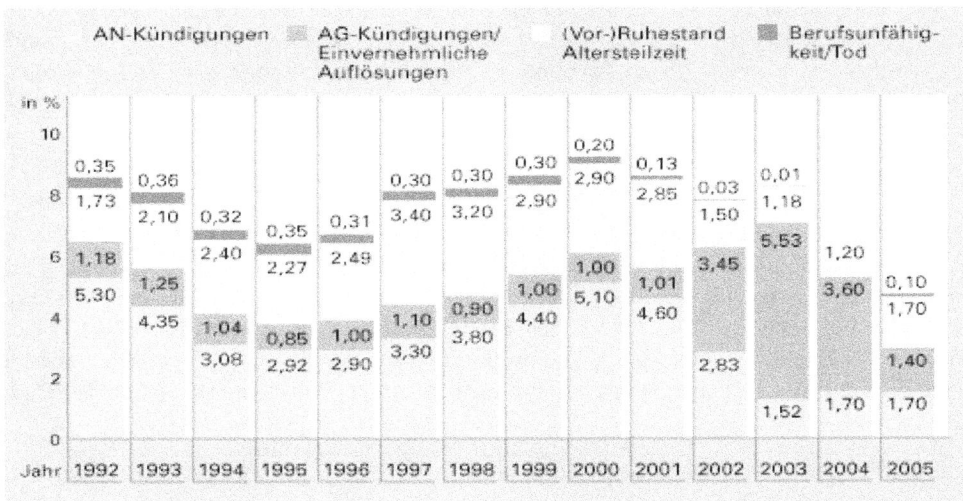

Jahr	AN-Kündigungen	AG-Kündigungen/ Einvernehmliche Auflösungen	(Vor-)Ruhestand Altersteilzeit	Berufsunfähig-keit/Tod
1992	5,30	1,73	1,18	0,35
1993	4,35	2,10	1,25	0,36
1994	3,08	2,40	1,04	0,32
1995	2,92	2,27	0,85	0,35
1996	2,90	2,49	1,00	0,31
1997	3,30	3,40	1,10	0,30
1998	3,80	3,20	0,90	0,30
1999	4,40	2,90	1,00	0,30
2000	5,10	2,90	1,00	0,20
2001	4,60	2,85	1,01	0,13
2002	2,83	1,50	3,45	0,03
2003	1,52	1,18	5,53	0,01
2004	1,70	1,20	3,60	
2005	1,70	1,70	1,40	0,10

Abb. 12-1 Fluktuationsstatistik

Was besagt diese Statistik? Lässt sich aus ihr etwas über den Erfolg des HRM in diesem Unternehmen ableiten?

Fakt ist, dass

- in den Jahren vor 2002 in deutlich höherem Umfang von Vorruhestandsregelungen und von Altersteilzeit Gebrauch gemacht wurde
- die Arbeitnehmerkündigungen seit 2001 einen markanten Rückgang zeigen
- die Arbeitgeberkündigungen und einvernehmlichen Kündigungen in den Jahren 2002 bis 2004 auffallend hoch ausfielen, offensichtlich aber zwischenzeitlich wieder deutlich niedriger sind.

Alle Interpretationen dieser Fakten sind spekulativ und können sich als falsch herausstellen.

So ist es mit allen Fluktuationsstatistiken, die auf einer rein quantitativen Erfassung basieren. Sie sind nicht wirklich aussagekräftig und damit unbrauchbar.

Beispiel 12-1

In Unternehmen D wollte man die organisatorischen Probleme und die negativen betriebswirtschaftlichen Auswirkungen durch Fluktuation eindämmen. Um einen Anreiz für die bonusberechtigten Führungskräfte zu schaffen, gab es eine gestaffelte Prämie für diejenigen, die eine unterdurchschnittlich hohe Fluktuation in ihrem Verantwortungsbereich vorweisen konnten. Der Direktor eines der mitarbeiterstärksten Betriebe zeigte über Jahre die besten Werte, das heißt, die niedrigste Fluktuation. Nach Einführung der Mitarbeiterzufriedenheitsanalyse zeigte sich, dass die niedrige Fluktuation in diesem Betrieb nicht mit dem Grad der Mitarbeiterzufriedenheit korrelierte, die ihrerseits weit unterdurchschnittlich ausgefallen war. Eine eingehende Analyse brachte – kurzgefasst – das Ergebnis, dass diejenigen der unzufriedenen Mitarbeiter, die Chancen auf dem Arbeitsmarkt hatten, den Betrieb schnell wieder verließen. Wer keine Chance hatte, bei einem der Wettbewerber einen Job zu bekommen, blieb. Überdurchschnittliche Betriebszugehörigkeiten und geringe Fluktuation waren die Folge und wurden durch Prämien belohnt.

Erst eine qualitative Betrachtung der Fluktuation kann zielführende Aktivitäten auslösen. Erst wenn bekannt ist, wie viel *MVE, MGE* und wie viel *BZE* das Unternehmen durch Fluktuation verlassen, besteht die Möglichkeit, die Führungsleistung zu evaluieren. Niedrige Fluktuation, bei der vorwiegend MVE den Betrieb verlassen, ist eine gefährliche Entwicklung. Hohe Fluktuation mit deutlich überproportionalem Anteil an BZE hingegen eröffnet die Möglichkeit, das Human Capital durch professionelle, profilorientierte Neueinstellungen zu erhöhen.

Somit wird erst die differenzierte, qualifizierte Erfassung der Fluktuation wirklich zum Evaluierungsinstrument. Dann aber zu einem unverzichtbaren, und zwar unabhängig von der Formel, nach der sie ermittelt wird.

12.2   Analyse der Fehlzeiten

Obwohl nicht ganz korrekt, werden in Praxis und Literatur mit *Fehlzeiten* meist *Krankheitszeiten* bezeichnet. Davon macht auch dieses Buch keine Ausnahme, um nicht zusätzliche Verwirrung zu stiften.

Momentan sind die Fehlzeiten auf einem historischen Tief angelangt. Im ersten Halbjahr 2006 fehlte ein Arbeitnehmer im Durchschnitt aus Krankheitsgründen 3,4 Arbeitstage. Das entspricht 3,13% der Soll-Arbeitszeit, und ist damit der niedrigste Krankenstand seit Einführung der Lohnfortzahlung im Jahr 1970.

Gar zu gerne legt man das Thema daher in der betrieblichen Praxis ad acta und beschäftigt sich lieber mit vermeintlich brennenderen Problemstellungen. Warum also ein Kapitel darüber in diesem Buch?

Weil es ein Buch über Employee Relationship Management ist, und weil Fehlzeiten zu den klassischen Möglichkeiten der Evaluierung des Mitarbeiterengagements und der Mitarbeiterzufriedenheit zählen.

Hinsichtlich der aktuellen Situation ist es wichtig zu wissen, was Arbeitsmarktforscher zu den Gründen für diese nur auf den ersten Blick erfreuliche Entwicklung sagen. Demnach sind in erster Linie

- die Angst, in Zeiten hoher Arbeitslosigkeit den Job zu verlieren und
- die allgemein schwache Konjunktur

für das Ergebnis verantwortlich. Unternehmen, die dem Indikator Fehlzeiten als Stimmungsbild im Unternehmen Bedeutung beimessen, können sich in einer trügerischen Stimmungslage wähnen. Schlimm wird es, wenn in den Bemühungen des Fehlzeitenmanagements nachgelassen wird, Rückkehrgespräche unterbleiben, Gesundheitszirkel und ähnliche Maßnahmen vernachlässigt werden.

Während sich früher unzufriedene Mitarbeiter oft in eine Krankmeldung flüchteten, hält sie heute offensichtlich die Angst um den Arbeitsplatz davon ab. Ein wirklicher Vorteil ergibt sich daraus für die Unternehmen allerdings nicht automatisch. Das erschreckende Ergebnis der Gallup-Studie und die daraus resultierenden betriebswirtschaftlichen Schäden zeigen, dass sich die Mitarbeiter bei anhaltender Unzufriedenheit andere Ventile suchen. Die heißen dann – bestenfalls – Dienst nach Vorschrift und innere Kündigung.

Obwohl heute hinreichend über Studien belegt ist, dass allgemein ausgedrückt *Wohlbefinden* der zentrale Begriff beim Thema Fehlzeiten ist, wird in der Praxis noch zu selten der Zusammenhang mit der Mitarbeiterzufriedenheit gesehen. Damit wird auch dem Faktor *Führungsleistung* nicht die Bedeutung beigemessen, die ihm auch beim Fehlzeitenmanagement zukommt. Stattdessen beschäftigen sich in größeren Betrieben ganze Abteilungen mit Präventivmaßnahmen wie zum Beispiel Gestaltung von Arbeitsplätzen, flexible Arbeitszeitmodelle, Rückenschule, Stressbewältigung, Betriebssport und Gesundheitszirkel. Damit keine Missverständnisse entstehen: All das ist zu begrüßen und kann die gesundheitliche Stabilität der Belegschaft fördern. Aber die tägliche Entscheidung, über 200 Mal im Jahr, *gehe ich heute zur Arbeit oder nicht?* wird dadurch nur rudimentär beeinflusst.

Die wirkliche Variable heißt jedoch Zufriedenheit. Sie führt zu individuellem Wohlbefinden und Loyalität dem Arbeitgeber gegenüber. Genau diese Zufriedenheit ist bekanntlich das Ziel des ERM. Daher kommt ERM auch ohne institutionalisiertes Fehlzeitenmanagement aus. Fehlzeiten müssen nicht *bekämpft* werden, denn die Motivation der Mitarbeiter verhindert Leistungsverweigerung durch Flucht in die Krankheit. Rückkehrgespräche sind im ERM normaler Bestandteil der Kommunikation zwischen Vorgesetztem und Mitarbeiter. Sie werden nicht als Strafrapport geführt und verstanden.

Beispiel 12-2

Unternehmen C hatte im Prinzip eine Monopolstellung in seiner Region inne und konnte als kerngesund bezeichnet werden. Dem neuen Personalleiter wurde noch vor Arbeitsbeginn auf seine Frage nach der Fehlzeitenquote wörtlich gesagt: *Wenn wir ein Problem nicht haben, dann sind es Fehlzeiten.*

Im Rahmen seiner Einarbeitung sprach der Personalleiter dann mit allen Führungskräften, Betriebsräten und mit vielen Mitarbeitern. Hierbei zeigte sich eine Stimmungslage, die, salopp gesprochen, viel Dampf im Kessel erkennen ließ. Um im Bild zu bleiben: Die Führung des Unternehmens glaubte, das Bersten des Kessels verhindern zu können, in dem sie seit Jahren die Manometernadel anhielt.

Über die Lohnbuchhaltung und einzelne Betriebsabteilungen informierte sich der Personalleiter später über den Fehlzeitenstand. Unabhängig davon, dass die jeweiligen Statistiken deutlich voneinander abweichende Ergebnisse zeigten, setzte er sich mit der gesetzlichen Krankenkasse, bei der das Gros der Beschäftigten versichert war, in Verbindung. Ihn interessierte der Betriebevergleich dieser Krankenkasse, der annähernd zwei Dutzend Betriebe mit ähnlicher Belegschaftsstruktur in der Region enthielt. Das Ergebnis war eindeutig: Unternehmen C lag mit seinen Fehlzeiten nahezu 70% über dem Durchschnitt der in den Vergleich einbezogenen Betriebe und war im negativen Sinne führend im Erfassungsgebiet. Der jährliche betriebswirtschaftliche Nachteil im Vergleich zum Durchschnitt betrug 1,3 Millionen DM (1996).

Die Präsentation des Krankenkassenvertreters vor der Unternehmensleitung und seine Analyse brachten nur ungläubiges Staunen, die Ergebnisse wurden angezweifelt. Die Geschäftsführung nahm das ganze eher belustigt zur Kenntnis. Allen Ansätzen, durch eine mehr mitarbeiterbezogene Führung zu einer höheren Mitarbeiterzufriedenheit zu kommen, widersetzte sich der Geschäftsführer vehement. Die übrigen Führungskräfte widersprachen nicht.

Der Personalleiter gab nach genau einem Jahr auch aus diesem Grund resigniert auf. Die Stimmung im Unternehmen führte in den Folgejahren zu Streiks, einem offen in der Presse ausgetragenen tiefen Zerwürfnis zwischen Führung und Belegschaft und tief greifenden strukturellen Veränderungen. *Ein Traditionsunternehmen wird ausgeblutet, Aufstieg und Absturz, Der Raubfisch vom Rhein,* waren nur einige der damaligen Headlines.

Im ERM führt nicht erst hoher Leidensdruck zu Aktivitäten mit dem Ziel der Fehlzeitenreduzierung. ERM ist durch seine Mitarbeiterbezogenheit die beste Prävention.

12.3   Die Kundenzufriedenheit

Die Bedeutung der Zufriedenheit der internen und externen Kunden ist in diesem Buch bereits differenziert dargelegt worden. So werden die Messung und die Analyse der Mitarbeiter- und Kundenzufriedenheit sowie gezielte Folgemaßnahmen zur Steigerung zum entscheidenden Erfolgsfaktor.

Der Zufriedenheitsindex ist die zentrale Komponente zur Evaluierung des ERM.

An dieser Stelle soll noch der Zusammenhang zwischen der Zufriedenheit des internen und des externen Kunden dargelegt werden.

Ob man sich die Zwei-Faktoren-Theorie von Herzberg oder das Kano-Modell der Kundenzufriedenheit anschaut: Zufriedenheit ist immer das Ergebnis eines Soll-Ist-Vergleichs zwischen den Erwartungen des Mitarbeiters oder des Kunden einerseits, und den von ihm wahrgenommenen Leistungen andererseits. Zufriedenheit entsteht dann, wenn – nach eigener subjektiver Beurteilung – die Erwartungen erfüllt oder übertroffen werden.

Unabhängig von allen modellhaften Betrachtungen und Kausalketten-Theorien zum Zusammenhang zwischen Mitarbeiter- und Kundenzufriedenheit, sollen nachstehend einige konkrete und leicht nachvollziehbare Zusammenhänge aufgezeigt werden:

In Abschnitt 12.1 wurde als Evaluierungskriterium die **Fluktuation** beschrieben. Niedrige Fluktuation bei *MVE* und *MGE* führt dazu, dass

- die *richtigen* Mitarbeiter loyal sind und im Unternehmen bleiben
- der Kunde auch beim nächsten Mal den gleichen Ansprechpartner vorfindet, der seine Wünsche und Bedürfnisse kennt, der neben den objektiven Bedürfnissen seine subjektiven Bedürfnisse kennt und auf sie eingeht
- der Kunde das positive Klima spürt, was seine Loyalität zusätzlich festigt

In Abschnitt 12.2 erfolgte eine Betrachtung der **Fehlzeitenproblematik.** Auch hierfür gelten die vorstehend genannten Punkte. Hinzu kommt, dass

- unzufriedene Mitarbeiter, die sich nur aus Angst um ihren Job nicht in die Krankheit flüchten, die schlechteren Ansprechpartner für die Kunden sind
- diese Mitarbeiter ihrerseits keine Motivation haben, den Kunden nach seinem Wert für das Unternehmen zu differenzieren, um sich besonders den *richtigen* zuzuwenden
- sie sich nicht wirklich um den Kunden kümmern können, keine positive Beziehung zu ihm aufbauen können
- die Kunden für solche Stimmungen sehr empathisch sind und sich ihrerseits unwohl fühlen

In dieser Wirkungskette ist weiterhin zu beachten, dass sich auch Kundenzufriedenheit positiv auf die Mitarbeiterzufriedenheit auswirken wird. Die Interaktion mit dem Kunden gestaltet sich positiver, die Qualität des sozialen Kontaktes nimmt zu. Das verbale und non-verbale Verhalten des zufriedenen Kunden signalisiert dem Mitarbeiter Anerkennung für seine Leistung. Dieser positive Rückkopplungseffekt darf nicht unterschätzt werden.

Beispiel 12-3

In Unternehmen D wird seit mehreren Jahren der Zusammenhang zwischen Mitarbeiter- und Kundenzufriedenheit untersucht. Das Ergebnis kann folgendermaßen zusammengefasst werden:

Die drei Betriebe mit der höchsten Gästezufriedenheit (86,7 – 91,4%) erreichten einen *Employee Engagement Index* von 76 – 86%, und lagen damit im Spitzenfeld.

Die drei hinsichtlich der Gästezufriedenheit schlechtesten Betriebe erreichten zwischen 69,3 und 79,5% zufriedener Gäste. Dort betrug der *Employee Engagement Index* zwischen 55,0 und 66,0%.

Eine klare Bestätigung aus der Dienstleistungs-Industrie für die Korrelation zwischen Mitarbeiter- und Kundenzufriedenheit.

Vielversprechend erscheinen auch die beiden in den folgenden Abschnitten beschriebenen Evaluierungs-Ansätze. Wegen ihrer Aktualität und der Chance, dass sie mehr als eine Modeerscheinung werden, lohnt sich eine differenziertere Betrachtung.

12.4   Die Human Resources Scorecard

Traditionelle Kennzahlensysteme berücksichtigen nur vergangenheitsbezogene, bereits vorhandene Daten und Größen, ohne diese in einen strategischen Kontext zu stellen. Zur Vermeidung von Unklarheiten versuchte sich das Controlling über Jahre auf so genannte harte Kennziffern zu stützen. Dass dies heute nicht mehr ausreicht, haben Kaplan und Norton[57] mit der Balanced Score Card (BSC) gezeigt, die in der Praxis zunehmende Bedeutung erfährt. Ihr Konzept basiert auf einem Forschungsprojekt in zwölf amerikanischen Firmen, und soll die vergangenheits- und finanzzahlenorientierten Kennzahlensysteme in ihrer Aussagefähigkeit optimieren. Letztlich soll jeder ausführende Mitarbeiter die positiven und negativen Konsequenzen seiner Handlungen kennen. Zwischenzeitlich dürften mehr als 50% der DAX-100-Unternehmen die BSC einsetzen.

Überzeugt von dem Erfolg der BSC und inspiriert durch den Erfolg in den USA, entwickelten drei US-Professoren[58] die Human-Resources-Scorecard.

---

[57] Robert S. Kaplan und David Norton, The Balanced Scorecard – Measures That Drive Performance, Harvard Business Review 70, Nr. 1, 1992

[58] Brian E. Becker, Mark A. Huselid, Dave Ulrich

Ihre Publikation[59] trägt den Untertitel *Linking People, Strategy and Performance.*

Sie greifen das BSC-Konzept auf und beschäftigen sich zunächst mit der Architektur des Human Resources Managements. Wie Abbildung 12-2 zeigt, setzt sie sich zusammen aus der HR-Funktion, dem HR-System (einschließlich Personalpolitik und -praktiken) und dem Mitarbeiterverhalten (inklusive deren Fähigkeiten und Motivation). Das Verhalten der Mitarbeiter wiederum resultiert größtenteils aus HR-Funktion und HR-System:

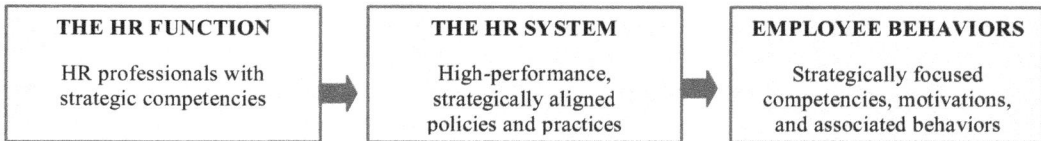

THE HR FUNCTION	THE HR SYSTEM	EMPLOYEE BEHAVIORS
HR professionals with strategic competencies	High-performance, strategically aligned policies and practices	Strategically focused competencies, motivations, and associated behaviors

Abb. 12-2 HR-Architektur

Becker, Huselid und Ulrich greifen in ihrem Buch dann Voraussetzungen für die HR-Scorecard auf, aus denen wiederum die Messgrößen abgeleitet werden können. Hierbei handelt es sich im Wesentlichen um die in den Kapiteln 8 und 9 dieses Buches beschriebenen Basis-Voraussetzungen des ERM.

In einem sieben Schritte umfassenden Implementierungsmodell zeigen Becker und seine Kollegen schließlich auf, wie die HR-Scorecard Realität werden kann:

(1) Clearly Define Business Strategy

Klare, verständliche Ziele, die jeder Mitarbeiter versteht und an denen er sich orientieren kann, werden definiert.

(2) Build a Business Case for HR as a Strategic Asset

Hier erklärt das HRM, wie es die Strategie unterstützen und zur Zielerreichung beitragen kann.

(3) Create a Strategy Map

Welche Ziele sind von besonderer Bedeutung? Was sind die *performance driver* für diese Ziele? Welches Mitarbeiterverhalten führt zur Zielerreichung? Haben die Mitarbeiter die erforderlichen Kompetenzen und das entsprechende Umfeld?

(4) Identify HR Deliverables within the Strategy Map

Konkrete Maßnahmen zur Zielerreichung gilt es in diesem Schritt zu definieren.

(5) Align HR Architecture with HR Deliverables

Die Notwendigkeit der Organisationsanpassung auf die strategisch erforderlichen zukünftigen Anforderungen wird hier verdeutlicht.

---

[59] The HR-Scorecard, Harvard Business School Press, 2001

Diese ersten fünf Schritte der HR-Scorecard stellen im ERM keine neue Anforderung dar: Sie sind bereits allesamt Bestandteil seiner Philosophie und Inhalte. Kapitel 9 enthält detaillierte Ausführungen hierüber.

Nachdem die genannten fünf Schritte, sozusagen als Grundvoraussetzung, erfolgt sind, kann die eigentliche Messung starten.

(6) Design the Strategic Measurement System

Hier greifen Becker & Co. im Ergebnis die vier Zielperspektiven der Balanced Scorecard auf, zu denen, abgeleitet aus der Unternehmensstrategie, strategische Ziele des HRM und Messgrößen definiert, sowie konkrete Ziele und Aktionen zugeordnet werden. Diese vier Zielperspektiven sind:

- Finanzperspektive
- Kundenperspektive
- Prozessperspektive und
- Potentialperspektive

Nachstehend werden diese Zielperspektiven kurz erläutert und an je einem Beispiel wird veranschaulicht, wie sie zur Evaluierung des ERM beitragen können.

Die **Finanzperspektive** zeigt, ob die Verfolgung einer HR-Strategie zur Verbesserung des Unternehmensergebnisses beiträgt.

Perspektive	Strategie	Meßgröße	Ziel	Aktion	Termin
Finanzper-spektive	Erhöhung der Brutto-Umsatzrentabilität (ROS)	Prozentualer Anteil Personal-kosten am Umsatz	33% (von derz. 39%)	• Steigerung der Mitarbeiter-zufriedenheit auf 5,3 (von derz. 4,8) • Bildung eines Projektteams zur Flexibilisierung der Arbeitszeit	31.12.2007 28.02.2007

Abb. 12-3 Finanzperspektive

Wenn beispielsweise die Brutto-Umsatzrentabilität gegenüber dem Wettbewerb als unterdurchschnittlich zu bezeichnen ist, könnte über eine Steigerung der Produktivität durch höhere Mitarbeiterzufriedenheit, sprich höheres Engagement der Mitarbeiter, eine Verbesserung angestrebt werden. Die Flexibilisierung der Arbeitszeit könnte beispielsweise zum Wegfall der Bezahlung zuschlagspflichtiger Überstunden führen.

Die **Kundenperspektive** im nachstehenden Beispiel zielt auf die internen Kunden und versucht, über die Erhöhung der Mitarbeiterloyalität einen strategisch wirksamen Wettbewerbsvorteil zu erzielen:

Perspektive	Strategie	Meß-größe	Ziel	Aktion	Termin
Kunden-perspektive	Erhöhung der Mtarbeiter-loyalität	Anteil der MVE, MGE und BZE	Retention der MVE Entwicklung der MGE Trennung von BZE	Differenzierung der Mtarbeiter mittels Anforderungs-profile	30.09.2007

Abb. 12-4 Kundenperspektive

In der **Prozessperspektive** werden Abläufe aufgegriffen und optimiert um beispielsweise Ziele aus der Finanzperspektive oder der Kundenperspektive zu erreichen.

Perspektive	Strategie	Meßgröße	Ziel	Aktion	Termin
Prozess-perspektive	Optimale Administration eingehender Bewerbungen	Dauer von Bewerbungs-eingang bis Zusage / Absage	Zwischenbe-scheid in max. 2 Arbeitstagen endg. Entscheidung in max. 4 Wochen	Erstellen AP vor Stellenaus-schreibung Interviewter-mine intern vor Stellenaus-schreibung festlegen Assessment-termine vor Stellenaus-schreibung festlegen	30.06.2007

Abb. 12-5 Prozessperspektive

Wenn sich die Administration von Bewerbungen hinsichtlich der Entwicklung des ERM als kontraproduktiv darstellt, muss daraus ein strategisch wirksames Ziel entwickelt werden. Über die frühzeitige interne Festlegung der auf die Stellenausschreibung folgenden Inter-viewtermine wird erreicht, dass die internen Entscheidungsträger sich diese Termine blockie-ren und es deshalb zu keinen Ablaufverzögerungen kommt.

Die **Potentialperspektive** beschreibt im ERM Lern- und Entwicklungsprozesse, die sicherstellen, dass die Strategie aus den anderen drei Perspektivfeldern realisiert werden kann. Zeigt sich im Unternehmen, dass zukünftige Aufgabenstellungen und zunehmende Projektorientierung verstärkt den Einsatz interdisziplinärer Teams erfordern, können sich vorübergehend kollektive Personalentwicklungsmaßnahmen auf das Thema *Teamarbeit* konzentrieren.

Perspektive	Strategie	Meßgröße	Ziel	Aktion	Termin
Potential-perspektive	Bedeutung von Teamarbeit herausstellen; Teamarbeit fördern	Anzahl von Trainings zum Thema	> 50%	Revision des Trainings-konzeptes	30.06.2007

Abb. 12-6 Potentialperspektive

Die vorstehenden Beispiele zeigen, wie aus der traditionellen Inputbetrachtung eine strategiefördernde Outputbetrachtung werden kann.

Als letzter Schritt wird

(7) Implement Management by Measurement

genannt. Wie bereits erwähnt, wird das ERM erst dann zum *Strategic Asset,* wenn Mess- und Steuerungstools implementiert sind, Zielabweichungen erkannt und analysiert werden können.

Die HR-Scorecard ist keine grundlegend neue Methode, da sie sich komplett an die BSC anlehnt und sich klar erkennbar an diesem zukunftsorientierten Kennzahlensystem orientiert.

Den HR-Professionals sei daher empfohlen, mit einer HR-Scorecard keinen Alleingang im Unternehmen anzustreben. Erst wenn insgesamt die Finanz- und Vergangenheitsorientierung von Kennzahlensystemen mit der Balanced Scorecard überwunden ist, können Bestrebungen zur Messung der ERM-Aktivitäten mittels HR-Scorecard effizient und wirksam sein.

12.5   Die Saarbrücker Formel

Die Saarbrücker Formel[60] beschäftigt sich mit der Messung des Human-Capital-Wertes. Mit ihr soll es möglich sein, den monetären Wert der Belegschaft zu bestimmen und Steuerungsimpulse abzuleiten.

---

[60]   nach Prof. Dr. Christian Scholz, Universität des Saarlandes, Saarbrücken

Die nachstehende Abbildung der Formel und die folgende Erklärung ist einer Website[61] entnommen, die sich exklusiv dieser Berechnung widmet.

$$\sum_{i=1}^{g} \left[\left(\overset{②}{FTE_i} * \overset{③}{l_i} * \frac{\overset{④}{w_i}}{\underset{⑤}{b_i}} + \overset{⑥⑦}{PE_i} \right) * \overset{⑧⑨⑩}{M_i} \right]$$
①

Abb. 12-7 Saarbrücker Formel

Die Saarbrücker Formel bildet mit ihren Formelkomponenten zentrale personalwirtschaftliche Handlungsfelder ab, in denen der Wert der humankapitalrelevanten Einflussgrößen zustande kommt. Daraus resultieren insgesamt zehn Stellschrauben zur Optimierung des resultierenden Humankapitals: Zunächst werden die Mitarbeiter verschiedener Beschäftigtengruppen (1) gemäß ihrer tatsächlichen Beschäftigungsverhältnisse als Full-Time Equivalents (2) ausgewiesen. Die Preiskomponente ergibt sich durch Multiplikation dieser FTE-Werte mit den Marktgehältern (3).

Da Mitarbeiterwissen durchaus auch veralten kann, finden sich in der Saarbrücker Formel auch die beschäftigtengruppenspezifische Wissensrelevanzzeit (4) und durchschnittliche Betriebszugehörigkeitsdauer (5). Sie geben Aufschluss darüber, wie lange das aktuelle Wissen der Mitarbeiter wertschöpfungsrelevant bleibt beziehungsweise wie schnell Wissensveraltung zu einem Verlust an Human Capital führt.

Zur Kompensation von Wissensverlust dienen Personalentwicklungsmaßnahmen, die in den entsprechenden Kosten (6) ihren Niederschlag finden. Da nicht alle denkbaren PE-Maßnahmen unmittelbar auszahlungswirksam sind, ist eine Modifizierung dieser Variable möglich (7). Die Mitarbeitermotivation stellt mit ihren Bestandteilen Commitment (8), Hygienefaktoren (9) und Retention (10) eine aggregierte Größe dar, die zentrale „weiche Faktoren" subsumiert.

Obwohl die Formel auf den ersten Blick zumindest den Praktiker eher abschreckt, eignet sie sich zur Bewertung des Humankapitals in Euro und zeigt die monetär bewerteten Steuerungsgrößen. Auch kann die Konstellation aus Wertbasis, Wertverlust, Wertkompensation und Wertänderung dringenden Handlungsbedarf signalisieren. Auch die Relation zu Inputgrößen und der Querbezug zu Outputgrößen sind für die Praxis relevant. Auch die strategische Relevanz dürfte unbestritten sein: Es ist zu prüfen, inwiefern Entscheidungen Veränderungen des Human Capital nach sich ziehen. Dies wiederum verlangt beispielsweise bei anstehenden Entlassungen unterschiedliche Freisetzungsstrategien zu entwickeln und gegeneinander abzuwägen.

---

[61] https://www.saarbruecker-formel.net/formel_formel.html, November 2006

Erwartungsgemäß gibt es zu dieser Formel, kaum dass sie bekannt geworden ist, auch kritische Stimmen. Diese erscheinen bisher jedoch als nicht berechtigt.

Vor diesem Hintergrund bleibt zu hoffen, dass die Saarbrücker Formel nicht nur für die Wissenschaft interessant bleibt. Es gibt bereits Varianten für die IT-mäßige Unterstützung bei der Berechnung, die ihre Wertigkeit für die Praxis aber noch unter Beweis stellen müssen.

13 Fazit / Ausblick

Seit es Personalarbeit gibt, ist sie im Fluss. Das wird auch zukünftig so bleiben. Derzeit befinden wir uns an einem markanten Wendepunkt, weil sich die Fokussierung verändert. Frühere Entwicklungsstufen erhielten ihre jeweilige Ausprägung durch Instrumente und Methoden, die von Personal-Profis konzipiert und implementiert wurden. Vorgesetzte wurden bestenfalls auf die spezielle Anwendung hin trainiert. All dies zeigte eine eher technische Orientierung.

Zukünftig werden es die Mitarbeiter in Vorgesetztenfunktionen sein, die den Wert des Human Capital eines Unternehmens maßgeblich beeinflussen. Sie bestimmen mit ihrer Führungsleistung darüber, in welchem Ausmaß Potential, Motivation und das Arbeitsumfeld ihrer Mitarbeiter zu *Leistung* werden können. Verschiedene Auslöser, nicht zuletzt der gesellschaftliche Wertewandel, führen dazu, dass Führung eine andere Bedeutung erhält. Wenn auch heute noch das Gros der Literatur Führung als *leistungsorientierte Verhaltensbeeinflussung beschreibt*, müssen wir erkennen, dass diese Diktion nicht mehr den Kern trifft. Führung definiert sich für die Zukunft als **Aufbau leistungsfördernder Beziehungen**.

Das ist neu für viele Vorgesetzte, die sich bisher in der Managerrolle sehen: entscheidungs- und durchsetzungsstark verfolgen sie nach detaillierter Planung und Budgeterstellung ihre Ziele. Rationales Denken und Handeln, gepaart mit sehr guter fachlicher Ausbildung und methodischen Fähigkeiten sind für sie Erfolgsgaranten. Dieses Modell funktioniert nicht mehr. Zunehmende Projektarbeit und die steigende Dynamik von Veränderungen erfordern verstärkt die in diesem Buch beschriebene Rolle des *Leaders*. Er schafft das Umfeld, in dem sich seine Mitarbeiter wohlfühlen, sich engagieren, ihr fachliches und menschliches Potential entfalten können und wollen. Dies geht nur über den Aufbau aufrichtiger, dauerhafter Beziehungen und verlangt vom Vorgesetzten eine ausgeprägte emotionale Kompetenz.

Das Employee Relationship Management stellt daher eine neue Qualität des Human Resources Managements dar.

Das Ergebnis der Gallup-Studie braucht einen nicht zu verwundern, denn ein Blick in die Wirtschaftsseiten bestätigt die Ergebnisse und Erkenntnisse dieser Untersuchung. Allianz, AEG, VW, Siemens, BenQ: In diesen Unternehmen wird es auf Jahre hinaus kaum engagierte, loyale Mitarbeiter mehr geben. Das Vertrauen in ihren Arbeitgeber ist zerstört und damit auch die leistungsfördernden Beziehungen zu den Vorgesetzten dieser Unternehmen. So wird Human Capital vernichtet und damit irreparabler volkswirtschaftlicher Schaden angerichtet.

ERM verlangt von den Vorgesetztenfunktionen einen hohen Level an kommunikativen Fähigkeiten und Authentizität. Selbstkenntnis und der Abgleich von Selbstbild und Fremdbild, soziales Bewusstsein und aktives Beziehungsmanagement gehören zum Anforderungsprofil des erfolgreichen Vorgesetzten im ERM. Die emotionale Kompetenz wird zur Schlüsselqualifikation. Das müssen Theorie und Praxis erkennen, aufgreifen und umsetzen. Bis hin zum tertiären Bildungsbereich kann mit entsprechender Didaktik und Methodik dieser Kompetenzbereich vorbereitend auf das Berufsleben gefördert werden. Die Personalentwicklung der Unternehmen muss sich verstärkt den personalen und sozialen Fähigkeiten der Führungskräfte und Mitarbeiter zuwenden.

Das Entlernen antiquierter Verhaltensweisen wird sich dabei als schwierig erweisen und erfordert Mut und Konsequenz von den handelnden Personen. Vorgesetzte müssen aufhören, das als Erfahrung zu bezeichnen, was sie bereits seit Jahren falsch machen.

Employee Relationship Management stellt einen Weg dar, in den Unternehmen zu einer besseren, effizienteren und zufriedenstellenderen Zusammenarbeit zu finden.

Index

www.ingramcontent.com/pod-product-compliance
Lightning Source LLC
Chambersburg PA
CBHW081538190326
41458CB00015B/5582